聖者溫潤法語

轉化自心的竅訣

近代最卓越、博學且具成就的大師之一

堪千阿貝仁波切——著

Khenchen Appey Rinpoche

第四十一任薩迦赤千法王——推薦序

白法螺翻譯小組——英譯

普賢法譯小組——中譯

目次

推薦序

堪千阿貝仁波切曾在印度德拉敦（Dehra Dun）成立薩迦學院（Sakya College），又在尼泊爾加德滿都創建國際佛學院（International Buddhist Academy，簡稱 IBA）。他既是一位大學者，也是一位具有高度了證的大師。他的教學與著作風格清晰簡潔，廣大利益一切眾生，尤其對於全心投入法道者來說，更能獲益匪淺。

這本堪千阿貝仁波切法教的英譯選集，隸屬於一套規劃完善的合輯，由克里斯汀．伯納特編輯，白法螺翻譯小組出版，旨在將仁波切的法教介紹到世界各個國家，我樂見此書的發行。

恭喜所有辛勤致力成辦此書的人，願諸位與此書有緣的讀者皆能獲得實修的法益。

第四十一任薩迦赤千法王（The Sakya Trichen）

二〇一八年三月二十八日

序言

對我而言，已圓寂的堪千阿貝仁波切（一九二七—二〇一〇）是二十世紀與二十一世紀中，學問最爲淵博的藏傳佛教大師之一。然而，很多人不明白這一點，他們並未察覺到他是一位大學者，因此錯過了向他學習的機會。敝人能夠在印度的薩迦學院於其座下學習十年，之後又來到加德滿都的國際佛學院爲其承事，實爲一大榮幸。

與仁波切相處的那些年造就了目前的我，如今回首，實在令人感激涕零。想到他是一位多麼充滿關懷、慷慨與悲憫的大德，就讓我內心激動不已。只不過，當時，我滿腦子都是自私自利的目標，而不是感激他的陪伴，現在我才了解到之前有多麼將其視爲理所當然而不夠珍視他。

仁波切不僅教導我們所有主要的佛法經續文典，最至關緊要的，他以自身爲榜樣，教導我們如何過著有意義的人生。就這一點來說，他是位將生活與佛法合一的眞正修行人的典範，經典中說，眞正的佛法修行人應當離於一切貪執，這即是他展現給我們的楷模。他所教導我們的便是如此，而他的這份遺教令人感懷憶念。仁波切一生都奉獻於佛法事業。在復興整體藏傳佛教——特別是重振薩迦派的方面，他實爲居功厥偉。

對於所有受到啓發而想學佛與修行的人來說，將受益於這本堪千阿貝仁波切法教集錦。研讀此書的人，肯定會與這位高僧大德結下法緣。

願以翻譯、彙集、編輯與出版此書而來的福德，圓滿堪千阿貝仁波切的殊勝願心。

國際佛學院（IBA）校長・堪布拿旺久登（Khenpo Ngawang Jorden）

寫於尼泊爾加德滿都

引言與致謝

一位慈顏聖者

佛道上的導師乃爲聖者，是學識與智慧之源。虔敬的弟子在賢能大師的眷顧下，學著開展自己的潛藏力，透過具德善知識的慈心引導，解脫道得以明朗，障礙也得以消除。就這個意義而言，佛陀說導師代表了梵行生活的全部。[01]

許多人會研讀佛陀與其弟子的話語，但很少人能夠根據個人的徹底探究，而對佛法生起堅定不移的信心。深入知曉佛法的性質又廣泛理解其所精通的法教者，可說更爲稀少。至於堅毅修持解脫道並獲得眞實了證的人，更是寥若晨星。堪千阿貝仁波切確實具有如此的水準，因而被尊爲近代最博學且具成就的大師之一。

01 《聖依止善知識經》（*The Sūtra on Reliance upon a Virtuous Spiritual Friend*），德格版甘珠爾第七十一冊（經藏第二十七 sha 函）P.304.b-P.305.a。

由於仁波切鮮少行旅至印度與尼泊爾以外之處，也從未在歐美或澳洲傳授法教，因此這些地方的藏傳佛教學生大多對仁波切一無所知。然而，就現今薩迦派大師及整體法教保存的方面來說，仁波切的影響力之鉅，再怎麼描述都當之無愧。首先，堪千阿貝仁波切是第四十一任薩迦赤千法王的親教師，而法王負責在流亡印度時期完善地保存與振興薩迦傳規，並視仁波切爲他最重要的親教師之一。其次，阿貝仁波切創辦兩個重要的學習中心，一個是位於印度穆索理（Mussoorie）的薩迦學院，一個是位於尼泊爾的國際佛學院，兩者皆爲流亡時期保存薩迦派嚴謹的學識訓練奠下基礎。[02] 有了這兩間佛學院，仁波切在永續流傳佛陀智慧法教方面，爲世界提供了兩個重要的場域。從一九七二年到一九八五年間，仁波切在薩迦學院親自教授課程十三載，同時在教養流亡時期的第一代教職僧眾與上師方面，更扮演著樞紐的角色。其三，仁波切發起稀有手稿的保存計畫，並派遣弟子堪布蔣揚．貢噶（Khenpo Jamyang Kunga）到藏地與漢地，依照手上的清單，尋訪其上所列於流亡地區未能取得的重要作者與著作。此項計劃極爲成功，最終除了將數千頁珍貴的法教加以數位化，並分贈紙本至各個寺院，其後還在網路上也廣泛流通。[03]

仁波切的廣大事業反映他的內在功德，他在自己師長的善巧引導下受到充分鍛鍊，其中最著名的，莫過於蔣揚欽哲．確吉羅卓（Jamyang Khyentse Chokyi Lodrö，一八九三—一九五九）以及德松安江仁波切（Deshung Anjam Rinpoche，一八八五—一九五二）。儘管仁波切於佛法的精熟程度令人敬畏，寧靜安詳的氣度也令人崇仰，他仍展現出一股眞誠的甚深謙遜。傳授法教時毫無一絲造作，爲學生傳遞了一種全然的清淨。他在二〇〇一年夏天於國際佛學院的第一場講座中，於教導薩迦班智達《牟尼密意顯明論》（*Clarifying the Sage's Intent*，藏文：*Thub pa'i dgongs gsal*）的時候，表示學生無須向他頂禮，他也無須坐上法座（事實上他的法座是最樸拙的）。他之所以接受稍微高起的座位，是因爲佛陀本身說過：佛法老師出於對所授之法的尊重，應該坐在高一點的位置，這樣學生也能因此受益。此外，仁波切也說，因爲自己年事已高，如此較高的座位能讓他更方便坐下和起身，也是個好處。

仁波切以精通經教而聞名，尤其是續部的法教。然而，他對於個人的修持向來保密，甚至在自己的居所內也未擺放所修續部本尊的塑像或唐卡，這件事本身對他的信眾而言，正是一項重要的教授。基於他對此傳規的甚深理解，仁波切嚴謹地持守金剛乘文本中所載的戒律，並因而名聞遐邇。

02 位於印度穆索理的薩迦學院成立於一九七二年，提供僧眾與上師傳統的佛教思想與辯經教育。此處即是第四十二任薩迦法王大寶．金剛仁波切（Ratna Vajra Rinpoche）、尊貴的宗薩．欽哲仁波切（Dzongsar Khyentse Rinpoche）、堪布索南．嘉措（Khenpo Sönam Gyatso）、堪布蔣揚．滇津（Khenpo Jamyang Tenzin）、堪布拿旺．久登（Khenpo Ngawang Jorden）以及其他傑出大師的受訓之處。為使非藏人的學生也能獲得相關的佛法知識，仁波切於二〇〇一年在尼泊爾加德滿都創建了國際佛學院（International Buddhist Academy）。該學院為來自世界各地的弟子，提供佛法義理與實修的課程，以及禪修閉關的機會。

03 見 www.sakyalibrary.com。

例如：在傳授續部法教時，他會提醒在座大眾對於教誡的內容要守密，也會要求不可以錄音或錄影。憶念堪千阿貝仁波切時，讓人想到早期的噶當派大師，他們學富五車、虛懷若谷，對個人的續部修持毫不公開，而且個個都和藹可親、喜悅開朗，就此而言，兩者的風範可說別無二致。

堪千阿貝仁波切簡傳

最尊貴的堪千阿貝仁波切在一九二六年出生於藏地東部德格（Dergé）附近的色穹（Serjong）。雖然他被認證爲一位噶舉大師的轉世，但因父親身爲堅定的薩迦派弟子，因而在他八歲時，將他安置在村子的薩迦寺院裡。十三歲時，他開始在色穹寺佛學院（Serjong Monastic College）學習佛教義理。

年輕的堪仁波切肩負著石塊

蔣揚欽哲．確吉羅卓

色穹寺

藏地康區的宗薩寺（Dzongsar Monastery）

他在羅卓喇嘛（Lama Lodrö）的指導之下，經過九年的密集學習後，於二十二歲時到藏地的宗薩佛學院（Dzongsar Shedra），繼續學習佛教義理。宗薩佛學院是由蔣揚欽哲．確吉羅卓創立於一九一七年，最爲著名的特色便是會傳授所有佛教宗門的義理。阿貝仁波切在宗薩佛學院時，也從蔣揚欽哲．確吉羅卓處領受了密咒乘的甚深法教。於宗薩佛學院畢業之後，他到了東藏的理塘（Lithang）晉見偉大的上師德松安江仁波切。他在那裡領受了很多罕見又珍貴的續部法教，之後並將這些傳授給自己的弟子，以及多位高僧大德。

二十五歲時，他陞座爲色穹寺的住持，並在那裡傳授義理爲期四年。一九五六年，他三十歲時，長途跋涉前往中藏偉大的俄爾．艾旺．卻丹寺（Ngor Evam Choden Monastery），在那裡領受完整的比丘戒以及許多哦巴（Ngorpa）傳承的特有法教。俄爾寺的住持隨即了解到阿貝仁波切在佛法方面的專業，並指派他擔任該寺義理學院的首要堪布。在一九五九年流亡至錫金之前，他在那裡教授了大約兩年。

由於當時的錫金皇太后（Queen Mother）相當欣賞仁波切的學識成就，便延請他在甘托克（Gangtok）的國家圖書館工作。他於該處任職了數年後，第四十一任薩迦赤千法王在一九六三年遷移至北印度的德拉敦地區，並邀請阿貝仁波切加入，擔任他的主要親教師。法王和阿貝仁波切

堪千阿貝仁波切（右）與
第四十一任薩迦赤千法王（左）

仁波切與年少的宗薩欽哲仁波切（法座上）

第四十一任薩迦赤千法王、堪千阿貝仁波切、嘉瑟．祖古仁波切（Gyalsé Tulku Rinpoche），連同哦爾．艾旺．謝竹．達傑林（Ngor Evam Shedrub Dargyé Ling）（其後成為第一間宗薩佛學院）的全體僧眾在一九七〇年左右攝於印度比爾（Bir）。

皆想建立一所讓僧眾學習佛法義理的學院。創立於一九七二年的薩迦學院實現了這個願景，尤其該處乃是宗薩・蔣揚欽哲仁波切（Dzongsar Jamyang Khyentse Rinpoche）接受正式教育的地方。而宗薩・蔣揚欽哲仁波切正是阿貝仁波切主要上師之一確吉羅卓的轉世。該學院現在的永久駐錫地，是在鄰近德拉敦的穆索里避暑山城，為多達二百五十位僧眾提供傳統的佛法義理訓練。一九七二年至一九八五年之間，堪千阿貝仁波切全職負責授課、行政管理，並為佛學院募款。

在眾多學生已具高水準能力且薩迦學院建設圓滿後，堪千阿貝仁波切向第四十一任薩迦赤千法王請求允許前往尼泊爾。起初，沒有人確切知道他的行蹤，但是後來有人發現他到一處密咒乘修行人的著名朝聖之地——帕平（Pharping），為的是全心全力於蘭若處修行，為期五年。隨著人們發覺他的氣度與智慧之後，仁波切開始收到日益增多的教授請求。

尊貴的阿貝仁波切多次前往新加坡傳法。在出國傳法的過程中，他越來越意識到需要有一間學校讓外國人接觸佛法。的確，不少人請示過仁波切關於建設這類學院的事。在一次的傳法之旅中，有位大功德主兼弟子的高朵琳女士（Doreen Goh）為這個計畫供養資金。此事因而水到渠成，二〇〇一年，位於加德滿都丁丘立（Tinchuli）的國際佛學院，便由第四十一任薩迦赤千法王正式開光並開始授課。

仁波切爲該學院設立了初期目標，並親自教授其中一門課程以作爲首發。該學院的主要目標是教授佛法，並讓國際學生能以正宗且深入的方式接觸佛法。仁波切所設立的第二個要務，則是將正法與相關的釋論翻譯成英文、中文以及其他的世界語言。這兩項目標自然而然促成了文本的出版與流傳。

二〇〇七年，堪千阿貝仁波切擴大該院的職責權限，開設一個多年制的「寺院領導學程」，讓那些畢業的寺院學者進修領導才能及語言技巧。二〇〇八年，又爲非藏語人士開設一個兩年制的「翻譯學院」密集訓練新學程。第四十一任薩迦赤千法王因而鼓勵國際佛學院的寺院學者和翻譯學員，要在翻譯團隊和研究計劃的合作上培養彼此的合作能力。

堪千阿貝仁波切也兩次造訪位於東藏的剃度出家寺院，傳授法教，並資助翻修古老傾頹的佛學院及新建僧眾的寮房。與此同時，他也資助打造嶄新的多樓層大殿，爲了充分莊嚴這些建築，他還提供其他的重要資源，包括爲大殿設置千尊來自尼泊爾的八寸佛像，以及爲佛學院添購具有重大歷史意義的大德格印經院全套出版物。除此之外，他也修復寺院的老舊閉關中心，爲寺院提供一筆捐贈資金，使年度重大法會與其他重要例行儀式至今仍然得以受到護持。

此外，他透過各種管道，爲國際佛學院的圖書館蒐集到薩迦傳承和其他派別的許多罕見手稿。他投入大量的時間與資源匯聚了這些珍貴的文本，將其數位化、出版，並分贈至世界各處的寺院、佛學院與圖書館。仁波切另一項重大的貢獻，即是爲印度曼督瓦拉（Manduwala）的薩迦密續佛學院（Sakya Institute of Vajrayana）設計一套課程。該佛學院是近期由尊貴的祿頂堪仁波切（His Eminence Luding Khen Rinpoche）爲了保存薩迦派的續法傳承而創建的。[04]

堪千阿貝仁波切於退休後住在博達（Boudha）一間靠近國際佛學院與大佛塔的私人居所。他總是讓那些想要向他請益的人找得到他，並繼續給予私人教授，尤其是傳法給傳承持有者、喇嘛與堪布。他以精準、廣大又具啓發性的傳授方式而聞名。此外，他出於眞誠的謙遜，總是避免欽慕者的關注。他不要別人向他頂禮，也從未說過誰是他的學生。那些在其座下學習的人，他寧願稱呼他們爲「法友」。於他個人的信箋上，只簡單用了字母「阿」（藏文 ཨ 字），而沒有任何裝飾來點綴他的身分。

04 譯註：資深藏漢譯者法護老師表示，梵文 tantra 有其甚深涵義，若隨俗而稱為「密續」則有降格、淺釋之虞，僅稱「續」即可，故此書將該字翻譯為續、續部、續法。「薩迦密續佛學院」則是已然常用的名稱，暫予沿用。

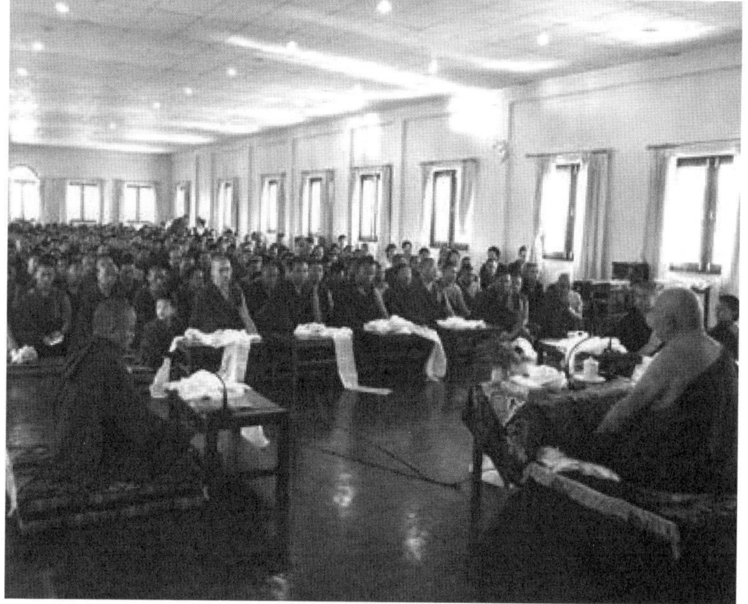

（上、下圖）
仁波切於尼泊爾加德滿都的國際佛學院授課。

二〇〇九年，堪千阿貝仁波切在（由左至右）宗薩欽哲仁波切、喇嘛秋達仁波切（Lama Choedak Rinpoche）、甘丹．亞沛（Gendun Yarphel），以及堪布蔣揚．滇津（Jamyang Tenzin）的陪同下，前往國際佛學院。

堪千阿貝仁波切的舍利塔，位於尼泊爾加德滿都的國際佛學院。

堪千阿貝仁波切

堪千阿貝仁波切的法教

除了一段標題爲「學習佛法的重要性」的短篇文章之外，目前並沒有堪千阿貝仁波切的其他原版著作。[05]然而，仁波切確實曾經爲一些成就法、祈願文以及釋論撰寫了注疏，其中有許多保存下來並在不久前於藏地出版。[06]他也列舉了一份金剛乘的重要研讀書單，並且編輯了四十三函完整道果法教的最新版本，這兩者皆已出版並廣泛流通。再來是一份關於仁波切所遺留法教與著作的簡短概述調查。儘管這份調查可能粗略且有疏漏，我們仍希望讀者能感受到仁波切保存與傳授佛法志業之廣大浩瀚。

如前所述，從一九七二年至一九八五年，堪千阿貝仁波切親自教授薩迦學院的所有課程，爲期十三年。他藉此承擔起一項重責大任，也就是將薩迦派完整體系理論與實修基礎所涉及的知識，傳授給流亡後的第一代藏傳佛教學者。僅僅這份貢獻，就足以令世人永遠銘記爲影響深遠且意義重大之舉，並因此憶念仁波切爲德厚流光而無比恩慈的大師。當仁波切在教授印度偉大的佛法義理經典

05 該文譯本收錄於本書第三十九頁至七十五頁。

06 書目見於附錄一。

時，都不會由釋論教起，而是從他自己記憶中對各種印度與西藏釋論的豐富學問，於課堂中直接引用根本文。不幸的是，我們並沒有他教導這些文本的錄音或錄影。

當阿貝仁波切於一九八〇年代到東南亞傳法時，主要的地點是新加坡和馬來西亞的各個佛法中心。那段期間的部分教導則有錄音與翻譯，包括薩迦班智達《牟尼密意顯明論》的系列講座，該教導於二〇〇八年在加德滿都以《關於薩迦班智達〈牟尼密意顯明論〉的教導》爲題而出版[07]；其他不同主題的個別講座，也有錄音與翻譯。[08]

仁波切晚年依然持續授課，主要是在加德滿都的國際佛學院，其中包括二〇〇一年、二〇〇二年和二〇〇七年三次的年度夏季課程。此外，他也在其他場合教導，例如：西藏上師與僧眾的大聚會、來訪學生的小聚會，以及個人居所的私下授課。很慶幸的是，那段期間的許多教授得以保存下來，包括一些關於法道與實修各種層面的較簡短教授，以及爲期三個月關於薩迦班智達《牟尼密意顯明論》的精彩教授[09]，後者已然編輯成冊並以藏文出版，且如今成爲該重要著作最詳盡釋論的代表。以《遠離四種執著》竅訣爲主題的十日閉關教授，也有紀錄保存下來，而此份藏文講稿在二〇一二年由國際佛學院出版。[10]該版本一部分由阿貝仁波切親自編輯，並由身爲仁波切親近弟子的蔣揚滇津堪布完成，而他也是仁波切二〇〇七年在國際佛學院教授的譯者。

二〇〇一年冬季在國際佛學院舉辦一場殊勝難得的教授，堪千阿貝仁波切因應直貢噶舉派直貢澈贊法王（His Holiness Drikung Chetsang Rinpoche）的請法，教授了爲期一個月的《喜金剛本續》。緣起是仁波切曾在一次與黃英傑居士（仁波切的一名台灣弟子，之後受認證爲直貢傳承巴麥欽哲仁波切 Palme Khyentse Rinpoche 的轉世）的私下交流中曾提到過，他持有源自偉大噶舉大師蔣貢工珠仁波切（Jamgön Kongtrul Rinpoche）解釋《喜金剛本續》的傳承。儘管他多年前已將此傳授給一位身爲噶瑪噶舉堪布的侄子，然而由於當時噶瑪噶舉派的內部分歧，他擔憂如果不傳給其他的傳承持有者，這條法脈可能因此間斷。黃英傑居士之後將此事呈報給直貢澈贊法王，法王於是向堪千阿貝仁波切請求，希望能在尼泊爾領受這些法教。那一場教導可說是濟濟一堂，出席的人，

---

07 該文於一九八六年在新加坡教授，原先由傑伊．古柏（拿望．桑滇．確佩，Ngawang Samten Choephel）翻譯編輯，之後在堪千阿貝仁波切的指導下修訂出版。參見《關於薩迦班智達〈牟尼密意顯明論〉的教導》（*Teachings on Sakya Pandita's Clarifying the Sage's Intent*），加德滿都：金剛出版社，二〇〇八年發行。

08 其中兩場關於《論藏》與佛教宗義體系的開示，皆收錄於本書中。

09 《關於薩迦班智達〈牟尼密意顯明論〉的注疏》（*Mkhan chen 'jam dpal dgyis pa'i bshes gnyen tshangs sras bzhad pa'i blo gros mchog*）。收錄於薩班系列（Thub pa dgongs gsal gyi rnam bshad, Sapan Series）第九函。曼督瓦拉（Manduwalla）：薩班翻譯研究基金會（Sapan Translation and Research Foundation），二〇一七年發行。

10 堪千阿貝仁波切《大乘禪修教誡．利益一切眾生甘露雨》（*A Mahayana Meditational Instruction: The Shower of Nectar that Benefits All, Theg pa chen po zhen pa bzhi bral gyi sgom khrid, kun phan bdud rtsi'i char rgyun*），加德滿都：國際佛學院，二〇一二年發行。

包括第四十二任薩迦法王大寶金剛仁波切、宗薩欽哲仁波切和來自不同傳承的許多其他轉世祖古、堪布、上師、僧眾，以及在家居士。然而，由於該法教的特性，因此不允許錄音、錄影。[11]

近期有一項對薩迦派文獻遺產的重要貢獻，就是將堪千阿貝仁波切所教授的完整道果法教系列編輯成大資料庫。這些法教由古魯喇嘛（Lama Guru）所成立的薩千國際組織（Sachen International，藏文：Rgyal yongs sa chen）在二〇〇八年分四十三冊出版。[12]此系列的最後一冊收錄了堪千阿貝仁波切針對不同文本所撰寫的註解。

二〇一〇年，薩千國際組織出版了由堪千阿貝仁波切彙編的《金剛乘研讀目錄》。[13]這份目錄

堪千阿貝仁波切（右）與祿頂堪千仁波切（左）

按照薩迦派的傳承，提供金剛乘師生一份系統性的指引，以階段性課程的形式列舉出金剛乘的學術研讀主題，內容從三律儀（三者結合乃爲續部修持的基礎），到對於無上續部經典的闡釋。這份目錄的發行之所以特別重要，是因爲它奠定了薩迦密續佛學院的課程基礎，該佛學院位於印度北阿坎德邦（Uttarakhand，簡稱UK）的曼都瓦拉，由第四十一任薩迦赤千法王與尊貴的祿頂堪千仁波切於二〇〇八年共同開光。

二〇一三年，薩迦學院爲第二十二屆薩迦祈願法會出版了關於著名《普賢行願品》的論文選集，其中包含堪千阿貝仁波切的三篇教授以及印度與藏地大師的數篇釋論。同年，該學院也發行了仁波切教授薩迦班智達著作《牟尼密意顯明論》的兩篇文字紀錄稿。[14]

---

11 感謝祖古巴麥欽哲仁波切（黃英傑博士）提供該次活動的參考資料。

12 該套書共四十三輯，並無整體書名。第一輯名為《密傳道果講解教授大合輯：大師傳記第一冊》（*The Great Collection of the Lamdré Lobshé Teachings: Biographies of Masters, gsung ngag lam 'bras slob bshad chen mo: bla ma'i rnam thar skor, pod KA*）。最後一輯名為《道果合輯補遺第四十三冊》（*Supplement to the Lamdré Collection; lam 'bras kha skong, pod NGI*）。

13 《金剛乘研讀目錄》（*Rje btsun sa kya pa'i bka' srol ltar rgyud 'chad nyan byed pa la nye bar mkho ba'i gsung rab rnams*）。加德滿都：薩千國際組織，二〇一〇年發行。

14 怙主堪千阿貝仁波切《〈普賢行願品〉教導選集》（*Bzang spyod smon lam gyi 'grel ba phyogs sbrigs*），德拉敦：薩迦佛學院，二〇一三年發行；以及《關於〈牟尼密意顯明論〉的口授註釋》（二函）（*Thub pa dgongs gsal gyi bka' 'grel*）。德拉敦：薩迦佛學院發行。

二〇一四年，仁波切的藏文著作合輯在藏地分四冊出版。[15]其中包含他對各種不同重要法本的註解——主要是關於薩迦傳承的續部教授（例如：傑尊・扎巴・堅贊 Jetsün Dragpa Gyaltsen 對《喜金剛本續》的釋論，由哦千・恭秋・倫珠 Ngorchen Könchog Lhündrup 編寫的喜金剛成就法以及淨盡惡趣威光王如來 Sarvavid Vairocana 修持法），這些是仁波切教授的文字紀錄稿。此外，也收錄仁波切對《普賢行願品》的教授，以及他為學習續部所彙編的目錄，而後兩者也在尼泊爾與印度分冊出版。該合輯內容的完整目錄，見於本書附錄。

然而，鑒於仁波切廣大的教授生涯，這些僅能大約代表其學術成就的九牛一毛而已。

一位老者的傳記

迷亂起心動念迅於電，
往來隨風飄忽渺無蹤，
心中貪愛纏結猶未解，
如是摯友之前獻心藥。
三信於心合掌置頂上，
殷殷虔敬呼求不曾斷，

有緣深具信解之士前，
娓娓道來種種解脫傳。
白財羔羊相伴而成長，
紅黃袈裟僧中拾級上，
此中曲折往事之足跡，
乃一老朽憶昔所依寨。[16]

先賢依怙主堪千阿貝仁波切所撰

15 《堪千阿貝仁波切著作合輯》（四函）（*Mkhan chen a pad rin po che mchog gi gsung 'bum*），蘭州：甘肅文化出版社（Lanzhou: Kan su'u rig gnas dpe skrun khang），二〇一四年發行。

16 譯註：三信為淨信、欲信、信解信。以上中譯，感謝資深藏漢譯者敦珠貝瑪南嘉同意引用。英漢對譯的白話文意思如下：
迷惑之心的起伏迅勝雷電，不安之身的遷動有如風吹。
願此法教為療癒摯友之心的膏藥，而我尚未切斷於彼等的貪愛之結。
致諸位具有信心的具緣者，以渴求的虔敬祈願不間斷，
持三信而於心中合掌於自身頂冠，敝人謹於此呈現個人的生平故事。
我是在大小羊群中長大的，歷經出家生活的種種階段，
沿著蜿蜒迂迴的道途行走—這些是一位老者的回憶錄。

導言

本書爲堪千阿貝仁波切教導系列的第一冊，我們揀選了一些針對各種不同主題的較簡短教授，內容包括修心竅訣、佛法義理入門，以及幾篇簡短的釋論。

1. 學習佛法的重要性

仁波切引經據典地說明對我們的生命來說，佛陀法教何以如此意義重大且息息相關，以及對實證佛法意旨並爲未來世代保存佛法來說，嚴謹學習佛法何以如此必不可缺。這份文稿首先由蔣巴・羅薩論師（Shastri Jhampa Losal）與貢噶・索南・卓瑪（Kunga Sonam Dronma）在二〇〇六年由藏文翻譯成英文；二〇一二年爲了刊登在《毘盧遮那雜誌》（*Vairochana*）第七期，再由凱倫・懷特（Karen White）在蔣巴羅薩法師的協助下修改，並由克里斯汀・伯納特（Christian Bernert）略作編輯。

2. 無著賢大師的竅訣——如何如理修持正法

這場教授以一份出處不明的無著賢大師文本爲主軸，其中包含了豐富珍貴的修心教誡。受教者爲喇嘛秋達仁波切的一群澳洲弟子，當時他們到尼泊爾朝聖，在加德滿都國際佛學院聆聽了這場法教，並由秋達仁波切口譯。本書收錄的筆譯是由茱莉亞・史丹佐（Julia Stenzel）根據二〇一四年在藏地出版之堪千阿貝仁波切著作合輯四冊中該次教授原文字紀錄稿所完成的。

3. 投胎轉世的邏輯

這篇教授在此合輯中有著獨一無二的地位，因爲內文並非直接來自仁波切講課的文字紀錄稿。一九八〇年代早期，堪千阿貝仁波切到東南亞弘法。當時在馬來西亞東部古晉（Kuching）的薩迦中心有幾場教授，擔任口譯的是拿望桑滇（Ngawang Samten），又名傑伊・古柏（Jay Goldberg），他請求仁波切給予一次以投胎轉世爲主題的教授。雖然目前沒有找到該次開示的錄音檔案，但是這份教授對譯者產生了深遠的影響，於是稍後他從回憶中寫下仁波切那天晚上的教授重點。

4. 證悟者的入滅

在薩迦察巴支派（Tsarpa）法王偉大的究給・企千仁波切（Chogyé Trichen Rinpoche）於二〇〇七年一月圓寂之際，堪千阿貝仁波切爲來自世界各地究給仁波切的弟子，給予一段精闢的開示。其中，阿貝仁波切根據釋迦牟尼佛般涅槃的記載，解釋了佛教法門起源與證悟上師圓寂之間的關聯。他進一步闡明臨終的過程和金剛乘傳承上師所採用的「死時禪定」（thugdam，藏音：圖當）[17]甚深修持，而究給仁波切就是一個絕佳的例子。這段開示原本是由請法的喇嘛秋達仁波切口譯。此處所提供的筆譯，是由丹尼爾．麥克納瑪拉（Daniel McNamara）根據堪千阿貝仁波切藏文著作合輯中該次開示的文字紀錄稿所完成的。

5. 轉化自心——轉心四思惟與其他修持

仁波切在此教授中以轉心四思惟做開場，解釋我們如何藉由念誦奠基於佛陀及其弟子之根本法教的偈頌，將佛法融入日常生活。內文涵蓋廣泛的主題，包括關於《遠離四種執著》、悲心和菩提心的教授。這篇文章是由索維爾．海維萊德．尼爾森（Solvej Hyveled Nielsen）根據一篇收錄於堪千阿貝仁波切藏文著作合輯中的文字紀錄稿翻譯而成。

6. 憶念三寶

《隨念三寶經》（*Sutra of Recollecting the Three Jewels*）是藏傳寺院日常念誦當中既重要又精簡的經文，其中列舉了佛、法、僧的功德，以作爲培養信心與虔敬的所依。仁波切在國際佛學院詳盡解釋了這部經文，後來由佛學院的一位僧人將內容繕寫下來。蔣巴羅薩論師及拿望桑滇於二〇一四年春季在加德滿都國際佛學院翻譯成英文後，由茱莉亞・史丹佐和維多莉亞・司高特（Victoria Scott）編輯而成。

7. 七支供養的修持——根據《普賢行願品》而講述

七支供養文是經乘（Sutrayana）與密咒乘兩個傳規的必修之道，它將積福淨罪的修持善巧地濃縮爲簡單的七項修持。仁波切根據《普賢行願品》當中的七支供養文，解釋了經乘體系的七支供養修持。《普賢行願品》摘錄自《華嚴經》（*Flower Ornament Sutra*，梵文：*Avatamsaka Sūtra*）的《樹王莊嚴經》（*Gaṇḍavyūha*），是廣受誦讀的祈願文。[18]這場（可能是二〇〇〇年於國際佛學院所給予）的開示文字紀錄稿，收錄在堪千阿貝仁波切藏文著作合輯中，此篇則是由丹尼爾・麥克納瑪拉以該文字紀錄稿爲基礎翻譯而成。

17 譯註：達賴喇嘛尊者的中譯蔣揚仁欽將此名相翻譯為「住持心法」，但由於其所包含的意義廣大，故而仍以「死時禪定」作為略譯。

18 譯註：《樹王莊嚴經》簡稱《樹嚴經》，藏人常以此名來稱呼《華嚴經》〈普賢菩薩行品〉的出處。在阿張蘭石《心靈華嚴：辨證互明的心靈學與圓融證悟次第體系》一書中指出，此經應該就是《華嚴經》的最後一品〈入法界品〉。

8. 培養智慧之心——關於修心七要口訣

來自孟加拉的大師阿底峽尊者（Jowo Atiśa）於十一世紀將《修心七要》（*Mind Training in Seven Points*）傳入藏地，這是修心教法類別中的重要典籍。作者切卡瓦・耶喜・多傑（Chékawa Yeshe Dorje）透過五十多個短句，以甚深的菩提心修持爲基礎，針對如何從根本上改變自己的人生觀和人際關係，而給予竅訣式的建言。仁波切對《修心七要》的這篇釋論是由克里斯汀・伯納特翻譯，二〇一四年薇薇安・帕格努齊（Vivian Paganuzzi）和蘇珊娜・德魯恩（Suzanne DeRouen）爲了出版而進行初次編輯。

9. 簡介《論藏》

《論藏》（梵文：*Abhidharma*，音譯：阿毘達磨，或稱：對法藏論）是構成佛教經典的三類教法之一，尤其著墨於智慧的培養。在這場開示中，仁波切概述了《論藏》傳承的起源和歷史，包括世親論師（Vasubandhu）《阿毘達磨俱舍論》（*Treasury of Abhidharma*，梵文：*Abhidharmakośa*）的整體大綱，並清晰講解了構成人道體驗的五蘊。

10. 見地精要——以西藏中觀宗爲主而論述佛教的四部宗義

關於佛教思想流派或宗義體系（梵文：siddhānta，藏文：'grub mtha'）[19]的研究，在藏傳佛教有重要的地位。此篇按照次第而引介對實相越來越精煉的理解，從毘婆沙宗（Vaibhāṣika）對實相的見地開始，最終以中觀宗（Madhyamaka）的甚深空性見地爲結尾。仁波切在略述四部宗義後，介紹了藏地盛行的三種中觀體系：中觀宗的他空見、格魯派的中觀見，以及薩迦派所教授的「離諸邊」中觀見。

這本合輯中的最後兩篇法教，可能是堪千阿貝仁波切在一九八〇年代初期於新加坡薩迦丹培林（Sakya Tenphel Ling）傳授的，當時的口譯爲傑伊．古柏。在本書中，仁波切的法教錄音則是由譯修堂學院（Esukhia）的丹增．金巴（Tenzin Jinpa）聽打，並由克里斯汀．伯納特英譯。

---

19 譯註：梵文 siddhānta 的翻譯為「悉檀」，《智度論》曰：「有四種悉檀：一者世界悉檀，二者各各為人悉檀，三者對治悉檀，四者第一義悉檀。四悉檀中總攝一切十二部經八萬四千法藏，皆是實相無相違背。」《大乘義章》曰：「言悉檀者是中國語，此方義翻其名不一。如楞伽中子註釋，或名為宗，或名為成，或云理也。」此處採意譯而為「宗義」。

讀者應會注意到，每位譯者對堪千阿貝仁波切的話語都有自己的理解。我們已經想辦法為整部合輯提供一致性的語氣和佛學名相，同時也尊重每位譯者的個人風格。由於這些文本大部分是基於口頭教授的開示，因此其中所列的標題和副標題是在本書編輯和翻譯的過程所加上的。在釋論中，所要闡明的內容則以上下引號或更換字體、粗體顯示，以便讀者區分何者為釋論的本身、何者為經論的引述。

英譯者簡介

傑伊・古柏，又名拿望桑滇，是薩迦傳規的長期修行者。他在一九七一年成為第四十一任薩迦赤千法王的弟子後，於印度和東南亞生活了十八年，其中有十四年屬於出家人的身分。他翻譯了許多薩迦禪修成就法和《三現分》（*The Three Visions*，藏文：*snang gsum*）等文本，並因擔任眾多薩迦上師的譯者而行遍東南亞各國。他還與堪千阿貝仁波切一起創立了薩迦學院。

茱莉亞・史丹佐是加拿大蒙特婁麥吉爾大學（McGill University）博士候選人和講師。其研究聚焦於非宗教慈悲培訓計畫的佛教根源。獲頒加州西部大學（University of the West）的佛教研究碩士學位，以及加德滿都國際佛學院的譯者證書。她曾於已故之甘丹仁波切（Gendun Rinpoche）的指導下，在法國達波昆卓林（Dhagpo Kundrol Ling）完成了三次傳統的三年閉關。

索維爾・海維萊德・尼爾森擁有加德滿都大學自生智學院（Rangjung Yeshe Institute）的喜馬拉雅語言和佛教研究學士學位，以及哥本哈根大學的藏學（Tibetology）學士學位。曾在南印度南卓林寺（Namdroling Monastery）的佛學院修學一學年，並於尼泊爾帕平的阿修羅洞（Asura cave）閉關一年，二〇一八年在哥本哈根大學完成藏學碩士學位。自二〇一五年以來，夏季都待在德國密勒日巴閉關中心，與堪千尼瑪・堅贊（Khenchen Nyima Gyaltsen）一起翻譯噶舉傳承的藏文經典。

丹尼爾・麥克納瑪拉爲美國喬治亞州亞特蘭大埃默里大學（Emory University）西亞和南亞宗教的博士候選人。於二〇〇九年獲頒芝加哥大學神學院（University of Chicago Divinity School）的碩士學位，當時是在國際佛學院堪布拿旺久登的門下學習。其學術研究主要涉及十一世紀印度佛教唯識瑜伽行派（Yogācāra）思想與續部修持之間的關係。他也是「法輪翻譯委員會」（Dharmacakra Translation Committee）的成員，爲「八萬四千・佛典傳譯」計畫（84000: Translating the Words of the Buddha）（官網http://84000.co）翻譯多部文本。

克里斯汀．伯納特爲白法螺翻譯小組（Chödung Karmo Translation Group）的創始成員和計畫經理，與尼泊爾加德滿都的國際佛學院密切合作。他於二〇〇九年獲頒維也納大學的宗教研究和藏學碩士學位，隨後在國際佛學院接受兩年的翻譯培訓。出版了佛教思想與修行的經典藏文著作譯本、當代上師的法教譯本，以及爲「八萬四千．佛典傳譯」計畫所翻譯的經文。

白法螺翻譯小組與尼泊爾國際佛學院簡介

白法螺翻譯小組（Chödung Karmo Translation Group）於二〇一〇年在尼泊爾加德滿都的國際佛學院成立，旨在協助達成堪千阿貝仁波切保存並傳續佛法的遠見，其中又以薩迦傳承上師的教導爲主要翻譯項目。

國際佛學院的主要目標，包括：（一）爲所有想要學習和修持佛陀教法的人，提供含中英文等語言在內的佛法思想深入課程與禪修閉關，（二）將藏傳佛典數位化並發行，以及（三）爲薩迦傳承的年輕藏僧提供語言和領導才能訓練。

英譯者致謝

我們要感謝所有譯者的辛勤努力，馬丁・加圖索（Martin Gatuso）的精細編輯，譯修堂學院丹增金巴爲此書繕寫了仁波切的兩篇法教，桑墨（L.S. Summer）化零爲整的彙編功力，以及有人提供描繪仁波切生平但出處不明的照片。此外，也要感謝堪千阿貝基金會（Khenchen Appey Foundation）對此項計劃的經費支援。

感謝堪布拿旺久登、堪布蔣揚貢噶和拿旺丹增（Ngawang Tenzin），他們的寶貴建議在我撰寫引言之時，乃爲一大助力。

最重要的是：我們要感謝堪千阿貝仁波切本人，他以甚深且實用的法教孜孜不倦地教導眾多學生，並以自身的氣度、智慧和謙遜爲模範而啓發我們，如此的恩德實在讓人銘感五內、永誌不忘。

克里斯汀・伯納特／白法螺翻譯小組

二〇一八年四月寫於越南河內

中譯者致謝

第一次知道堪千阿貝仁波切的名字，是因為《近乎佛教徒》一書作者簡介的第一行，只有這麼一句話：宗薩蔣揚欽哲諾布，為堪布阿貝仁波切（Khenpo Appey Rinpoche）的弟子。

於是，我對這位上師的上師，逐漸生起了仰慕之情。當二〇一九年國際佛學院的校長拿旺久登堪布表示：希望我那年暑假到尼泊爾為仁波切的《親友書》課程擔任即席口譯時，我便毫不猶豫地答應了。在佛學院的那兩個星期，每天餐後都會到中庭，和其他僧眾一起繞行仁波切的舍利塔。返台的前一天，校長特別讓我進入平日上鎖的仁波切會客室瞻仰裡面的小舍利塔，並為我介紹在那簡樸書房中，有個上面滿是哈達的座椅——便是仁波切閱讀和就寢的地方，接著也送我幾個用仁波切骨灰製成的小泥塔（藏文：擦擦）。

帶著這些加持回國之後，我們匯集各方資源，開始了這本書的翻譯。首先由覃道明師姐翻譯、李昕叡師姐校對而完成了詞彙解釋，以便為書中的名相定調。之後獲得仁波切著作《無礙智・無量光——牟尼密意顯明論：從0到100的圓滿成佛智慧書》的譯者拿旺措瓊首肯擔任主筆，並由黃寶金師姐幫忙校對。此外，由於書中多處引經據典，還有不少藏文拼音，爲免我們學養不足而難以正確傳達仁波切的深意，特別邀請高雄法印講堂的智善法師擔任佛學顧問，並由林姿瑩師姐確認藏文名相，敝人則如試閱讀者的角色，挑出其中不易理解的部分再做調整與修潤。

原本覺得一切就緒便可順利進行，但正如宗薩欽哲仁波切所開示的：越是好事，越有障礙！在團隊合作的過程中屢次出現意外的插曲，尤其，我們遇到了一些從英文無法完整理解的段落，而這是從口授教導轉爲書面型態的最大問題之一（儘管「白法螺翻譯小組」的主要成員確實非常用心地彙編了此書）。幸好，幾經聯繫之後，第四十一任、第四十二任薩迦法王的藏文秘書見揚堪布願意協助釋疑；他針對幾個疑慮之處，來回多次重新聆聽仁波切當年的教導錄音，並耐心地給予詳細說明。這本譯作如今得以完工，見揚堪布是我們所要感恩的關鍵人物之一。除此之外，還有一點，拿旺久登堪布提供仁波切〈一位老者的傳記〉之藏文原著，資深藏漢譯者敦珠貝瑪南嘉爲此中譯，並同意引用其《修心七要》的譯作，對於這兩位善知識，我們也藉此敬表謝忱。

當然，最重要的還是要感謝作者——堪千阿貝仁波切，雖然無緣親見他的和藹慈顏，但是由前人紀錄的文字中，依然可以感受到他的循循善誘、諄諄教誨。希望諸位讀者也能從書中，體會到仁波切令人如沐春風的謙沖自牧和學識淵博。

本次的翻譯，若有任何疏漏或錯誤，懇請三寶、三根本慈悲寬宥；若有絲毫福德或善根，謹容引用第九世烏金祖古仁波切所撰〈具義祈禱文〉的最末四句作爲迴向：

願以信解祈禱尊者力，
令諸眾生皆能蒙護佑，
疫病飢饉刀兵悉平息，
佛法廣揚吉祥咸增上。

Serena Yang 代表普賢法譯小組寫於二〇二二年九月十六日

第一章

學習佛法的重要性

頂禮遍智者

佛陀爲三界一切眾生的唯一恩怙，每當我們聽聞佛陀的教授時，應當以大恭敬心來聽聞，此事相當重要。

無可匹敵的導師自無數劫以來，已修持大悲並證得遍智。他以傳授有關投生善趣及證得解脫的教授爲目標。因此他爲那些有如因無明而眼盲、以致尚未見到利益與安樂之道的人，開啓了智慧之眼。即使我們現在沒有福報得以親見佛陀，那些對佛陀教言具有虔敬的人，也能藉由聽聞他的教授而成就智慧之眼。他們以此方式精勤努力而進入眞實的法道，並引領他人也步上法道，這些確實爲無上的事業。

一、關於學習佛法的利益

諸多佛經說道，僅只闡述與聽聞佛陀教授中的四句偈，其福德遠遠勝過以遍滿世界的七種珍寶供養三寶。其理由是，物質財富供養是於輪迴中享有榮華富貴的因，講述與聽聞佛陀教法則爲證得聖者[20]功德的因。如同《大悲蓮華經》（又稱《悲華經》，*The Great Compassion Lotus Sutra*，梵文：*Mahākaruṇāpuṇḍarīkasūtra*）中所述：

若有人恭敬、瞻仰、禮拜、供養遍滿三千大千世界並安住如恆河沙數之劫的如來，若此人亦因禮敬已入般涅槃者之舍利塔等而生起類似的福德，相較於如此所生的福德，圓滿受持並宣講『一切有爲法都是無常的』（諸行無常）、『所有受到染垢的狀態皆爲痛苦』（諸受是苦）、抑或『一切現象皆空無自性』（諸法無我）等善說之法，那麼，阿難，後者的福德勝於前者，何以故？[21]

阿難，是這樣的，與後者相較，由於布施的行爲伴隨著染垢與煩惱，故而成爲流轉輪迴的因。然而百萬無量劫以來有人修持珍貴、無形的佛法寶藏，是最爲無上的。有了這個寶藏，就得以斬斷輪迴的延續。阿難，當受制於生的眾生聽聞此珍貴無上的佛法，他們將全然從生中解脫；受制於病、死、憂、悲、苦、惱與心意煩擾的眾生，將全然從疾病乃至心意煩擾中解脫。

20 聖者（梵文：ārya）指的是：透過修持佛法而證得高度成就與解脫的人。

21 譯註：關於書中的各種經論引述，若於漢文大藏經或相關文獻中可查詢到，將提供祖師大德的翻譯作為參考，如果查無資料，則只能以現有英文斟酌用詞來翻譯，敬請讀者知悉。至於以上的引述，於漢文大藏經《悲華經》（曇無讖法師譯）中可能的段落為：「若有眾生，以珍寶、伎樂供養舍利，乃至禮拜、右繞一匝，合掌稱歎、一莖華散，以是因緣隨其志願，於三乘中各不退轉……」，但無明顯相似之處。而有此相異的原因，應為藏文大藏經所採用的版本不同所致。

阿難，在了解箇中緣由後，我因而說，恭敬宣講佛法者，以及恭敬聽聞佛法者，皆能生起諸多福德。阿難，對於求法比丘眾恭敬闡述佛法的人，以及恭敬聽聞佛法的比丘眾，皆能生起無量福德，他們能生起廣大的無量福德。

是否能捨棄輪迴，僅僅取決於是否聽聞了佛法。提婆阿闍黎（Ācārya Āryadeva，或稱聖天菩薩）在其《四百論》（*Four Hundred Verses*，梵文：*Catuḥśataka*）中如是宣說而確認了這一點：

三事之聚合，乃極爲稀有：
欲聞佛法者，所聞之佛法，
以及闡述佛法之上師。
簡言之，此乃輪迴何以無盡，亦非無盡。[22]

這裡說的是，能聞佛法的暇滿人身、受人聽聞的佛法，以及給予教導的佛法上師，這些都是難以獲得的。若能聚合這三種條件而聽聞佛法，此人便可以捨棄輪迴。就此意義而言，輪迴並非無盡。如果這三種條件缺少任何一者，則此人無法捨棄輪迴，於此情況下，輪迴便沒有盡頭。另一部佛經對此進一步闡述道：

對於筋疲力竭的人而言，路途遙遙，
對於難以入眠的人而言，長夜漫漫，
同理，對缺乏佛法知識的愚稚眾生而言，
輪迴乃無盡的漫漫長路。[23]

唯有佛法才是確實能讓人捨離輪迴之道。因爲儘管其他教導也說明要將輪迴視爲痛苦、認清執著乃爲過患、鼓勵人們棄惡苦修，資深的苦修行者還可領受各種戒律等等，然而僅憑這些方法並不能傷害輪迴的根本，因此，這些教授無法逆轉輪迴。輪迴的根本爲我執，對治我執的方法是了證無我的智慧，而證得無我的教法，唯有佛陀曾經宣說。此外，也唯有佛陀教導了各種獲致解脫及遍智的廣大法門。

因此世親菩薩曾說：

22　譯註：參見該論第七〈明人遠離貪著欲財方便品〉：「聞者所聞教，說者皆難得，以是說生死，非有邊無邊。」玄奘法師、法尊法師譯。

23　譯註：參見《法句經》〈愚品〉：「不眠者夜長，倦者由旬長，不明達正法，愚者輪迴長。」了參法師譯。

佛陀教義甚難尋，
若無佛法無解脫。
故而希求解脫者，
應當虔敬而聞法。

二、法道的次第

再者，世親菩薩在《阿毘達磨俱舍論》中，簡要指出三乘各自親證之道時說：

當依循戒律，聞思教法後，復而做禪修。[24]

就所有的三乘而言，修持之道必須具備以下四種要素方能圓滿：戒律，乃令不散漫之因；聽聞，乃令不無明之因；思惟，乃令能明辨之因；禪修，乃令捨煩惱之因。

《大乘莊嚴經論》（*Ornament of Mahayana Sutras*，梵文：*Mahāyānasūtrālamkāra*）中也說：

單憑聽聞了悟意旨，則禪修無益；
若不聽聞卻做禪修，則佛法無益。[25]

這裡清楚說明了聽聞佛法與禪修佛法兩者的重要性，否則一個人僅靠聽聞就能了解義理，禪修便顯得毫無意義。同理，如果不加聽聞即禪修便足夠的話，佛陀的教法便顯得毫無意義。在《律藏》（梵文：*Vinaya*）中進一步說明，尚未受持三藏（梵文：Tripiṭaka）之前，不應獨自禪修。在一部關於「量」（epistemology，梵文：pramāṇa）的論中也提到：

> 成就的前提爲修持，
> 修持的前提爲了解。[26]

這是指在成就果位之前，必須先有成就的因，也就是法道的修持。同理，在法道的修持之前，必須先有所了解。雖然單憑少許聽聞確實可以證得聲聞，但若想要獲得圓滿的證悟，則仍需要廣大的聽聞。因此，佛經中說，圓滿的證悟取決於廣大的聽聞。《入菩薩行論》（*The Way of the Bodhisattva*，梵文：*Bodhicaryāvatāra*）中也說：

---

24 譯註：參見該論第六〈分別賢聖品〉：「應住戒勤修，聞思修所成。」玄奘法師譯。

25 譯註：參見該論第十三〈弘法品〉：「彼修得果故，修說非無義，但聞及不聞，修說則無理。」大唐天竺三藏波羅頗迦羅蜜多羅譯。

26 譯註：應指陳那論師的《集量論》，藏地學者稱為《量經》，即量理的經典著作。引用的內文可能為「由信受彼言教，依之修行，即能得彼果」。法尊法師譯。

若人身爲菩薩者，
應當無所而不學。[27]

有些人會說，若要教導他人便需要聽聞佛法，但若爲了個人修持，就不需聽聞佛法。如此的言論會構成很大的障礙，阻礙自己和他人進入佛陀的教義。原因在於，如果從未聽聞佛法，一開始便不知佛法爲何物，那麼所修爲何呢？即使藉由仿效他人而致力於身做善行、口說善語，卻不了解精要的重點，仍難以成辦任何眞正具有價值的事。《入菩薩行論》中云：

如同遭受疾病擾，
無力可有何作爲，
此心若受無明擾，
無力行持佛事業。[28]

有些人甚至會說，光是禪修就足夠了，完全沒有必要聽聞佛法。這類的說法顯示這些人並不了解，其實禪修的因乃是聽聞與思惟佛法。於聞所得慧、思所得慧、修所得慧這三種智慧中，第二種智慧是基於第一種智慧，第三種智慧是基於第二種智慧。道理就在於：沒有因就不可能產生果。

蓮花戒（Kamalaśīla）論師在《修習次第》（*Stages of Meditation*，梵文：*Bhāvanakrama*）中說道：

何謂累積勝觀資糧？即是尋求廣大聽聞教法，以及如理思惟等。[29]

我們這個時代，許多人宣稱自己閱讀佛經就足夠了，甚至沒有必要依止上師學習，這種假設相當謬誤，因爲若不尋求博學上師給予修持指引，我們便難以了解如來甚深密意之義。在《大乘寶要義論》（*Compendium of Sutras*，梵文：*Sūtrasamuccaya*，又稱《諸經要集》或《集經論》）中云：

具足殊勝功德之世尊曾云：
若要理解佛法，
便須依止上師。[30]

---

27 譯註：參見該論第五〈正知正念品〉：「佛子未學之學處，任於何處亦無有，如是住戒善巧者，有何福德不能生？」隆蓮法師譯。儘管如石法師的譯本較為廣傳，但隆蓮法師的譯本不僅收錄在CBETA（財團法人佛教電子佛典基金會）中，也因字數較多而較能完整表達意義，故而本書採用後者。

28 同前註，參見該論：「世人若為病所纏，於諸事業無能力；如是愚昧所纏心，於諸事業亦無力。」

29 譯註：參見《修次中篇》：「云何毘缽舍那資糧？依聖士夫、遍求多聞、如理思惟。」法炬法師譯。

30 譯註：參見該論第三卷：「依止善知識亦復如是。能成一切佛法大器。又如大海眾流所歸。菩薩因善知識從彼出生故。即得圓成一切菩薩行法及一切佛法。」法護法師譯。

關於依止上師的利益以及不依止上師的過患，可見於佛經中的諸多教言，我們從中便能了解依止上師的必要性。否則，我們就可能違背「即使喪命亦不棄離上師」、「如同禮敬如來而禮敬授法上師」等教言，而且諸佛菩薩也就沒有理由傳講佛法了。

再者，那些相信僅靠念佛持咒就能滿願的人，應該要了解能讓人生眞正具義之法的精髓。據說，耆那教的傳規認爲道的精髓在於苦行；婆羅門教的傳規認爲道的精髓在於持誦；佛陀的傳規則認爲，道的精髓在於依循殊勝戒律的同時，以聞思爲前提而進行禪修。

三、受持佛法的重要性

人類活動的主要目的在於遠離傷害與痛苦並獲得利益與安樂。就此目的而言，除了佛法，其餘的方法都效果不彰。況且，佛陀的教法可令一切傷害與痛苦皆得終盡而無餘，行者不僅能藉投生善趣的福報以成就暫時的安樂，還能獲得解脫與遍智的究竟利益。

寂天菩薩曾如此祈願正法長久住世：

> 有情療苦安樂源，佛陀教義唯一藥，
> 信眾恭敬施主惠，願能因而長久住。[31]

寂天菩薩於此段偈頌中，祈願佛陀講述的正法得以長久住世，成爲無上的庇佑，得以圓滿一切有情眾生的希求與願望。

《勝鬘師子吼一乘大方便方廣經》（*Sutra of the Lion's Roar of Śrīmālādevī*，梵文：Śrī-mālā-devī siṃha-nāda sūtra）中云：

> 若諸發願攝爲一，
> 則此發願應爲何？
> 「願得受持正法矣」。[32]

《虛空藏經》（*Treasury of Space Sutra*）中，怙主佛陀對彌勒菩薩如此宣說：

---

31 譯註：參見該論第十〈迴向品〉：「願除苦良藥，一切安樂源，教法得護持，長久住世間。」

32 譯註：參見該經第四〈攝受章〉：「菩薩所有恒沙諸願，一切皆入一大願中，所謂攝受正法。攝受正法，真為大願。」求那跋陀羅譯。

彌勒，菩薩有此四種事業：斷盡一切魔羅痛苦、契入佛法勝伏諸敵、引領眾生臻至修持成熟、受持正法。若此四種事業總攝爲一，應爲何者？受持正法也。

亦云：

名爲「福德莊嚴」之菩薩摩訶薩對薄伽梵說：「我見受持正法以外之善根，僅如芥子般大小，然而受持正法之善根，則廣如遍及十方的一切虛空。」

諸多佛經皆如此敘述受持正法所生的福德乃爲無量。

佛陀曾對弟子們說：

於我般涅槃後，此正法將爲汝等導師，正因如此，汝等應守護正法，莫令散失任何字句或意義。

佛陀對阿難說：

阿難，務使正法久傳，廣大利益人天。

據說，一位有情眾生爲了證得圓滿正覺而生起菩提心所獲得的福德，相較於建造一座完全以珍寶所製、高達色究竟天（Akaniṣṭha）、廣至足以容納三千大千世界的佛塔來安置佛陀舍利，並在無數劫中以一切所能取得的物品來供養此塔，其所得的福德，前者遠遠更爲殊勝且更爲廣大，這是因爲前者能令正法長存，不令佛陀傳承中斷。

《四百論》中有一段偈頌足以支持這一點：

相較珍寶所建塔，
高聳等同此世間，
若能調伏一眾生，
福德更勝於前者。[33]

若有人問，所要受持的正法爲何？應以何種方法來受持？《阿毘達磨俱舍論》中給予了下列的回答：

33 譯註：參見該論第五〈明菩薩行品〉：「若有建寶塔，高與世間等，調伏使發心，說福勝於彼。」玄奘法師、法尊法師譯。

佛陀正法有兩類，一者教導一了證，
爲使正法得受持，唯有說法且修持。[34]

教法指的是《三藏》，證法指的是三乘的增上學。藉由無誤地闡述教法以及無謬地修持證法，即是受持這兩種正法的方法。

如果沒有皈依三寶，就不能終結輪迴之苦。不過，僅靠領受皈依戒，本身並不能成辦目標，還需要持守並保護皈依戒。而親近聖者、聽聞正法、依教修持，便是我們必須遵循與持守的皈依戒。所謂聖者，乃是依照佛陀所講佛法來教導並修持的人。《三藏》確實爲佛陀的眞實教言，釋論則是由彌勒菩薩、無著論師、世親論師、龍樹菩薩、寂天菩薩、月稱論師等眞實上師，依循佛陀個人教言之意趣所寫的，也是我們應該學習的佛法。「依教修持」是指一切教授及修持都應根據佛陀所說的內涵來成辦。

《那羅延請問經》（*Sutra Requested by Nārāyaṇa*，梵文：*Nārāyaṇaparipṛcchāsūtra*）中，解釋了聽聞佛法的利益：

善男子！聽聞法者能生起智慧，具智慧者能徹底平息煩惱，無煩惱者，則魔羅不能侵。[35]

另一部佛經則對此做了詳細的說明：

> 聽聞正法有五種利益：能聽到前所未聞之法，對已聞之法能嫻熟修習，袪除疑惑，辨別正邪見地，並以智慧理解甚深字詞之義。[36]

若要解釋此處引用的全部五種利益，將會太過冗長，因此只就第一種利益來簡短說明。「聽到前所未聞之法」指的是可以聽聞到與下述有關的法：五蘊、十八界、十二處、二諦、四聖諦、輪迴與解脫、三乘法道，藉此法道所可斷除的過患，以及所能獲得的暫時與究竟之果。過去從未聽聞這些教授的人，可首度聽聞到這些教法。

另一部佛經如下說明聽聞佛法可獲得的另外四種利益。首先：「藉由聽聞能了解佛法。」這是因爲，我們透過聽聞教義，便能了解佛法包含了佛陀教導的三增上學，並了解由其他專家所講述的

34 譯註：參見該論第二十九卷第八〈分別定品〉：「佛正法有二，謂教證為體，有持說行者，此便住世間。」玄奘法師譯。

35 譯註：參見宗喀巴大師《菩提道次第廣論》卷二十四：「《那羅延請問經》說『由聞生慧，慧斷煩惱』等，如前所引，多宣說故。」法尊法師譯。

36 譯註：參見《增壹阿含經》第三十六〈聽法品〉：「隨時聽法有五功德，隨時承受不失次第。云何為五？未曾聞者，便得聞之；以得聞者，重諷誦之；見不邪傾；無有狐疑；即解甚深之義。」

道並非眞實的佛法。第二、我們在聽聞佛法之後，可以採取正確的戒律，並藉此斷除惡法行，因此說：「藉由聽聞能斷除惡法。」第三、「藉由聽聞能捨棄一切無益之事。」這是因爲，我們透過聽聞佛法，便可獲得增上心學[37]，因而能斷除粗重的煩惱，並藉此了知一切世間眾生所貪執的感官妙欲都無有意義。第四、透過聽聞佛法可得到增上慧學，並藉此斷除細微的煩惱，因此說：「藉由聽聞能證得涅槃。」

世親阿闍黎在詳細探討聽聞佛法的利益之後表示，聽聞正法的意趣是無邊無盡的，而他所提到只不過是滄海一粟。聽聞佛法的意趣何以是無邊無盡呢？因爲所有三乘的道與果都奠基於聽聞佛法而生。

四、關於不學習佛法的過患

佛經中敘述了許多不聽聞佛法的過患。暫時的過患如下：

人雖有雙足，然與牛無異，
乃愚昧無知，必須勝伏之。

又云：

缺少聽聞財富之世間人，應被視爲盲人。

又說：

人雖不具駝峰與垂肉，卻如長有門牙之母牛。[38]

博學者如此而憐愍那些鮮少聽聞佛法的人。在《毘奈耶經》（梵文：*Vinaya Sutra*）中說：「如獅之人，不敬如狼之人。」這與上面引述的幾個偈頌意思相同。

不聽聞佛法的永久過患，是無法獲得解脫，也無法平息煩惱及痛苦。這是因爲，如同在《阿毘達磨俱舍論》中所說：

---

37 譯註：這是指戒、定、慧三學中具有增上勢力之定學，其能增進「心」之學，故而又稱為增上心學（玄奘大師譯，或稱增上意學，巴利文：adhicitta-sikkhā）。

38 譯註：牛沒有上頜齒，但人類有門牙，因而此處所指的是，人類就如同有上頜齒的牛一般愚痴。

若未徹底分析諸現象，無法斷盡煩惱之根本。
世間眾生由於煩惱故，流轉漂泊輪迴汪洋中，導師佛陀乃爲此說法。[39]

在《悲華經》中有云：

阿難，諸多有情眾生未能聽聞此類佛法寶藏，因而全然穢濁。

尤其，辯經學院與僧伽大學培育出眾多的佛教學者，他們持有許多殊勝的功德。如果沒有這樣的學術機構，就無法如此研讀及傳授佛法，也無法養成更多偉大的學者。如果沒有精通佛法的學者，就算可能有諸多佛經，佛陀的教義也會因而消失。薩迦班智達（Sakya Paṇḍita）在《牟尼密意顯明論》中，對此有所說明。[40]

五、把握稀有的良機

有一部佛經說：

佛陀出興於世甚稀有，
獲得此一人身極難得。

嗚呼！
具足虔敬及聞法良機，
百劫之中乃著實難得。

爲人解釋具足聽法因緣乃極爲難得，並藉此鼓勵人們聽聞佛法，這樣的做法相當合宜。

《大乘集菩薩學論》（*Compendium of Instructions*，梵文：*Śikṣasamuccaya*）中，寂天菩薩以五則偈頌來策勵人們恭敬聞法。這些偈頌提供了兩種策勵的方法。第一種方法，藉由解說不聽聞佛法的過患來策勵人們：我們若不聽聞佛陀的教法，就沒有辦法平息煩惱，後果是我們將經歷難以忍受的痛苦，例如在地獄的火坑中被焚燒等，且一而再、再而三地體驗到可怕的痛苦。我們應該如此囑咐眾生，要在心中謹記這些危險而歡喜聽聞佛法。第二種方法，是展現聽聞佛法的優點，以便策勵人們。若已聽聞佛陀的教義而精進禪修，便能避免一切導致惡趣痛苦的惡行。結果就是我們能生生

39 譯註：參見該論第一〈分別界品〉：「若離擇法定無餘，能滅諸惑勝方便，由惑世間漂有海，因此傳佛說對法。」玄奘法師譯。

40 所指的是：薩迦班智達《牟尼密意顯明論》（*Clarifying the Sage's Intent*），大衛・P・傑可森（David P. Jackson）英譯，收錄於西藏經典研究院（Institute of Tibetan Classics）西藏經典圖書館（Library of Tibetan Classics）第十冊《佛陀教導之次第：三部關鍵文本》（*Stages of the Buddha's Teachings: Three Key Texts*），薩默維爾：智慧出版社，二〇一五年發行版第三百九十七頁。

世世投生善趣，獲得人天的安樂。並在斷除煩惱後，獲得永不退轉的解脫大樂、永不窮盡的菩薩大樂，以及一佛所具有的無比圓滿。

因此，如果今天有人聽聞此具義、難得、猶如珍寶的佛法，所有的人、天、龍、成就者、乾闥婆、夜叉、迦樓羅、阿修羅、緊那羅、畢舍遮，都會充滿喜悅與虔敬。以此緣故，因而勸請他們全都前來聽聞教法。

在一部關於《律藏》的釋論中說：

汝等爲聖教而行大事業之天、龍、阿修羅、緊那羅、帝釋天眾，
且來聽聞佛陀所說之正法講述，此爲安樂之因，得以眞實平息煩惱。

又云：

故當顯露汝於佛陀教法之虔誠恭敬，
其爲廣大殊勝功德之圓滿利他珍寶。
既然較此更爲殊勝之法乃無可聽聞，

便應調伏諸根一如訓練有素之良駒，以便聽聞此一無上聖者之教言字句。

簡言之，由於了解到佛陀的教義乃極爲難得、旨趣廣大，且無法長久住世，所有具備虔敬之人皆當竭力學習並修持佛法。

六、守護珍貴法藏

有云，當世尊教義即將滅失之際，受持並守護殊勝教法尤爲必要，且能積聚廣大福德。《觀世音菩薩經》（*Sutra of Avalokiteśvara*，梵文：*Avalokanasūtra*）中說：

於世間怙主所教正法即將滅失之際，日夜受持教法之福德，遠遠勝過於恆河沙數之劫中禮敬千百萬之佛。

又說，若有人障礙大乘佛法的傳講或聽聞，雖僅一次，此人將在惡趣中長時流轉，如同在《入菩薩行論》中說：

若障菩薩做善行，
縱使僅於剎那間，
減損有情利益故，
無盡流轉於惡趣。[41]

《寂照神變三摩地經》（*The Samadhi of the Miraculous Display of Definitive Pacification*，梵文：*Praśāntaviniścaya-prātihāryasamādhisūtra*）中云：

若人障礙菩薩行善布施旁生一團之食，其惡業勝過殺害一切有情並劫其財物。乃因阻擋能使未來一佛出現之善也。

在《諸法無行經》（*Sutra that Teaches the Nonarising of All Phenomena*，梵文：*Sarvadharmāpravṛtti-nirdeśa sūtra*）中，高須彌山王如來（the Tathāgata Sublime-like-Mount-Sumeru）講述了以下的故事：

從前有位比丘名叫「有威儀」，持有戒律及五神通，與眾弟子住於僻靜之處精進修行。同一時間，有位比丘名叫「淨威儀」，時常遊行到城鎮聚落與皇宮為大眾說法。「有威儀」比丘聽到此事後，便如此告誡他：「既然佛陀稱讚僻靜處，你便不應到城鎮聚落，而該在僻靜處禪修。」儘管「有威儀」比丘做了這些告誡，還是看到他前往城鎮，與大眾往來，因此開始對他輕視不敬，並說：「這位比丘壞失戒律，樂好世間塵囂之事。」此一評論使得「淨威儀」比丘不再繼續爲人說法。「有威儀」比丘因爲這個惡行的力量而投生阿鼻地獄，承受無間之苦長達九百九十億劫。彼時「淨威儀」比丘即爲我，「有威儀」比丘師乃不動佛。[42]

人們聚集討論要成立佛學院，或出錢出力以護持佛法的學習與修持，此時，每個參與者均享有共同的發心，因此也都得到與主事者同等的福德。相反的，世親菩薩則如是宣說：

> 若人基於共同目的而參與戰事等等，
> 涉入者均得到等同實際殺人之惡業。

許多經論中說，祈請上師給予教法所得的福德，與修持七支祈請文中請求佛陀轉法輪的福德無異。同樣，如果有人鼓勵他人聽聞佛法，他得到的善根，與傳法者所得的福德無異。如果心無嫉妒而隨喜他人傳法及聽聞佛法，並讚歎此等行爲，那麼此人將得到隨喜的福德。

---

41 譯註：參見該論第四〈不放逸品〉：「若人但於剎那間，障礙菩薩做福德，即為壞諸有情利，應受惡趣無邊苦。」

42 譯註：全段內容與漢文該經稍有不同，例如英文原文說「九百九十億劫」（ninety-nine thousand million eons），而漢文經文說「九百千億劫」，參見 http://tripitaka.cbeta.org/T15n0650_001；至於「彼時淨威儀比丘即為我，有威儀比丘師乃不動佛」，則不見於 CBETA 該經。

有云，凡是大乘教法流布之處，都會發生許多美妙的事情。比如在《佛說甘露經》（*Ambrosia Utterance Sutra*，梵文：*Amṛtavyāharaṇasūtra*）中說：

> 受持宣講此類佛經之國、傳法者所在與講法之處、各類教法撰著之地，都將無有疾患、瘟疫、傳染病及戰亂。[43]

在另一部佛經中說：

> 凡有君王等恭敬佛經所在之處，將無有饑饉、戰爭與非人傷害，財富具足、五穀豐收，恆受四天王眾及帝釋、梵天護佑。

縱使獲得了全世界的財富，那樣的財富亦非上等的財富。然而，僅只聽聞佛法的一句偈，這才是最殊勝的財富，因爲如此的財富能賜予自己與他人恆久的安樂。如果未能獲得自己應得的財富、食物、地位等，的確是錯失良機。但是，對於具有少許責任與事業的出家眾或在家人，如果錯失自己分內得以聞、思、修的機會，那就更爲不幸了。理由是，他們將因此錯失證得圓滿佛果的機緣，而此果位能夠任運成辦自利及他利。

七、切莫放逸

若已獲得人身、值遇佛法並於法具信，便已擁有可修持佛法的難得機會。當這些條件具足，就眞正擁有捨離輪迴的機會。然而儘管已經擁有這些機會，爲何並未生起務必解脫成佛的想法？爲何並未想到爲了解脫成佛，勢必要對佛法加以聞、思、修？我們應當審愼地自我檢視，找到箇中原因。

在家人的一個理由是，他們有太多俗務纏身，沒有時間修持佛法。正是爲了解決這個問題，佛陀教導了較短篇幅的佛經。佛陀是爲了俗事繁多而不具多少閒暇可學習的在家人，以及寺院中專修禪定的出家人，而特別教導了這些佛經，所以這些人應當學習佛陀特別爲他們傳授的教法。

我們應當至少試著釐清、明辨並理解下列幾個要點：

一、獲得佛果的因是什麼？

二、可以讓人獲得證悟的法道是什麼？

43 譯註：漢文大藏經查無該經，只有《佛說甘露經陀羅尼呪》，無法查詢原文。

三、佛果的性相是什麼？

四、初學者主要的修持是什麼？

五、佛法不可或缺的關鍵要點是什麼？以及應當如何修持這些要點？

理解這些要點以後，就該盡己所能地來修持，否則，若是浪費這修持佛法精髓的大好機會，以致赤裸且兩手空空地投生下一世，肯定會懊悔莫及。《悲華經》中云：

阿難！切莫放逸，否則後當尋自悔責。

人們不想修持佛法的另一個理由是，他們認爲修持佛法並不那麼重要，而必須毫無選擇地進行自己的世俗活動。於是，儘管他們覺得佛法能帶來益處，但是若不修持佛法也沒有什麼關係。然而這種評斷是錯謬的，因爲大多數的世俗活動只會導致自己與他人今生來世的痛苦，況且即使此類活動有些利益，那種利益也很微小，且無法持續很久。另一方面來說，佛陀的教法則有利無害，而且從佛陀教法中所得到的利益，經久不衰。

聖者龍樹菩薩曾在書中寫道：

即使火焰迸發波及頭部衣物，
也不要暫停下來而加以撲滅，
反倒應戮力阻止未來的投生，
沒有什麼事情比此還更重要。[44]

這一段是說，一般而言，如果有火焰迸發，延燒到某人的頭部與衣物，不論此人當下正在做什麼，都會因而停下手邊的事務，趕緊滅火。然而智者對自身與財物往往不加理會，所以甚至是面對這般的大火也視而不見，反倒全心全意地致力於捨棄輪迴，這是因爲比起志求解脫，沒有什麼要務來得更爲重大。

八、斟酌輕重緩急並面對處理障礙

只有少數人主張了解佛法的重要性。慈愛照顧我們的父母親友，有時會反對我們行持佛法的事業。由於認知到這可能成爲修持的障礙，我們便需要找到有效的解決方法。最佳的方法是對佛法保持堅定不移的信心。寂天菩薩說：

44 譯註：出自《親友書》：「或頭或衣忽燃火，尚應棄捨滅火行，而當勵求無後有，因無餘事勝於此。」

你孑然一身地出生且獨自死亡，
既然他人絕不會爲你分擔痛苦，
對於那些能障礙你行善的親眷，
豈能冀望從他們獲得什麼利益？[45]

因此，親友不會帶來究竟的利益，如同文殊菩薩所說：

父母、友人與親眷，
皆非汝等之依怙，
彼等皆會棄離汝，
前往心之所向處。

因此又說，既然親戚朋友可能成爲佛法修持的障礙，我們就不應該仰賴他們。

在家人不只專心致志於僅對此生有益的事業，他們也不進行聞、思、修。他們仿效彼此，滿足於世俗的事業。我們應該愼思這點。我們不應該只是追隨別人的腳步。世上有許多不同種類的榜樣，有好有壞。但既然許多人沉迷於極其糟糕的行爲，我們便應格外小心地遵循正確的榜樣。一些佛經中說，我們應當如過去諸佛領受戒律，並如文殊菩薩進行迴向。智者的作風爲謀定而後動。愚者的行事則人云亦云、盲從跟隨。因此，我們應當用正理去檢視自以爲的好是什麼，做出明確的決定，並明智地選擇正確的仿效典範。

九、信心與決心的重要性

如果有人心灰意冷地想：「像我這樣的人，根本沒有辦法學習。」這種念頭就會關閉學習的大門。寂天菩薩曾說：

灰心喪志而放棄，不能達至解脫矣。[46]

如同寂天菩薩所說的，灰心喪志將妨礙精進努力，便不會有所進展。因此，一部佛經說：熱忱、努力與正知，一切事業能成辦。所以關於學習這件難事，我們應當果敢堅定、具有自信，且具有效率。

45 譯註：參見該論第八〈靜慮品〉：「生時獨來一人生，死時亦唯一人死，若他不能代受苦，奚為因親做障礙？」。

46 譯註：參見該論第四〈不放逸品〉：「縱令能生百千諸苦痛，應須勇毅不卻何待言。」

《善臂所問經》（*Sutra Requested by Subāhu*，梵文：*Subāhuparipṛcchāsūtra*）中云：

應當如是思惟：蚤虱蚊虻亦能獲得無上正等正覺，吾今身而爲人，爲求正覺乃至身命無所悋惜，豈能懈怠？

這段經文教導我們，如果精進努力，即使旁生也能最終獲得證悟，因此處在人道中的我們，了知利害區別且具正知，沒有理由不下定決心要獲得證悟。如同《入菩薩行論》中所說：

若於長久串習後，
無有難事不成易。[47]

無論學習的主題爲何，串習之後，就變得比較簡單，並能令我們心生歡喜。有了這樣的歡喜，任何事情都能輕易成辦。

我們當然無法立即了解一切，也有可能儘管經過努力卻仍不能明白特定的主題。但這種情況不該成爲讓人覺得自己白費功夫以致半途而廢的原因。學習佛法不同於學習其他事務，就學習其他事務來說，唯有對學習的主題有所了解，才會有所成果。然而就佛法來說，在嫻熟了解之後，佛法的學習還能確保此人未來的了知，並在他的心相續中種下成佛的種子，因此這樣的學習有著無量的利益。所以世親菩薩曾說：

即使尚不理解法義，仍應恭敬聽聞佛陀教法，乃因僅以虔敬聽聞，亦能生起無量福德並增長智慧，遑論若能理解法義其利益之廣大。

在一部佛經中說：

凡是聽聞受持吾人教法中乃至一句偈之義者，無疑必能獲得證悟。

又說：

一切眾生皆因聞此教法而得證悟。

有些人單憑聽聞並行持極少的修持便想求取佛果，在初學階段，這種態度會讓人很快中途而廢。因此，在聞思時無論遭遇多少困難，都應該在一開始就披上決心的鎧甲，思惟自己將藉由忍受一切磨難而讓所作所爲具有意義。《大乘集菩薩學論》中云：

當以安忍作求知。

47 譯註：參見該論第六〈安忍品〉：「難事久習轉為易，世間何事不如此，故於小事當練修，令於大事能堪忍」前兩句。

而另一部佛經中說：

受持正法故，於辱罵、詆毀、惡口、喝斥之語皆當安忍以待。

就時間點而言，從現在起直至獲得證悟之前，都應該聽聞佛法。《無盡意菩薩品》（*Sutra of the Teaching by Akṣayamati*，梵文：*Akṣayamatinirdeśa-sūtra*）中云：

四不厭足者，令菩薩得獲智慧資糧。[48]

四不厭足（Four Insatiables）爲：聽聞不厭足、講法不厭足、善察不厭足、所知不厭足。這四種不厭足是菩薩主動累積智慧資糧之源。彌勒菩薩於《現觀莊嚴論》（*Ornament of Clear Realization*，梵文：*Abhisamayālaṃkāra*）中，論及菩薩第三地的時候說道：

多聞無厭足。[49]

對已聽聞的不覺足夠而持續求法，是聖者菩薩不共的功德莊嚴。許多佛經中都說到，佛陀身爲菩薩時，僅爲了一句偈或半句偈的佛法，在無數劫中修持諸如捨棄自己身體和王國等苦行，以尋求正法寶藏。

因此馬鳴菩薩（Master Pawo，聖勇論師）曾經有此祈願：爲了聽聞佛法，即使必須跨越壕溝大火，也不會心灰意冷，如同他在《祈願七十頌》（*The Seventy Verses of Aspiration*，藏文：*smon lam bdun cu pa*）中云：

> 即使必須跨越無盡流動熔岩之烈火，
> 然而爲了聽聞佛陀教法中之一句偈，
> 願我毫不懈怠，反而奮勇前進。[50]

十、斷除執著

對修持佛法毫無興趣的主要原因，是對今生的執著。我們應當藉由憶念死亡來斷除這種執著。人生苦短而死期不定。大限來時，辛苦積累的金錢和財物都無法帶走，親友眷屬或是自己的名聲等

---

48 譯註：參見《大方等大集經》第二十七卷第十二〈無盡意菩薩品〉，可能的段落為：「持智慧戒，多聞善根無厭足故。」宋．涼州沙門智嚴共寶雲譯。

49 譯註：參見該論第二〈一切相智品〉：「多聞無厭足。無染行法施。嚴淨成佛剎。不厭倦眷屬。及有慚有愧。五種無著性。」法尊法師譯。

50 譯註：參見該頌相關段落：「裂焰熾炭無間隙，善說能越此深溝，一句亦是善船夫，願離懈怠欣樂行。」丹增宗炬譯。佛陀所講之法，稱為「善說」之語。

也全都帶不走。然而，此生所累積的惡業以及爲了他人所造作的惡行，則會如影隨形，導致我們投生惡趣。如此思惟，可令死亡在心中清晰現前，並因而消除一切修持佛法的障難。

除此之外，我們還必須摒棄對整個輪迴的執取。若對輪迴的任一層面有所執著，那麼無論我們做了多少聞思，那些行爲都不會成爲通往解脫之道，反而成爲輪迴之因。因此應當在心中憶念輪迴的缺失與過患，以此斷除執著。

更進一步來說，如果執著自己的目的，那麼就算我們確實修持了佛法，那種修持也會成爲小乘之道，沒有辦法讓我們獲得圓滿證悟。因此，我們應該以慈心、悲心及菩提心來斷除執著己利。

簡言之，捨棄這三種執著以後，應當爲了一切有情眾生而盡力求取證悟。正是爲此目的，在聽聞正法時，便必須確保自己懷著大乘菩提心的發心。爲了策勵眾生以大乘的發心來聞法，在佛經中說：

菩薩聽聞任一經，皆能相應而獲益。

因此這麼做，肯定能獲得廣大利益。

在《三摩缽底顯明論》（*Clarifying the Meditative Stabilizations*，藏文：*snyoms'jug rab gsal*）中說：

> 當於俗務毫無要義獲得信解，
> 後則應於教法要義致力學習。

《妙法蓮華經》（又稱《法華經》，*Lotus Sutra*，梵文：*Saddharmapuṇḍarīkasūtra*）中云：

> 聞法意樂與機緣乃極難尋故，
> 當先斷盡耽著後而聽聞教法。[51]

最後，要是有人問：「不讓所學功虧一簣的方法爲何?」答案就是將所學付諸實修。在《大集大虛空藏菩薩所問經》（*Sutra Requested by Ākāśakośa*，藏文：*nam mkha' mdzod kyis zhus pa'i mdo*）中說：

---

51 譯註：相關的段落可能為：「諸人今當知，合掌一心待，佛當雨法雨，充足求道者。諸求三乘人，若有疑悔者，佛當為除斷，令盡無有餘」以及「諸佛興出世，懸遠值遇難，正使出于世，說是法復難。無量無數劫，聞是法亦難，能聽是法者，斯人亦復難」。參見該經第一〈序品〉和第二〈方便品〉。鳩摩羅什譯。

所累積的善惡業不會誤於他處感果，對於如來的供養不會唐捐，由菩提心所生之念不會空耗，為修持所累積的聽聞不會忘失。[52]

如同仁達瓦大師所說：

為令所學教法具有意義，
你這位名為旬努羅卓者，
應當前往僻靜山林之處。[53]

我們藉由聽聞佛法，便能了知應當了知者、捨棄應當捨棄者、修持應當修持者，所以毫無疑問地將獲得應當所獲得者，這些理由表明了如此的學習是具有意義的。因此我們應當努力追求佛法方面的學習。

即使現今，仍有不同國家的許多人們在追隨佛法，受其概念啓發，而欲尋求徹底脫離輪迴之道。他們追隨尊聖導師釋迦國王的典範，離家捨世而修持解脫遍智之道，投身於聞、思、修。對於上述之人加以禮敬且隨喜其事業者，會將其視為福田，因而對我來說，鼓勵後者聽聞及修持佛法並非那麼必要。

儘管如此，我還是從佛經中審慎摘要幾則開示，以便鼓勵那些雖已出離世間、持守戒律但是鮮少聞思的人，特別是那些在家人。儘管他們對於三寶具有信心，卻對佛法沒有了知，也未修持；甚或雖已修持，但是修持的方法並不正確。我希望能透過這些教授來告訴他們，首先聽聞與學習佛法是非常重要的。藉由好好聽聞佛法，就能夠理解佛法的道理，因而能體驗到修持佛法的喜悅，於是所有的意趣都能得以圓滿。如此，我從經論當中擷取了幾則教言，為的就是讓信眾更易了解這些教義。

吉祥（梵文：Śubham）！

願一切善妙（梵文：Sarvadā Kalyānā Bhavatu）。

敬愛的蔣巴．羅薩論師與貢噶．索南．卓瑪於二〇〇六年彙編初稿，
凱倫．懷特在敬愛的蔣巴羅薩論師協助下於二〇一二年修訂，
克里斯汀．伯納特於二〇一七年稍做編輯。

52 譯註：參見該經卷第五：「昔造善惡皆不亡，供養如來亦不失，不捨菩提意樂故，堅固多聞亦不忘。」不空法師譯。

53 譯註：全名為仁達瓦．旬努．羅卓（Rendawa Zhönu Lodrö），十四世紀的薩迦派大師，撰有《中觀根本慧論注疏》及《中觀四百頌詳解》等。

第二章
無著賢大師的竅訣——如何如理修持正法

今天見到許多法友前來，心裡十分歡喜，在此想爲各位傳授一些無著賢大師（Gyalsé Ngülchu Thogmé）的竅訣。無著賢大師對經典相當嫻熟，也是偉大的行者，最重要的是他藉由修持大乘教法而成爲大菩薩，且因此聲名卓越。

無著賢大師在其著作中，首先，禮敬上師與三寶，然後寫道：「禮敬具足一切功德及遠離一切過患的諸佛菩薩，接下來我將講解如何如理修持正法，並從中獲得覺受。」

無著賢大師宣告：他將講解如何如理修持正法。當我們行事合宜時，就會產生良善的結果。在佛法中，「如理修持」指的是遵循佛陀當時教導佛法的方式，以及其後印藏追隨者講解各種實際執行的方法。無著賢大師在該文本當中，講解如何依據這些教授來修持，以便獲得覺受。

一、捨棄對今生的執著

無著賢大師的第一個教誡是：「若要修持眞正的佛法，就不該因貪著此生而有所讓步，不該爲了今生的目標而修持佛法。」

佛陀給予的教法可以幫助我們去追求四種目標。我們可以圓滿此生抑或來世的目標。除此之外，我們可以從輪迴中解脫，而這是小乘的目標。我們也可以力求圓滿的佛果。在這四種目標當中，爲了今生的目標而修持，並不正確，因爲藉此只會得到今生成熟的果報，此外，也無法爲我們的來世帶來任何好處。當我們爲了免於投生惡趣且求得較好的來世而遵守道德行爲並修持各種善行時，必定能對未來的生生世世有所助益。不過那仍然構成了未來輪迴的因。這類的修持並非佛陀眞正的意旨。我們的目標應該是爲了利益眾生而努力：祈願自己可以成辦他們的離苦得樂。其他種種的做法都只是一時的，而且長遠來看，不僅無法帶來眞實可靠的安樂，亦不具終結苦難及其後續影響的力量。邁向永恆安樂的法道則能使痛苦完全根除，這才是我們所稱的解脫道。而解脫，可以是指小乘的解脫或大乘的解脫。

當我們想要成就解脫道時都會遭遇障礙，此時必須認出這些障礙，然後將其捨棄。是什麼樣的障礙呢？舉例來說，爲了要成就解脫道，我們可能會持戒、研讀與禪修，然而在修持佛法的過程中，我們最大的障礙就是對於今生的執著。無著賢大師說：「因爲我們一心關注的都是生命中渴求的事物與朋友……」他指的是在這一生當中，我們不斷試圖獲得想要的事物及愉悅的體驗，像是博取聲名、讚譽、享樂和權力等。心頭持續且唯一縈繞著這類事情，就是「一心關注」。這就是無著賢大師所說的「執著此生」。而此乃是最大的障礙，因此需要將之捨棄。如果你有興趣修持眞正的佛法，如果你眞正想要如理修持佛法，那麼你就必須放棄關注此生的心態。我們修持佛法，不該是爲了短期目標，也不該是爲了今生。

為了修持佛法，我們必須聽聞教法並加以思惟。「聽聞」指的是聽聞佛法上師給予的教誡並研讀經論。「思惟」指的是用自身的智識去檢視所學內涵的更深層意義。透過謹慎分析，就能產生確信並淨除錯誤的概念。除此之外，我們要進行禪修，這是指我們一再地訓練自己，直至完全熟悉學習的主題。此外，無論聽聞、思惟、禪修，或是學習、持戒、布施，我們所有的修持都必須以菩提心來攝持。一切都要以決定證得佛果的發心來修持。如果努力的過程中混雜了想在今生獲得好處的念頭，便不會有助於證得佛果。如此即非眞正的佛法。

打個比方，如果你在享用一頓極其豪華的大餐，菜色豐盛且料理美味，但裡頭卻摻雜了些微毒藥，即使只是少量，整頓餐點就不能吃了。同樣地，如果善行被關注今生的心態所損，我們就沒有辦法證得解脫與遍智的果位。所以無著賢大師教導我們不要執著此生。當我們執著此生，就會為了今生的目標而追求舒適的生活與物質的財富，以致對它們產生貪愛，因而錯失了證得解脫的良機。奮力追求物質的財富，還會造成師生之間、法友之間，甚至近親之間的衝突。

追求財富的每一個階段都會導致我們造作惡業，這些階段包括：首先，是獲得財富的階段；再來，是保護所積財富的階段；最後，則是財富毀壞或損失的階段。我們在過程中忍受許多麻煩——說了很多惡語，甚至可能招來惡名。因此，只要我們不放棄所有這類的惡行與惡語，不放棄這類的擔憂與痛苦，反而汲汲營營於獲得更多財富，我們顯然就是執著此生。

對於財富的強烈貪愛，會導致人們做出許多惡劣的行徑，像是殺父、弒母，劫奪慈善機構或三寶信財等各種令人髮指的作爲，而這將使他們墮入地獄。不只如此，人們出於嫉妒，把極大的精力用來爭吵，或是阻止別人致富。於是，不但自己得不到快樂，別人也無法得到快樂。他們所做的只會令今生或未來生生世世招來痛苦，而這一切的源頭都是因爲心中無法放下今生。

想想這則比喻：如果有人必須在暗夜行走於側邊即爲萬丈深淵的危險狹道，假若她帶了一支手電筒，就能安然度過險境。同樣的道理，如果我們學習佛法且對佛法有所了解，這就像是手裡握著一支手電筒，便能讓自己免於墮入惡行的深淵。

就算是精通佛法的人也未必會避開惡行，他們反而可能爲了博取美譽、吸引弟子而行事，或爲了成名而競爭。如果注意力都放在這類事情上，這也是執著此生的一種形式。有云，博學多聞的菩薩若不捨棄對今生的執著，他們所做的事業就會成爲一種傷害。例如：假設有人捐了一大筆錢，想的卻是要出名，這就污染了最初的發心。佛法的發心是指不求名利而行事。如果在行善時混雜了意圖求得名聲的欲望──也就是等同於執著此生，那麼即使做了廣大的布施，所得的果報也會微小且變質。

二、真實悲心的重要性

小乘之道是指爲了捨棄輪迴而進行三種修學，大乘則是基於利他的發心。要做到這一點，我們必須以悲心爲基礎。由於大乘包含許多法道，我們便可從事各種各樣的修持。而這些法道共通且最重要的基礎就是悲心。證得佛果的主因是什麼呢？無著賢大師[54]的教導是要生起覺醒之心，也就是菩提心。菩提心的源頭是悲心，而悲心必須藉由熏習六度波羅蜜多來培養並增長，因此我們必須建立起悲心的穩固基礎。

我們也可用下列的方法來解釋：如果分析輪迴的起源爲何，我們得到的結論是：世間的一切痛苦都來自執取有我且唯獨關心私利的心。因此有云：輪迴的根源就是我執。由於我們一直想著如何爲己謀利，所以才會不斷流轉於三界。換言之，如果我們的行爲是爲了利益其他有情眾生，我們就能證得佛的果位。而想要利益他人的根本推動力，就是悲心。

總而言之，教言所說的是：渴求利益自己導致我們在輪迴中苦苦掙扎，因而造成如此的更深層原因，就是執取有我。不過，我們的所作所爲若是爲了利益他人，則會證得佛果，其根本的原因就是悲心。

知名的竹巴袞列（Drukpa Künlé）最爲人津津樂道的就是下面這則故事：

當他朝拜拉薩的覺沃佛像（the Jowo Buddha statue）時，自發地念出這則偈頌：

起初您我皆等同，
您行利他證菩提，
我因己利輪迴泊，
今誠頂禮覺沃佛。

竹巴袞列在這首詩當中，宣稱自己與佛陀兩者曾經程度相當，由於後來只關心自己的利益，所以依然受困於輪迴；反之覺沃佛則致力於助人，因而證得了圓滿與開覺的無上果位。[55]竹巴袞列接著承認兩者的差距已是如此懸殊，因此他立誓從現在起，將會禮敬覺沃佛。

54 儘管此篇並未明白提及無著賢大師（Gyalsé Tokmé），譯者仍將他的名號放在所引述但不確定來源的藏文內容前面，這是因為堪千阿貝仁波切在教導的一開始就表示：「該次的主軸為此位大師的教誡。」

55 譯註：《佛地論》云：「於一切法、一切種相，能自開覺，亦開覺一切有情，如睡夢覺，如蓮花開，故名佛也。」

另一個比喻是：工作場域中有許多員工及一位主管，每一位員工都會完成各自的特定任務，而主管會監督整個工作流程。就像這樣，在大乘的道上我們修持布施、持戒、忍辱、精進等等。每種修持都會產生相應的結果，例如：布施能得到富足、持戒能投生善趣。然而，讓一切臻至全然圓滿的修持，則是悲心。

三、為何要培養悲心

要培養對有情眾生的悲心，原因有很多。舉例來說，因爲我們在很多不同方面都得到他人的幫助，所以應該懷持悲心。即使他們傷害了我們，還是有許多要對他們培養悲心的理由。譬如：所有眾生在過去世都曾經是我們的母親，並且不只一次，而是無數次。他們在當我們的母親時，對我們展現了無量的慈愛。若要尋找自己最初的存在，並不能找到一個特定的日期、年份或月份，我們確實不能說自己只有這一世存在。我們一切有情眾生都是從無始以來就存在了。於此難以計數的長久過程中，我們從子宮中誕生無數次，因此每一位眾生都擁有無數的母親。要如何證明過去世的存在呢？我們有個念頭不斷流轉的心。我們在母親子宮內受孕的那一刻，我們前世的心便於焉延續。前一剎那的心識成了下一剎那心識的因。心無法從任何其他的因或緣生起。正是心識本身生起了心識。透過這條辯證的思路，我們可以了解必然有過去世，也會了解投生之鏈並無起始點。

另一個理由是：一切有情眾生都希望遠離痛苦，就此而言，他們與我相同，沒有根本上的差異。無論生病或是受苦，我們都想從中脫離，希望痛苦不再降臨。我們希望能連根拔除痛苦及造成痛苦的疾病。悲心即是以同樣的真誠，祈願一切有情眾生都能遠離痛苦、疾病與憂傷，也能遠離痛苦的因，後者即爲心中的煩惱。懷持這種想法的人，便是具有悲心的人。

動物也具有一定程度的悲心。然而大乘不共的悲心是涵蓋「一切」有情眾生的悲心。所有眾生，就算是那些看來志得意滿的人，也都受到煩惱與痛苦的宰制，對於他們，我們都應該生起悲心。有些人無能爲力，缺乏自我控制及技巧，會遭到難以忍受的痛苦，所以要用悲心來顧念他們。同樣地，對於那些生病與垂死的人，以及地獄、餓鬼、旁生道等惡趣裡的眾生，也要生起悲心。他們不只一次或兩次受苦於疾病與死亡，而是不斷且無數次地受苦。

不管投生何處，眾生都會經歷痛苦且難以滿足。總而言之，對一切有情眾生都要培養悲心，因爲他們無能爲力，全都受制於憂悲苦惱。

尤其是當那些我們視爲仇敵或認爲根本冷酷無情的人，以言語或肢體傷害我們的時候，我們應該將他們針對自己的尖銳話語及憤怒，當作生起悲心的良機。加害者累積的惡業，會成爲他們經歷惡趣痛苦的助因，因此我們必須生起悲心。

大乘佛教的慈心與悲心不同於任何其他的慈心或悲心。大乘佛教的悲心，所指的並非對有情眾生的些許悲心，而是要下定決心：「我必須根除一切有情眾生之苦及苦因，而那些苦因便是惡行或不善行。」同樣地，大乘佛教的慈心，所指的是要思惟：「我必須爲一切有情眾生帶來暫時與究竟的安樂，我必須幫助他們去造作眞正的樂因。」

四、菩提心是成就佛果之因

下一步，則是要生起決定求取菩提的大乘發心，這一點非常重要。若能依據大乘的方式來生起菩提心，有朝一日必定能夠成佛。只要還沒生起菩提心，不管修持多少善行，依然絕對無法證得佛陀的果位。

令菩提心生起的方式爲何？要生起菩提心，有幾個必備的成因與條件，其中最重要的就是具有悲心。所有大乘法道的功德，以及一切諸佛的功德，皆是透過修學悲心而來的。要如何生起這種受到悲心所啓發的菩提心呢？就是要生起類似以下的念頭：「我必須盡己所能地令一切眾生遠離痛苦，並得到眞正的快樂。我必須在能力所及的範圍內，試著去努力。」此外便沒有其他的方法能夠生起菩提心。一旦我們證得佛陀的果位，就能夠成辦我們的遠大目標，也就是日以繼夜地利益無數的有情眾生。因此，我們必須在心中培養爲利他人而成就佛果的發心。這種發心稱爲覺醒之心，也就是菩提心。「我必須證得佛果」的這種念頭稱爲菩提心。不過，僅僅是這樣的發願還不足以證得佛果。每件事情的生起都是依靠因緣，這就是緣起。因此，正是最初的決心令我們有行善的動機，並成辦許多善行。由此生起「爲了證得佛果」而應該修持善行的想法，後者即是我們所說的願菩提心。

我們需要累積的善德有兩種，即是：方便與智慧。舉例來說：布施、持戒等所有前五個波羅蜜多，都屬於方便的範疇。第六個波羅蜜多——了悟無我，則屬於智慧的範疇。爲了我們的修持，我們需要結合方便與智慧。另一種說法則是：累積福德與智慧二種資糧，兩者所指的都是六波羅蜜多的修持。

以此，無著賢大師教導我們：力行這些大乘的修持，將能證得最終的佛果。藉由證得菩提的果位，我們便能成辦個人的利益。而成辦個人的利益意味著我們將全然沒有過失、沒有煩惱、沒有身心的痛苦，也沒有任何的業力印記等等。反之，我們將具有證悟身、語、意的一切殊勝功德，亦即身展現一百一十二相、語具有六十種功德、意持有二十一類無漏法（uncontaminated phenomena）。[56]這些是我們所會證得的主要功德，而有了這些功德，我們便能接著成辦自他的福祉。

諸佛毫無間斷地饒益他人。一位佛陀能在最短的時間內示現種種方便，以此成辦無數眾生的無量利益。他們的事業並不侷限於幾個剎那或幾個處所而已，乃是於廣大範圍內持續不懈地成辦他人的福祉。

諸位都已在修持佛陀的教法，研讀佛陀的教義，並將這些教法付諸實修，這一點非常好。對於大家能夠如此修持，個人感到相當欣悅，並隨喜你們今日的請法。

五、執著此生——受到世間八法所束縛

我們已討論過為了修持佛法而出離今生的重要性，為此，無著賢大師提出許多理由。無著賢大師在解說何謂執著此生時，更確切地指出以下內涵，也就是：只想經歷快樂而不要痛苦；只想接受稱讚而不要批評；只想獲得美譽而不要惡名；只想得到而不想失去。傳統上，將這八種陷阱被稱為世間八法。我們花費許多精力在追求世間八法，因此它們剝奪了我們修持佛法的機會。即使在修持

佛法的時候，我們的心也被這些錯誤的態度所染污，使得我們的修持不見效益也無法達到卓越。因此教導說：執著此生沒有半點用處。

偉大的薩迦班智達以其見解說明了我們爲何應該捨棄貪愛。我們稱爲今生的東西並不值得執著，也不適合執著。人生短促，當死亡的時刻降臨時，今生積聚的一切事物都得拋在腦後，但是我們爲了獲取這些東西，卻造作了大量的惡行。既然我們必須離開這個世界，這裡就也沒有什麼值得留戀。

我們必須思惟死亡與無常。事實上，捨棄對此生的執著，並激起想要修持佛法的希求，最好的方法就是思惟死亡與無常。如果我們一再地訓練自己思惟無常與死亡，就能十分熟悉這個概念，並對根本無法肯定自己死期的這件事獲得清楚的了知與確信。在這種情況下，我們自然而然會想要

56 根據大乘教導，佛陀顯現無數的身相以饒益三千大千世界中的受苦眾生。佛陀的身、語、意各個都展現出能表述其內在功德的特質。傳統上會說，身的功德有一百一十二種身體的特色，也就是所謂的三十二大丈夫相與八十隨形好。舉例：雙腳的足底和雙手的掌心各有千輻輪相、膚色金黃，以及無見頂相。佛語的六十種功德包括清淨、清晰與莊嚴。佛意的功德則有二十一種無漏至上智慧，包括四無量、八解脫和十自在等。

修持佛法。任何對修持的厭惡、懈怠或提不起勁的狀況全都一掃而空。在《道果》的教授中明確提到：在一開始修持佛法的時候，阻止我們修持佛法的障礙或干擾，就是我們對前述世間八法的掛心。如何保護自心遠離世間八法呢？該教授中告訴我們要對護法有著穩固堅定的信心。當我們對佛法有穩固的信心時，每當出現與八種陷阱或世間八法有關的念頭，我們便能捨棄。

六、遠離邊見之道

關於內心必須捨棄今生的這個教誡，可以用很多方式來理解。捨棄今生並不是指我們必須忍受許多磨難與苦行。爲了修道而行持禁欲苦行，是印度教的一部分，但這不是佛教的傳規。根據某些印度教的思想觀點，若要從輪迴解脫，便意味著捨棄輪迴的根本，而他們認爲那個源頭正是身體。因此他們教導必須透過忍受寒熱等諸多苦行來征服身體，也會在嚴冬時將自己浸泡在冰水裡。印度教的傳統奉行這類及其他的苦行。然而佛教的上師並不認爲輪迴的根本成因是身體，所以將這類教授視爲誤導而加以批評。

另有一種思想學派則說：爲了要修行，我們應該擁有最低限度的衣物、營養及居所。佛教徒駁斥這類的觀點。根據某些印度教傳統奉行的教言，若是享受豐衣足食等舒適生活，我們就會更加耽溺在無盡的欲望之中，而這種耽溺與修行是相違的。聖天菩薩在教授中則對此加以駁斥，認爲如果長期處於貧困的狀態中，將培養出侵略的性格，因而不利於修行。佛陀的名號之一爲梵文的名相「善逝」（sugata，古譯：修伽陀，音譯：蘇嘎塔）。「蘇」（su）這個字意指安樂或大樂。藏族譯師將這個詞彙翻譯爲「德瓦些巴」（de-war-sheg-pa / bde bar gshegs pa）[57]，意味著在一條宜人或愜意的道路上前進，此人將可抵達大樂的最終目的。因此該名號意指「前往大樂者」，也是指「以大樂而前往者」。

根據出家律儀的經典《律藏》，佛陀教導出家眾行止應當遠離二邊的重要性。採取中道而避免二邊，意思是要行走在嚴格苦修的極端與放縱欲望的極端之間。佛陀教導我們要避免二邊並採取中道。佛陀曾說：如果有人能在不造作惡行且不欲求獲取的情況下而擁有物質財富，這樣的致富方式是被開許的。《律藏》則開許受戒僧眾可使用具五百房間的居所，內部的房間一些作爲寢室，一些作爲起居間，一些是佛堂，一些則爲齋堂。如果在家居士得以富裕，他們便有資財能夠廣大饒益自己與他人。出於這個理由，過去有許多的菩薩選擇投生爲國王，以他們的王室財富來利益許多有情眾生。

57 譯註：本書中的藏文，首先呈現讀音，斜線之後所呈現的則是威利轉寫（Wylie transliteration）的拼音。其後出現的〔〕符號，則表示由譯者所加而方便讀者理解的內容。

雖然我們的導師釋迦牟尼佛曾修持苦行六年，祂卻沒有教導我們要將苦行作為法道的一部分。祂的論據是：六年之久的苦行並未帶來任何的成就。祂因此說明了印度教瑜伽士所修持的苦行並不屬於解脫道的一部分。的確，祂修持苦行的動機，正恰如其分地示現並證明這種苦行並非法道。祂之所以修持苦行，並非為了要宣揚自我禁欲的苦行，而是要示現另一種方式。

佛陀在經歷了苦行的階段後，接受了〔牧羊女所供養的〕乳糜及其他滋養食物，這些食物讓祂的身體恢復元氣。祂在抵達菩提迦耶後，坐在巨大的菩提樹下修持安住自心的如理禪修，並因此示現證得佛果。祂藉此證明了透過苦行無法證得最高的果位，而是要透過如理修持正道方能成辦。

我們也知道，密勒日巴及其他偉大瑜伽士都曾忍受過類似的苦行，但他們的修持方式並非我們能力所及。他們這樣的人物相當罕見，有著極高的證量，能在完全沒有進食的情況下依然保持禪定。儘管他們衣不蔽體，卻不會受凍。他們能夠維持這種生活方式，是因為他們是佼佼者。其餘的所有人都需要依靠適當的飲食與衣物，也應當避免赤貧的生活。

修心教授中說：

二境任一發生時，皆當耐心安忍之。[58]

此教誡的涵義是，任何情況顯現時，不管事情是好是壞，我們都應當訓練安忍。這是什麼意思呢？當我們充滿喜悅時，這種喜悅不應阻止我們修持佛法。如果碰巧陷入貧困，則應將其視為最能裨益佛法修持的緣境。好比說：如果我們一無所有，身無一技之長，而且尚待就業，當下便擁有修持佛法的良好條件。要思惟：「如今不再有任何事物會讓我分心。」我們應當將一貧如洗的狀態融入我們的修持，令其成為助緣。另一方面來說，當我們順心如意、富裕豐足或受人愛戴時，應當立即將其視為修持佛法的順緣，並鼓勵自己如理修行。總而言之，如果我們能將不論順逆的一切境界融入修持之中，即是教導中所說的：「二境皆安忍。」

偉大的上師德松祖古仁波切（Deshung Tulku Rinpoche）曾經開示：要將證得解脫的竅訣付諸實修，此外便不必為了解脫而修苦行。我們一切行事，都不應對自己施加過多的痛苦，這樣才能獲得最好的結果，這才是智者之道。

這代表著我們應當懷著熱忱來修持佛法。當我們以各種方式研讀、修學、應用佛法時，都要懷著熱忱去做，由此生起大精進。不管我們做任何事情，則要以歡喜心來進行。

58 譯註：出自著名的《修心七要》，由阿底峽尊者帶至西藏，格西切卡瓦書錄，七個要點分別為：宣說前行所依法、正行修練菩提心、惡緣轉為菩提道、宣說彙整終生實修之法、嫻熟修心之標準、修心之誓言、修心學處；本書第八章將有詳細說明。此句藏文中譯為「二者任一皆安忍」，屬於其中的「修心學處」。以上中譯，感謝資深藏漢譯者敦珠貝瑪南嘉同意引用。

七、放下我們對輪迴的迷戀

無著賢菩薩教導我們，只要還迷戀輪迴三界中任何一處的生活，也就是迷戀世間生活，就絕對無法證得解脫。放下迷戀的方法，就是要思惟世間生活的種種過患與缺失。此乃放下貪執輪迴的方法，前面已解釋。

至於思惟種種過患以期放下迷戀，如何才是正確的方式呢？設想以下的比喻，如果某人勾引我們的配偶或友伴，我們會在這樣的人身上看到很多不良的性格特徵。在這種情況下，我們甚至會考慮自殺，鑄成大錯。不過，當我們看到自己配偶的缺點時，我們就能放下貪執。這就是所謂的出離，字面上可翻譯為決定從輪迴中解脫。然而，就算是動物也希望逃離輪迴的痛苦，所以這裡還有更多的涵義。我們應當連輪迴中的妙欲與享樂也想要遠離。這一點相當重要。一旦我們看見世間享樂與歡愉令人不滿足的自性及諸般過患時，我們就會放棄對它們的迷戀。

再來看另一種比喻。當森林著火了，在那裡居住的野生動物驚恐萬狀，會試圖逃跑。同樣地，輪迴是痛苦的恐怖處所，是一間大牢獄。了解這一點以後，我們應當下定決心，堅決出離。這個輪迴是什麼？又如何能夠捨棄它？確實有方法可以捨棄輪迴，但是未修佛法的世俗凡夫卻抱著不合理的希望，期盼擺脫痛苦全然成熟的果報。佛法所教導的是：我們無法捨棄已經成熟的業果，但可以捨棄導致業果的因。例如：如果我們想避免被火灼燒，就必須滅盡源頭，也就是火的本身。同樣地，如果有人受苦於疾病的症狀，就必須去除病因，才能治療疾病。

造成輪迴的根源是執著有我。執著有我是指心裡想著：「我（主詞），我（受詞），我自己。」「我」的念頭涉及到「他」的念頭，而在兩者之間會發展出貪欲、執著、瞋恚等各種情緒。我們因所有這類情緒而累積大量的業，這就是我們最終陷溺輪迴的原因。一切的根源都可歸攝於這個對「我」的執取。正是這個「我」想要獲得讚賞、想要整個國家都與之同聲一氣、想要成爲最有名氣的人。也是這個「我」想要致富、想要高人一等，而這便是我們所說的「愛我執」（珍愛自我）。這種自私的心態將導致大量的煩惱、惡業與身心痛苦。這不只危害我們的修行目標，也與我們所處社會的世俗期待規範背道而馳：自私的人誰都不敬重，只敬重他們自己。他們不尊重自己的父母、親戚，也不在乎任何人。他們所想的全是如何爲自己謀取最大的利益。如此一來，他們便與其他所有人無法融洽相處而彼此衝突。他們的人生計畫往往錯得離譜，以致變得孤單，無法找到滿足或安樂。

除此之外，不管生起順逆善惡的各種境界，都應當了解，自心的狀態也會制約我們所有的世俗活動，這一點十分重要。所有的爭執都源於自私。親子之間的爭吵、宗教之間的敵視、國家之間的征戰，全都是因爲自私所致。若能仔細思惟這一點，就能了解「愛我執」所製造的麻煩有哪些。寂天菩薩曾教導：世間一切的痛苦、恐懼、傷害與危難，都是自私的產物。因此，只要我們尚未放棄自私自利，就不可能斷除相續的痛苦之流。[59]

八、降伏內在的敵人

身爲道上的初學者，我們必須思惟執著有「我」及受制於煩惱的壞處。思及行動要旨的善惡好壞，如此將可辨別何者應取、何者應捨，因而廣大利益我們的修持。這就是爲何我們必須審愼思惟輪迴過患與弊病的原因。我們應當視煩惱爲眞正的敵人。我們所遭受的傷害都是煩惱引起的，而且這將不斷發生。我們發現自己無法擺脫煩惱，也不能依賴煩惱或評斷煩惱，除非我們能夠降伏煩惱，不然它們不會憑空消失。由於上述原因，無著賢菩薩因此開示：「煩惱是武力強大的眞正敵人。」

一旦心中生起煩惱，我們必須隨即毫不猶豫地斬斷它們。當我們意識到煩惱已至時，應當想著：「這些是我的敵人」並格外謹愼提防。如同博多瓦格西（Geshe Potowa）所說的：「我們一直在修持佛法，但是我們眞正需要加以訓練的是佛法的要點。」這是指我們必須了解：「自心的敵人爲煩惱」。當煩惱生起的刹那，要認出並逮住它們，此即是於自心派駐守衛，且方爲眞正的佛法修持。

貪欲這種煩惱幾乎無所不在，而許多事物都是我們貪欲的對象。以身體來說，身體是我們首要的貪執對象。當然，保護身體健康有其必要，因爲身體是讓我們得以爲眾生而修持的乘載工具。比如說：它是受持出家戒的基礎。不過，如果我們對身體的貪執過分增長，則會對身體過度關注，最後這種貪執將令我們成爲身體的奴隸，以致一丁點的不舒服也無法忍受，且身體的需求看來也無有盡頭。

寂天菩薩教導我們，不論遠近親疏，包括我們自己，人人終將一死。既然如此，將某人視爲親近而對其生起貪愛，將他人視爲疏遠而對其生起厭惡，一點都沒有道理。佛陀則教導，如果我們想要證得佛陀的果位，有一項修持尤其必須認眞看待，那就是對一切眾生修持平等。無偏私的態度，或平等心，指的是什麼呢？那是一種想要平等利益一切眾生的態度。我們不帶憤怒、瞋恚或偏見，而處於一種平等捨（equanimity）的狀態，在這狀態之中，無有親疏遠近之分。

59 譯註：出自《入菩薩行論》第八〈靜慮品〉：「一切世間所有諸逼惱，怖畏苦痛凡諸衰損事，悉皆從於我執而出生，此大惡魔於我有何益，愛執自身若不捨，則不能免諸苦惱，如人執火若不捨，終當不免被焚燒」。

有句修心偈頌是這麼說的：

恆時修持三挑戰。[60]

第一項艱鉅的任務是：每當煩惱生起時，立刻憶念對治。感受到某種情緒時，這種情緒會激起我們以某種方式反應，這時很難憶念對治的方法。第二、就算我們想起對治的方法，仍然難以有效地應用並對治煩惱。第三、就算我們達成一次的控制情緒，也難以根絕並阻止煩惱再次生起。雖然這些任務實爲艱難，但都極爲重要，我們應當堅持如此修學。

瞋恨或挑釁的情緒特別危險，我們必須密切注意！如果讓憎恨主宰我們的心，它將摧毀我們很多正向的潛藏力，還會殲滅我們長久以來所累積的善根果報，因而帶來許多傷害。

彌勒菩薩教導我們，煩惱不只危害自己、也傷及他人，除此之外，它們也會摧毀善根。當你受到瞋恨的控制時，瞋恨將導致你及他人的今生來世受害。瞋恨的對治是安忍或忍辱。如果你持續修持安忍，安忍將能利益你及他人，也會在未來所有的生生世世爲自己和他人帶來利益。若能一而再、再而三地憶念這個對治法，最後將可在每次瞋心生起時，看見此對治法的利益。於此脈絡中，包含了佛陀所教授的一套修心四要：首先，如果有人對你怒氣以待，不要用憤怒來回應；其次，如果有人用言語辱罵你、欺負你或誹謗你，不要回嘴還罵；第三，如果有人指出你的錯誤，不要反過來指出他們的錯誤；第四，即使有人虐待你的身體，不要還擊，也不要毆打他們。這是身為發心累積善業的弟子所要做的四種修持。

瞋恨會在你和親友之間帶來不和諧。易怒暴躁的個性不僅刻薄，也令人退避三舍。當你滿腦子想的都是攻擊時，那種破壞力將毀掉你所有的努力。不管做什麼事都沒有好的結果，而且總是犯錯。

憍慢或狂妄自大是輪迴的另一種根源，且會帶來巨大的傷害。當人們完成了某件很棒的事情時，他們會感到驕傲；但不只如此，有些人也會對他們的惡行感到驕傲。即使殺生是極不道德的惡行，有些人在殺害他人時卻感到自豪。他們相信自己是英雄豪傑，對自己的行為引以為傲。人們會對各種事情生起憍慢。有些人就算只做了一丁點的修持，他們仍很自豪。他們相信自己是偉大的修行人，因此變得高傲，結果損害了自己的修持。甚至，如果認為很多眾生處境堪憐，也是某種形式的自大與憍慢。相反地，我們應該要想：「我是所有眾生中最卑下的，比我更低下的只有水而已。」

60 譯註：出自《修心七要》「應當修學三難事」，譯者、出處與段落同上。

佛陀曾經開示，在他曾爲菩薩的過去生世中，對於師兄們恭敬有禮並加以服侍，且百般敬重。我們的導師釋迦牟尼佛也向其他宗教的大師表達敬意。對於其他具德導師恭敬以待的結果是，在他成佛的時刻，也獲得別人的尊敬。佛陀不只受到所有眾生的尊敬，甚至道路兩旁的花草樹木，在佛陀經過時也都會彎腰致敬。這些是佛陀根除憍慢的果報。當我們傲氣凌人而自我膨脹時，應該要景仰那些比我們更優秀的人，想想他們擁有的許多功德與廣大福報。這能令我們謙遜，並成爲調伏憍慢的有效方法。

另一種該留意的煩惱是慳吝。慳吝是指我們無法分享我們所累積的法財或是物質財富。無法做到布施或供養，就是一種慳吝，而這是造成貧窮的直接原因。慳吝令我們今生貧窮，且讓我們在來世投生到餓鬼道。另一方面來說，布施則令我們今生富有，並有助於在來世證得佛陀的果位。我們應該仔細思惟個人於態度上的優缺點。在訓練自己慷慨大方的過程中，我們應該先練習給予少許的布施，然後再漸次練習給予更多。

另一種煩惱是嫉妒或羨慕，指的是當別人幸運時，例如：十分有錢、名聲響亮、或是人格特質良好，我們卻感到不開心。嫉妒是一種重大的人格缺陷，也是投生到惡趣的原因。所以我們應該訓練自己，在別人達成善行或感到安樂的時刻加以隨喜。若能如此，將可累積廣大的福德。

如果我們想要徹底斷除煩惱，最有效的方法就是練習禪修。藉由串習寂止（梵文：śamatha，藏文：zhi-né），我們就能平息粗重的煩惱。若能另外修持勝觀（梵文：vipaśyanā，藏文：lhak-tong），我們也能根除煩惱的種子。

九、轉心向善

稍早前，我們討論過愛我執何以爲大乘之道的主要障礙。我們在這個道上有朋友和敵人，而唯一的敵人就是愛我執，從來都不是其他眾生。的確，我們應該將一切有情眾生都視爲極其仁慈，那麼我們要如何殲滅「愛我執」這個敵人呢？反思己過，非常有助於我們了解到自私自利是一切墮罪的根源，珍愛他人則是一切喜悅與良善的根源。一般而言，我們可以假設自己不具備任何的功德，並且需要重新建立所有的功德。

我們最佳的友伴是悲心，此乃最重要的療方。而這種悲心，以我們的現況而言，需要於禪修中生起。若我們長期眞誠地訓練自己以悲憫的念頭來思考，我們就能生起眞實的悲心，而且發現自己幫助其他眾生並非難事。我們將不顧自身利益而饒益他們。要如何培養這種悲心呢？我們可以向上師或導師請求有關悲心的教授，根據他們的教誨來修持。我們也能透過廣泛研讀經教來了解各種培養悲心的方法。一旦在理論上有些了解，便要透過禪定的修持來加以深化。一顆穩定的心是培養悲心的最佳所依，因爲它能使我們的修學更有效益。即使我們的禪修不怎麼樣，也應該以分析的方式來修學慈悲心。這是指我們要記住並思惟眾多爲了有情眾生而培養悲心的理由，然後便可生起悲心。

有時我們可以放下所有的推理論證，反而一再地在心中多次憶念悲心。另一種訓練方法是藉由語言文字表達悲憫的願望。在課誦集裡有許多例句，像是「願一切眾生遠離苦及苦因」。我們念誦此祈願文數十萬遍。爲了讓此念誦成爲轉化的工具，念誦的時候必須一心不亂。若能如此，將可全然重塑那種「愛我執」的態度。事實上，那種態度會由悲憫的態度所取代。如果在念誦這些字句時妄念紛飛，就不能指望在修持中會得到任何重大的成果。

我們也可以祈請三寶，加持我們能夠具有悲心。可於佛堂向三寶獻供，發放救濟物資給眾生，或以各式各樣的方法來累積福德。如果自心受到惡劣的態度和煩惱所干擾，就無法讓心與佛法相契。因此爲了生起悲心，我們必須以各種修行來淨除煩惱。

關於生起悲心及饒益眾生的理由，除了我們已然討論的之外，寂天菩薩還提到另一個。他說，所有眾生都希望遠離痛苦。他們希望能免除正在承受的痛苦，且不願再經歷到該種或類似的痛苦，然而他們並不知曉免除痛苦的方法，仍舊汲汲營營於創造更多的苦因。因此我們必須思惟，自己願意做任何事情來緩解及消除一切眾生的苦難。寂天菩薩繼續說道，就累積福德而言，三寶與有情眾生均是所依的對象，因此他們是平等的。若只崇敬佛陀卻不禮敬有情眾生，這是不對的，我們應當同時禮敬佛陀與有情眾生。我們的福德是今生及來世的樂因。可以把累積福德想成是一種農作物的收成，而好的收成取決於田地。對我們的修持而言，有兩種田地：一種是殊勝（不共）的福田，也就是三寶；另一種則是共通的福田，也就是有情眾生。栽種諸佛菩薩的加持，我們就能收成信心的資糧；而一心顧及有情眾生，我們便可收成慈心、悲心、菩提心與四攝法等。因此，顯然有情眾生是非常重要的，我們理應恭敬且尊重以待。

十、其他建言

（一）朝聖的利益

朝聖是一種能帶來很大福德的修持。人們之所以認爲朝聖的地點神聖，是因爲過去有許多聖者前往該地，且佛陀的教法在該地興盛了很長的一段時間。凡是有許多佛法行者禪修過的地方，那裡的土地本身就具有很大的加持力。據說當我們在這些地點修持善行時，該善行將藉由過往所有修持者的福德而輾轉增上。由於尼泊爾是佛陀教法興盛之地，所以它是一塊受到加持的土地，有著極大的能量。根據佛陀在《律藏》中的教授，四大聖地之一就位於這裡。尼泊爾是佛陀的出生地，他在這裡傳授了神聖的佛法教授，再由上師們代代相傳保存而無有訛誤。據說當我們在這些地點恭敬獻上頂禮與願文，憶念佛陀曾到達該處、駐留並實踐祂的事業，我們就不會墮入三惡道。相反的例子則是，如果你試圖在一處受到戰爭蹂躪且曾經橫屍遍野的地點修持善行，你所獲得的善德將會相對減弱。僅只是見到這樣的地點，內心就會受到染污。

尼泊爾有許多佛教的聖地，比如三大佛塔[61]，而在加德滿都谷地還有護法王阿育王（Dharma King Aśoka）所樹立的四大佛塔[62]。我們相信他們在佛塔中安放了佛陀的舍利，因此有著極大的加持。佛陀曾經授記這些佛塔的建造地點，並表示朝聖者若能參訪這類聖地將獲得很大的利益。當你參訪博達那佛塔[63]時，應禮敬並思惟這座佛塔與世上其他許多佛塔無二無別，若能懷著此等心態，即是在禮敬全世界的佛塔。菩提伽耶的大覺塔（Mahābodhi stupa，又稱：摩訶菩提塔）、尼泊爾各地的佛塔、西藏拉薩大昭寺的覺沃佛像，以及許多其他聖地，都是佛陀身、語、意的化現，因此世人皆視之為十分殊勝且神聖。啓程前往這些地點朝聖，在這些聖地進行頂禮、繞行及供養，將能種下解脫的種子，以及證得無上佛果的種子。我們可以說，佛陀藉由聖地來幫助我們，即使我們不知該如何如理思惟，甚至不盡理解何謂證得佛果，儘管如此，解脫的種子仍會在我們心中種下。我希望諸位在結束朝聖的行程後，能受到佛法的啓發並付諸實修，並持續不懈地堅固並精進你的修持。

（二）關於持誦祈願文

在進行各種佛法的事業時，我們一開始會先念誦皈依及發心的祈願文。念誦祈願文的正確方式是要一心專注地念，同時思惟所念字句的意義。結行時，我們將修持所得的善根迴向給量等虛空的無數有情眾生，願他們皆能證得圓滿佛果。從前有位西藏在家修行人巴摩切（Palmoche），他曾經抱怨念誦祈願文實爲不易。如果我們只是念誦，卻不知道正確的方法，也沒有向上師請求講解義理，我們的修行便會充滿錯亂。尤其當我們所念誦的經文屬於續乘中的密咒時，可能因而導致許多毀犯。故而，要了解各種正確的念誦方法，這一點極爲重要！

---

61 尼泊爾的三大佛塔，分別是：位於博達拿（Boudhanath）的甲容卡秀塔（Jarung Kashor，意思是：「吾舌所言即予成辦」，俗稱大白塔）、位於斯瓦楊布（Swayambunath）的自生塔（Pagpa Shingkün，意思是「勝妙樹王」，俗稱猴子廟），以及位於南無布達（Namo Buddha）的捨身餵虎塔（Takmo Lüdjin）。

62 由阿育王（Aśoka）所建造的四座佛塔，位於帕坦（Patan）的拉利特普爾（Lalitpur）。

63 譯註：該佛塔（Jarung Kashor 音譯：甲容卡秀，俗稱大白塔）與作者所駐錫的尼泊爾國際佛學院之間，僅有步行十五分鐘的距離。

在西藏松贊干布王的時期，許多人曾念誦屬於瑜伽續部的經典。當他們了解若尚未領受適當灌頂就先念誦密咒傳承的經典將造成毀犯時，為了大眾得以如理念誦，因而翻譯了《百拜懺悔經》（*Sutra of the Purification of Negativities*），接著又翻譯了《心經》（*Heart Sutra*），如此西藏所有的護持者便可聚集一起並念誦《心經》。雖然念誦佛陀的教言可帶來無量的利益，念誦《般若波羅蜜多》（梵文：*Prajñāpāramitā*）經典的利益則更勝前者，因此念誦《心經》乃為殊勝的修持。

（三）關於追隨具德上師學習的重要性

據說語言老師或是一般老師在教導學生時，會展現極大的慈愛，所以應該加以尊重。那麼佛法老師則更加珍貴，因為佛法老師的工作遠比為人引介語言來得更具助益。佛陀曾說，雖然教導世間學科的學者可能有些值得尊敬、有些不值得尊敬，然而毫無疑問地，佛法方面的上師與導師則都值得世人的尊敬。佛法師長是佛陀的代表，他們可以說是在履行佛陀的事業。從佛陀的時代直至今日，師徒之間的佛法傳授從未間斷，因此我們應當如同禮敬佛陀一般地禮敬教授佛法的上師。在《律藏》及《經藏》中都曾提及：「我們應當視上師為佛陀。」

至於傳授佛陀教法的老師，本人則應該態度悲憫，並依於佛法而妥善照顧學生。學生們則應盡力修習所獲得的教誡。

我們在經典中可見到如此的忠告：「應當效法孝子的品性！」孝子是指不堅持自己要獨立，而是完成父親所託任務的傑出兒子。請思惟這一點！佛陀時代於舍衛城中，波斯匿王的皇后及眷屬從她一位僕人處領受了許多佛法的教授。這位僕人過去曾有很多機會可以前往教授佛法的地點，然而皇后和眷屬並未得到修持的相應成果。同一時間，佛陀與幾位阿羅漢也在給予教法，在教授結束時，聽法者中總是有許多人證得阿羅漢果與其他不同程度的了悟。人們詢問佛陀，爲何皇后與其眷屬並未得到修持的成果？佛陀答道：「這是由於他們沒有如理禮敬爲己說法的人。若將佛法上師視爲比自己還劣等，教法便不能進入自心。必須請佛法上師安坐於法座上，意欲求法者則應環坐四周，以恭敬的態度來聽聞教法，如此修持便能有所成就。」正因如此，藏傳佛教的上師都會坐在法座上。當你修持與學習佛法時，你應該保持恭敬的態度，並思惟佛法的殊勝及上師的恩德。

茱莉亞．史丹佐英譯

第三章

投胎轉世的邏輯

堪千阿貝仁波切於一九八〇年代早期在東南亞各地弘法。當仁波切來到馬來西亞東部古晉的薩迦中心時，是由敝人拿望桑滇（傑伊．古柏）擔任仁波切的譯者，而我曾向仁波切請求給予一次以投胎轉世為主題的教授。雖然事後並未找到該次開示的錄音檔案，但是那次的教授對我產生了深遠的影響。以下是仁波切當天晚上教授的精要重現。

首先，關於萬法的存有，需要安立兩點，一個是關於起因，一個是關於人類存在的自性。

當我們檢視此世間現象界中的元素（elements，又稱：大種）時，我們了解到一切事物都是由因而生的。世上沒有任何事物是偶然、神奇或自發地出現。這個世界沒有什麼東西會在不具主要或次要起因的情況下而無中生有。比如說：一棵樹得以生長，主要的起因是：種子；次要的起因則是：種子未受毀壞、種子觸及土壤、得以取用到水，以及其他種種的條件。

如果觀察人類，我們了解到人類的存在有兩個主要的面向，一個是身的部分、一個是心的部分。換句話說，人類包含了軀體層面的身，以及心理層面的心。人類軀體的層面包含一個人的身體及其所有部位；心的層面則包含一個人的念頭、心識以及心所。

就軀體的特點而言，我們可以將組成人體的所有細胞，追溯到受孕的那一刻。換句話說，假設現在我們有一台「時序顯微儀」，我們便可看到構成目前人體元素的所有細胞，並且能一個細胞、一個細胞地回溯，一個剎那、一個剎那地往回看，直到受孕的那一刻。這就像觀察一顆被鋸倒的樹木，我們從年輪便可看到樹木存活的每一年，並發現樹木在不同的天氣狀況與生長模式下如何存活。人體內的細胞每一剎那都在死亡與新生。假如現在我們有一台特殊的儀器，就能觀察到現在的身體元素如何扮演著未來身體的成因。我們也能了解到現在這個身體如何是同一身體過去細胞的產物。所以在理論上來說，正如我們可從樹木目前的年輪回溯到第一個年輪那般，我們也能一剎那、一剎那地將現在的身體回溯到受孕的那一刻。

在受孕時刻，形成身體的原因爲何？從父親和母親所生的身體元素，形成了即將受孕者的身體，換句話說，母親的卵子和父親的精子就是形成身體的原因。當這兩個元素相遇時，就會出現受孕嬰兒身體的因。那麼母親和父親又是從哪裡來的呢？他們都是由各自父母的身體存在而來。透過這個邏輯，我們就可以回溯到父母的父母、父母之父母的父母，如此而毫無止盡地回溯下去。

這證明了每個人類身體的出現、身體的存在，都來自先前夫妻的精卵結合，由此物質成因而產生受精卵，最終成爲兩人結締的孩子。除了這些成因以外，還有次要的條件促成孩子的誕生。這些條件數量眾多，而包括以下情況，例如：卵子的活力、精子的活力、精卵的結合、不使用殺精劑，以及其他種種的條件。

上面曾經提到人類包含身與心這兩個面向。我們已談過人類身體的部分，以及如何透過父母所來的物質成因而形成孩子的身體。至於第二個部分，我們則需要檢視人類心理面向的成因，其中包含了念頭、心識與心所。

我們的念頭在心中一個接一個地出現，如同瀑布邊緣落下的水那樣湧現。如果我們能藉由禪修讓這個過程緩慢下來，我們就能看到自己的每一個念頭，都是由前一個念頭所致。念頭並非隨機憑空而生，而是與前一念有著特定的連結。換言之，每一個念頭都是直接由前一個念頭所來。比如說，有人也許心想：「我餓了。」如果檢視此念的前一念，可能此人原本在想的是：「我想吃桌上的蘋果。」而這個念頭的前一念可能是：「桌上有顆蘋果。」也就是說，念頭之間有個生起的順序，彼此相依，但它們生起的速度很快，以致我們察覺不到那種順序。基本上，在一般日常生活中，身為人類的我們並不會注意到念頭生起的順序。種種的念頭、感覺與感知轟炸著我們的每個清醒時刻（甚至某些睡眠時刻亦然），我們因爲這些襲擊而如此分心散亂，以致大多時候對這些成串思緒的相續自性渾然不覺。

儘管如此，我們應當了解，我們的每個念頭，都有前一念，而這個前一念就是下一念的主因。如果我們能夠讓每個念頭的生起與顯現速度變慢，就會看到造成當下這一念的前一念。換言之，我們的每個念頭都是由前一個念頭所生起。正如身體的因導致身體的果，那麼心的因就導致心的果。現在，好比我們之前了解到人類的身體可以一剎那一剎那地回溯到受孕的那一刻，當時的父母爲即將出世的孩子提供了形成身體的因，但那些只是身的因，而不是心的因。在受孕的當下，父母並沒有爲胚胎提供心的念頭或心的成因。每位父親或母親的念頭各自在他們的心中持續生起。在受孕的時候，父母的念頭相續既沒有停止，也沒有進入胚胎，父母各自繼續他們自己的念頭與心識相續。

那麼，孩子的念頭相續，一開始是從哪裡生起的？每位父母有他們各自的心相續，而那個心相續在孩子出生前便獨立延續不斷，並且向來都依於他們自己個人的存有而獨立延續下去。如前所述，沒有任何事情不是相應於前因所生，因此我們肯定可以得到這個結論，那就是：如果胎兒沒有從父母獲得念頭的相續，那麼胎兒就必然有個來自他處的念頭或心識相續，明確而言，即爲胎兒自己之前的念頭或心識相續。況且，如果那個念頭或心識相續不是從胎兒前一世的念頭相續而來，還能從哪裡生起呢？如此，在邏輯上就可以說明，新生兒在出生前的心識相續或念頭相續，只能從自己前一世的相續生起。

第四章
證悟者的入滅

由於偉大的金剛持究給企千仁波切[64]圓寂，有人請求我今天開示關於如何供養舍利的主題。我會先討論佛陀的般涅槃[65]，之後再談當時進行供養的方式，以及有關安住「死時禪定」（圖當）的修持。大致上來說，我將討論對上師的虔敬，以及守護個人密乘戒的必要性等。簡要言之，這些是我想探討的部分。

一、怙主佛陀的入滅

一般來說，怙主佛陀的事業不可思量，但仍可將其最殊勝的行誼以同方式列出，其中以「佛陀十二行誼」[66]最廣爲人知。一日，我們的導師駐錫在毘舍離（Vaishalī）[67]一帶，他對阿難說道：「已證四神足[68]果位者，若欲成辦事業且長久住世，便能夠長久住世。」[69]雖然阿難應當請求佛陀長久住世，卻受到魔羅（Marā）的影響，而沒有對佛陀做出請求。這位邪惡的魔羅是「他化自在天」[70]的天王。當佛法在此世間興盛時，他的魔黨能力衰損且感到潰敗，所以不斷對修持大乘教義的修行人製造障礙，甚至也對釋迦牟尼佛製造障礙。當他們發現自己根本無法阻擋佛陀時[71]，魔羅便央求怙主佛陀：「請即刻由此世間入滅！」當時佛陀並未應允，並解釋道他仍有諸多未竟的事業，而只要他的事業尚未完成，就不會進入般涅槃。

然而，在另一個場合，魔羅又有機會再度請求佛陀入滅，佛陀便同意會在三個月後離世，因而導致大地震動，並出現了其他徵兆。阿難向佛陀請示這些事件的意義，佛陀便描述了八種導致大地震動的事件[72]，阿難這才了解到此爲佛陀離世的徵兆。他便請求佛陀住世，但是怙主佛陀已然答應了

---

64 尊貴的究給企千仁波切（一九二〇—二〇〇七）是薩迦察巴支派的法王。他是當時最偉大的上師之一，圓寂之後入定於死時禪定（圖當，thugdam）達十六天之久。

65 意思是入滅離世。

66 佛陀十二行誼，根據不同傳承而稍有差異。如果依照大多數藏文的文獻來說，包括：（1）從兜率天降生、（2）入住母胎、（3）誕生、（4）嫻熟各種技藝、（5）受用后妃、（6）出離世間生活、（7）修練苦行、（8）菩提樹下禪坐、（9）降魔、（10）示現成佛、（11）轉動法輪、（12）入般涅槃。

67 佛陀時代的一座城邦，位於今日印度的比哈爾省（Bihar）。

68 四神足（藏文：rdzu 'phrul gyi rkang pa bzhi；梵文：caturvrddhipāda）：資糧道上鎖升起的四種功德，屬於三十七道品之中，分別為：欲神足、勤神足、心神足、觀神足。

69 譯註：《佛說長阿含經卷第二·第一分遊行經第二初》中云：「阿難，諸有修四神足多修習行，常念不忘，在意所欲，可得不死一劫有餘」。佛陀耶舍及竺佛念譯。

70 字義為「他化自在」（掌控他人的化現），此為魔羅所居的天道之名。

71 也就是在佛陀降伏魔羅眾並於菩提樹下證得正等正覺之時。

72 見於《大般涅槃經》（*Mahāparinirvāṇa Sutra*）：（1）當猛風擾動大地所依的水之時（2）當苦行僧或梵行者「生起地大並不重要而風大則為無量的想法」之時（3）當一位菩薩從兜率天最後降生之時（4）當此菩薩誕生之時（5）當此菩薩獲致無上正等正覺之時（6）當其成佛後初轉法輪之時（7）當此佛陀決定最終涅槃時機之時（8）當此佛陀證得最終涅槃之時。參見葛廷（Gethin）所著作的《佛陀之語》（*Sayings of the Buddha*）第六十一至六十二頁。

魔羅的請求，所以沒有答應阿難。於是，佛陀在適當之時，於來此世間廣大饒益有情眾生之後，最終進入涅槃。

關於佛陀涅槃的確切時間，似乎有幾種不同的說法。根據西藏最知名傳承的看法，佛陀於氐宿月（Saka Dawa，音譯：薩嘎達瓦）[73]初十五日涅槃。那天佛陀抵達拘尸那揭羅[74]後，在一處名爲「歡喜林」（Pleasure Grove）的地點接受周那（Cunda，又稱純陀）男子的飲食供養。另一位住在拘尸那揭羅的末羅族人（Malla）福貴（Hasti）[75]則供養一塊可做新袈裟之用的黃布。當導師佛陀披上黃布之後，他瘦弱的身形變得格外明亮。人們詢問導師佛陀爲何有此現象，佛陀答道，這是他即將離苦入滅的徵兆。

於是導師佛陀來到末羅城（拘尸那揭羅）附近，並在該處停留。他於娑羅雙樹下預備好最後的休息處，並以倚臥之姿休憩。他與僧眾們討論了許多關於他們未來應當如何行儀的主題，並特別叮囑他們務必研讀經典。此外，與其另尋導師，反而應當教導這四種主題[76]：僧眾的律儀（毘奈耶）、長者應當教導少者、少者應當聽從長者，以及人們應當參訪佛陀的出生地[77]等等。當佛陀即將涅槃的消息公開宣布後，許多人都到當地聚集，佛陀便爲他們傳授佛法。在佛陀給予最後的傳法後，人們詢問佛陀，於其涅槃之後，應該如何處理他的聖體？佛陀則回覆，應該以轉輪聖王葬禮[78]待之，也就是要用五百張棉布纏身以爲供養，置於鐵槨之中。在其上灑油及香料，並用散發愉悅香氣的香木予以火化。隨後收集舍利，安置於金器之中。佛陀解釋，應當恆時對舍利進行供養，特別是在殊勝日。

---

73 薩嘎達瓦（Saka Dawa，意思：氐宿月）為藏曆四月，被認為是：特別殊勝的日子。釋迦牟尼佛最重要的行誼，即：誕生、成道與涅槃，都發生在此月之中，故而以本月十五日作為吉祥日而共同紀念之。

74 拘尸那揭羅（Kuśinagarī，意思：茅城）為佛陀入滅的地方。其為當時印度末羅國（Malla）的都城，今日印度東北部北方邦（Uttar Pradesh）的城鎮，與尼泊爾交界處距離不遠。

75 譯註：此處依照《長阿含經卷第三．遊行經第二》的用詞，梵文 Hastī 通常譯為「象寶」。其後詢問者為阿難：「佛告阿難：有二因緣，如來光色有殊於常：一者佛初得道，成無上正真覺時；二者臨欲滅度，捨於性命般涅槃時。阿難！以此二緣，光色殊常。」佛陀耶舍及竺佛念譯。

76 譯註：此四種分別見於《大般涅槃經》卷下：「汝勿見我入般涅槃，便謂正法於此永絕。何以故？我昔為諸比丘，制戒波羅提木叉，及餘所說種種妙法，此即便是汝等大師。如我在世，無有異也。阿難！我般涅槃後，諸比丘等，各依次第，大小相敬，不得呼姓，皆喚名字。互相伺察，無令眾中有犯大戒，不應闕求覓他細過。」以及卷中：「於我滅後，能故發心，往我四處，所獲功德不可稱計……。何等為四？一者如來為菩薩時，在迦比羅旆兜國藍毘尼園所生之處；二者於摩竭提國，我初坐於菩提樹下，得成阿耨多羅三藐三菩提處；三者波羅㮈國鹿野苑中仙人所住轉法輪處；四者鳩尸那國力士生地熙連河側娑羅林中雙樹之間般涅槃處，是為四處。」釋法顯譯。

77 特指四大聖地：佛陀降生之處——藍毘尼（Lumbinī）、成道之處——菩提迦耶（Bodhgayā）、初轉法輪之處——薩納斯（Sārnāth，、鹿野苑所在地），以及離苦入滅之處——拘尸那揭羅。

78 譯註：參見《大般涅槃經》卷中：「供養轉輪聖王之法，用新淨綿及以細氎，合纏其身，如是乃至積滿千重，內金棺中……，然後灌以眾妙香油；又復棺內，以諸香華而用塗散……，而用香油，以澆灑之。然火之法，從下而起……」。

佛陀晚年的弟子中，有一位名叫烏波難陀（Upananda）的乾闥婆王[79]。當他來到佛陀跟前時，由於自己身爲樂師的技藝而自視甚高，因此並未向佛陀請法。導師爲了調伏其憍慢，便示現出乾闥婆的形象，在他面前彈奏維納琴。從琴中同時出現許多優美的旋律，但是佛陀漸漸地不做彈奏，直到最後甚至連一個曲調都沒有，然而妙音依然持續縈繞著。那甜美之音轉化了乾闥婆王的憍慢，而那種憍慢一直是他培養良善功德的最大障礙。國王的憍慢得以轉化，意謂著他已成爲具格的法器。當他再度拜見佛陀時，便了解到導師佛陀所教導的眞諦。

佛陀晚年弟子的另一位是個一百二十歲的老苦行者，名叫須跋陀羅（Subhadra，藏文：kun tu rgyud rab snan，巴利文：Subhadda）。須跋陀羅由於自己的良好功德，因而深信自己是得道的阿羅漢，所以一直無所事事、到處閒晃。當他在優曇鉢華[80]的樹叢間休息時，發現有些花朵枯萎了，便意識到導師佛陀離苦入滅的時刻已經到來。他爲了求法，便動身前去謁見導師佛陀，但是阿難尊者並不允許。導師佛陀察覺到這個情況，便要阿難把他帶入，並說：「這是我最後一位外道弟子。」兩人輕鬆坦誠地討論了許多修持之道。導師佛陀說：「除了佛陀之道，沒有其他方法能證得解脫。」之後須跋陀羅見到實相並出家爲僧，隨後證得阿羅漢的果位。

接著導師佛陀對僧團表示：「諸位若對三寶或四聖諦有任何疑惑，現在可以問我。能夠親見佛陀身相的機會極爲稀有，因此諸位且看吧。」佛陀爲了讓在場每個人都清楚看見他的身體，便撩起了上半身的僧袍，接著給予最後的忠告：「一切和合的現象皆是無常」（一切諸行，皆悉無常）。在佛陀所有的教法當中，這是最後、也是最終的教言，因此對我們來說，禪修無常與死亡是非常重要的。[81]

博多瓦格西[82]曾經教導，持續串習死亡與無常的思惟，就能甚深了悟這兩者的實相，則我們在佛法的修持上便不會經歷任何艱辛。禪修悲心亦是如此：於悲心眞正生起的那一刻，我們在饒益眾生時便不會經歷磨難。格西也教導我們，藉由一再禪修「法無我」而眞實親證無我的實相時，我們在淨除垢染時便不會遭遇困境。既然此爲佛陀親口所說的教授，故而一心禪修死亡與無常乃極爲重要。

79 乾闥婆（gandharvas）為天界的樂師。

80 用來象徵諸法自性無實的一種蓮花。

81 譯註：「汝等比丘。常當一心勤求出道。一切世間動不動法。皆是敗壞不安之相。……是我最後之所教誨」。詳見《佛垂般涅槃略說教誡經》（又稱《佛遺教經》），鳩摩羅什譯。

82 格西博多瓦．仁欽．薩（Geshe Potowa Rinchen Sal, Po to ba rin chen gsal, 一〇二七—一一〇五）為早期的噶當派大師，也是格西朗日唐巴（Geshe Langri Thangpa）的上師，後者以修心偈誦而聞名。

佛陀隨後採取禪定姿，在進入甚深禪定後，循序漸次出入不同禪定狀態，並於所謂「最終四禪」（final fourth absorption）[83]的狀態中示現離苦入滅。根據小乘的教授，佛陀本人並非應化身，而是有著血肉之軀的人，其色身在涅槃時無法續存，因此當他全然離苦入滅時，其色身或和合的相續在那時便終止了。大乘的教法則認爲佛陀確實爲應化身，涅槃僅爲一種示現。根據後者的教授，則佛陀的行誼與事業並無中斷。

大迦葉尊者是佛陀聲聞[84]弟子中最資深的長者。那時他駐錫在王舍城。他在獲悉佛陀離苦入滅一事之後，隨即想要通知佛陀導師的大施主阿闍世王（King Ajātaśatru）。由於他考慮到這個令人難過的消息可能會讓國王悲痛欲絕，便想了一個法子，要以漸進的方式來告知國王佛陀示寂之事。他委請國王隨從裡的一位畫師，繪製上品的畫作來描述佛陀的行誼。這些美麗的畫作從佛陀的誕生開始，接著描述他在舍衛城的神變等，最後的行誼則是佛陀在拘尸那揭羅離苦入滅的樣子。國王透過觀賞這些畫作，逐漸得知佛陀已然圓寂。大迦葉尊者甚至曾經指示，如果國王在觀看畫作時過於悲痛而昏厥，應當如何讓國王甦醒。

佛陀離苦入滅一週後，末羅族人根據佛陀之前的教誡準備葬禮儀式。在第七天時，末羅族人的年輕男女擎持幡蓋，童子則高舉珍寶，從拘尸那揭羅一路走出西城門，繞城一匝後抵達城東，在那裡渡過熙連禪河（Hiranyavati），於末羅族人的天冠寺（Mukutabandhana Stupa）[85]基座設立火葬台。當他們在備置火葬事宜時，天降花雨，直到落下的花瓣深及人膝。

當送葬者們試著用香木點燃佛陀的遺體時，火卻怎麼也點不著。阿那律陀尊者（Elder Anuruddha）[86]抵達時，便以他的天眼觀察，得知唯有大迦葉尊者到場，才有辦法點燃遺體。大迦葉尊者一抵達後，便馬上打開棺槨，以儀式淨化遺體，取出所有的纏布，接著用他在城裡悉心採購的五百片棉布重新包裹遺體。再次把遺體纏好並於柴堆添加最上等的香木之後，火便不點自燃，於是圓滿了荼毘儀式。柴堆的灰燼中出現許多神聖的佛陀身舍利，這些舍利都被收集起來，安置在一只

83 譯註：參見《大般涅槃經》卷中：「於是如來，即入初禪。出於初禪，入第二禪。出於二禪，入第三禪。出於三禪，入第四禪。出第四禪，入於空處。出於空處，入於識處。出於識處，入無所有處。出無所有處，入於非想非非想處。出於非想非非想處，入滅盡定。……爾時，世尊出滅盡定，更還入於非想非非想處，乃至次第入於初禪。復出初禪，入第二禪。出於二禪，入第三禪。出於三禪，入第四禪，即於此地入般涅槃」。

84 也就是小乘。

85 字義為末羅的頂冠之塔（the Crown Stupa [of the Mallas]）。佛陀般涅槃大約一百年後，於阿育王的統治期間，相當大程度地拓寬了此塔和其他重要的佛塔。

86 佛陀的首要弟子之一，以神通力而聞名。

黃金的容器內，並運至城中，接受廣大的供養。許多人從印度八個列國[87]前來瞻仰這些舍利並獻上供養。第一個前來致意的爲波羅國[88]的使節[89]，佛陀過去對他非常慈悲，該國人民對佛陀有著堅固的信心。他們主張既然佛陀曾是他們國家的導師，就該把遺骨帶回該國。他們揚言如果得不到舍利，就要發動戰爭。同時，末羅族人也覺得既然佛陀曾是他們的導師，他們應當有能力進行供養，便說：「聖者的舍利正在此地，是我們籌辦了葬禮儀式來敬奉，我們也不怕戰事。」其他六個列國也如是威脅要發動戰爭。

就在那時，有位香姓婆羅門（Drona）對末羅族人說，「世尊長養安忍，教導佛法並極爲讚歎安忍的善德，如果諸位現在爲了這些舍利而發動戰爭，將會導致死傷慘重，引發許多災難。不如由我將舍利均分，送到每一個城市。」末羅族人便同意了。香姓婆羅門如此說完，便拿起安放舍利的瓶子，並徵得末羅族人同意，由他把金瓶攜至末羅國境，起塔供養並供人祭拜。末羅族人勉強同意了，其餘七國也皆如是默從。

於是佛陀的舍利分成了八份，並興建了八座佛塔。香姓婆羅門爲曾經裝有舍利的陶甕另外立了一座塔——爲甕塔，火葬荼毘的餘燼則由畢鉢村人攜至尼得羅達（Nedrodha），置入另一佛塔——爲炭塔，如此豎立了十座佛塔。由於「作聲」（Rava，藏文：sgra sgrogs）這個印度城鎮包含在龍界之中，那裡的佛塔據說就位在龍族的王國之內。除此之外，荼毘儀式後留下了四顆佛牙舍利，其中的兩顆曾在印度現蹤，一顆位於天界，一顆位於龍界。在印度的那兩顆佛牙舍利，一顆到了斯里蘭卡，一顆可能去了中國，但是我認爲應該不是這樣。

二、供養神聖舍利的福德

佛陀所做的眾多事業，無一不是爲了利益有情眾生。這些行誼並非爲了一個眾生，而是爲了利益無數的眾生。甚至佛陀的離苦入滅也不是只爲了利益他自己，他留下有形的舍利，以便成爲有情

---

87 佛陀在世之時，於其所在的地方（相當於今日的北方邦和比哈爾邦）共有八十個列國（mahājanapada，大公國）。其中有些自立為國，其他則由議會治理。後來全部都由孔雀王朝（Mauryan empire）統一。

88 藏文 yul sdig pa can，意思是：煩惱支配之地，儘管最終所指可能為上述的十六個列國之一，但有可能是指與末羅屬地交界的幾個城邦，也就是跋耆國（Vaji, Vrji）、憍薩羅國（Kośali）或跋蹉國（Vatsa）。

89 譯註：英文直譯為「罪惡之地」的「發言人」，參考《大般涅槃經》而採用「波羅國」的「使節」。其後「畢鉢村人」出自《佛說長阿含經卷第四．遊行經第二後》，在不同佛經有各種翻譯，例如：衡國異道士（出自《般泥洹經》卷下，失譯人名附東晉錄）、必波羅延那婆羅門居士（出自《十誦律第六十卷》第一〈五百比丘結集三藏法品〉，卑摩羅叉（漢譯「無垢眼」）法師譯）等，但都並未提到地名，因此只能採取音譯「尼得羅達」。關於起塔的內容，參見《大般涅槃經》後分卷下：「爾時，拘尸城諸力士得第一分舍利，即於國中起塔，華香、伎樂種種供養；波肩羅婆國力士得第二分舍利，還歸起塔，種種供養；師伽那婆國拘羅樓眾得第三分舍利，還歸起塔，種種供養；阿勒遮國諸剎帝利得第四分舍利，還國起塔供養；毘耨國諸婆羅門得第五分舍利，還國起塔，種種供養；毘離國諸梨車得第六分舍利，還國起塔，種種供養；遮羅迦羅國諸釋子得第七分舍利，還國起塔，華香供養；摩伽陀主阿闍世王得第八分舍利，還王舍城起塔，華香、伎樂種種供養；姓煙婆羅門得盛舍利瓶，還頭那羅聚落起塔，華香供養；必波羅延那婆羅門居士得炭，還國起塔供養」。若那跋陀羅（漢譯「智賢」）法師譯。

眾生累積福德的所依。佛陀曾經親自宣說，只要供養者的發心是一樣的，供養佛陀本人，與供養裝有過去佛陀舍利的佛塔，兩者所得的福德等無有異。

今日在尼泊爾境內的四座大佛塔，都是由護法王阿育王所建立的，而其中必然皆裝有佛陀的舍利。於怙主佛陀的眾多授記中，其中一則提到在佛陀般涅槃一百年後，將有一位護法王阿育王建造一千萬座佛塔。根據歷史傳說，阿育王確實豎立了許多佛塔，他在每一座佛塔中都安置了最初八份佛陀舍利的一部分。這爲阿闍世王的後裔帶來了極大的福報，阿闍世王在一位阿羅漢的協助下，將舍利埋在一座大佛塔之下，而那些舍利都增生了，剩餘的舍利則藏在其他的地點。簡言之，在這些佛塔中肯定裝有佛陀的眞實舍利，故而這些佛塔都能帶來殊勝的加持。

尼泊爾與印度有著相當緊密的連結，由於尼泊爾不像印度那樣曾經遭到滅法的巨大障礙，因此至今仍留存了許多古代的佛塔。[90]有一次，世親阿闍梨與大批隨從來到尼泊爾，當他看到有位佛教僧人行爲不如法時，便自忖著佛陀的教法已經衰敗，而選擇入滅。世親阿闍梨[91]的舍利塔，現在就位於尼泊爾的自生塔（**Swayambhunath Stupa**，音譯：蘇瓦揚布，俗稱：猴子廟）內，那是一處非常重要的聖地。除此之外，佛法在漢地廣傳時曾扮演重要角色的唐代譯師玄奘，也是隸屬於世親傳承的學生與導師。漢地許多的佛法都源自於世親梨這位那爛陀大學的偉大學者，所以親臨這座佛塔並對其頂禮、轉繞等，便非常重要。

遵照堪千阿貝仁波切的指示，唯有曾經領受續部灌頂的人，方能繼續閱讀以下的教授。

三、身、語、意之間的關係

現在我想談一談藏文稱作「圖當」的三摩地狀態，這是大師們圓寂時所示現的一種神聖禪修。大致來說，這與密咒的教授有關，既然各位已經領受過灌頂，也對金剛乘的教法具有意樂，接下來我將對此稍做解釋。

首先，有必要根據生命從子宮出生的方式，來了解我們的身體是怎麼形成的。[92]當帶著心識的風大進入母胎時，風大便與其他四個大種中的地、水、火結合，並安住在那裡。從這四個大種中，產生了粗分的色身。當一切具足以後，就出現了身、語、意。這裡的「意」指的是能夠認知各種念

90 仁波切可能間接講到曾經發生在印度的滅佛行動，尤其是公元一〇〇〇年至一二〇〇年間，當時佛教的廟堂與寺院遭到大量毀壞。尼泊爾則從未經歷這種法難。（譯註：在那段期間，信奉伊斯蘭教的突厥人入侵印度並建立德里蘇丹國，對佛教和印度教進行迫害，造成後來印度境內的佛教近乎絕跡。）

91 大約為西元第四或第五世紀的人，為阿毘達磨與瑜伽行派（Yogācāra，又稱：唯識宗）義理的重要上師。

92 佛陀教導中描述了四種出生的型態：胎生者，例如：人類與哺乳類；另外，則有：卵生、濕生和化生。其中，濕生所指的是：蚊子等類的昆蟲；化生的例子，則如：地獄道和無色界的眾生。

頭與概念的心意作用者，「身」則有粗分的身及細分的身這兩種；細分的身包含了各種感官（根，sense faculties，藏文：dbang po，梵文：indriya）[93]，而粗分的身是眼、耳等這些感官的物質基礎。「語」也有粗分的語及細分的語，粗分的語包括言談、嘻笑等，而細分的「語」指的是身體內在的氣的流動。人的身、語、意十分緊密相依，身和語的功能是作爲意的所依，心中所發生的任何事情都會對身和語產生影響；同樣，發生在身和語上的任何事情也會影響到心。就波羅蜜多乘（Vehicle of the Perfections，梵文：Pāramitāyāna）的修持而言，心是最爲重要的。雖說一般會以身體來做大禮拜等，但重點是要轉化我們的心。所有的過患都是從心而生，既然它們是由心所造，若能轉化自心，就能夠賦予我們轉化所有過患的能力。如此一來，遵循波羅蜜多乘所做的修持，便是以心爲基礎，主要的方法即是修心。

在密咒或金剛乘的體系中，我們會談到內在的心、中間的身，以及外在的顯現。這三者均密切相關，其中又以身爲極重要者。根據身的要點來修持、禪修本尊，以及利用細分的身與氣等，相對上，易於對心產生影響。[94]依照這些修持來轉化自心時，外在的顯現也會跟著轉變，因此，我們在修持續法時，主要的根據就是身的要點。

體內有五個脈輪，它們是流布全身之諸脈（梵文：nāḍīs）的交會點。此外，在這些脈、五大、五蘊（梵文：skandhas）與五根中，還有五種氣的流動，而五個脈輪中的每一個，都各自對應著五氣、五大、五蘊及五根的其中一個。

四、臨終歷程與死時禪定

當我們的身體在母胎內初有雛型時，首先是從臍輪開始形成的，因而臨終的過程同樣也會從臍輪開始。當五種氣的力量逐一停止時，與它們相應的大種、蘊及根的功能也連帶一起停止。這個過程從臍間「平住氣」（digestive wind）[95]的力量減損開始，然後繼續往上直到（頂輪）與空大有關的「遍行氣」（all-pervading wind）不再流動爲止。

---

93 眼、耳、鼻、舌、身等感官中各自的見、聞、嗅、嚐、觸能力，第六則為意根。

94 也就是細微身中的脈（藏文：rtsa，梵文：nāḍī）、氣（藏文：rlung，梵文：prāṇa）和明點（藏文：thigle，梵文：bindu），這些是續部的進階禪修要點。

95 根本氣包括上行氣、下行氣、平行氣等，詳見於藏醫文獻。此外，在第三世大寶法王讓炯多傑（Karmapa Rangjung Dorje）的著作（zab mo nang don）等處也有詳述，參見伊莉莎白・卡拉涵（Elizabeth Callahan）英譯的《甚深內義》（*The Profound Inner Principles*），波士頓：雪獅出版社，二〇一四年發行。

隨著臍間平住氣的衰退，地大、眼根以及色蘊也都一起衰退，以此方式，五氣、五大、五根以及五蘊的其他四組全部逐一停止。

臨終的第一階段爲：「地大融入水大」，意指：地大的支撐力量已經耗盡。當這種情形發生時會出現三種徵兆，也就是：外在的徵兆、內在的徵兆，以及秘密的徵兆。外在的徵兆是身體變得虛弱，包括：無法抬頭，以及四肢無法支撐身體的重量。內在感覺彷彿身體沉入地下。這就是爲何臨終者在此階段有時會要求別人幫他們扶起身子。「秘密的徵兆」是指：出現光明心（mind of clear light）即將顯露的徵兆，例如：有陽燄、煙霧等的樣子。比如說：當煙霧的景象出現時，臨終者可能會認爲房間裡有煙。

臨終的第二階段是：位於心輪的「持命氣」（life-holding wind）衰退，導致水大的力量停止。當這種情形發生時，身體會變得乾燥與脫水，而稱爲：「水大融入火大」。然後當位於喉輪的「上行氣」（upward-moving wind）不再運作，火大也會衰退。此時，身體會失溫。如果臨終之人是一位佛法修行者，體熱會從腳底往上而出，這也是心融入阿賴耶識（藏文：kun gzhi rnam shes，梵文：layavijñāna）[96]之時。若此人累積很多惡業，體熱會從頂門往下而出，直至完全耗盡，這就是所謂的：「火大融入風大」。

接著，「下行氣」（downward-voiding wind）融入密輪（secret chakra），導致臨終者大量地呼氣，但無法再次吸氣。這個第四階段稱爲：「風大融入心識」，由於此時粗分的大種與氣已然隱沒，到目前爲止的臨終過程稱爲：「粗分消融」（the coarse dissolution，又稱：外分解）。

接著，位於頂輪的「遍行氣」不再運作，導致可覺察到的呼吸律動完全停止，此時便開始「細分消融」（the subtle dissolutions，又稱：內分解），意味著體內細分之脈與心識的分解過程。「細分消融」的過程有四個階段：顯、增、得與近得（near-attainment）。這個過程牽涉到來自父母的兩個微細明點。來自母親的紅菩提或紅明點有粗分與細分這兩種。粗分的紅菩提產生血肉與皮膚，細分的紅明點安住於密輪處的中脈內（梵文：avadhūti）[97]，依靠紅色右脈的力量支撐於該處。得自父親的白菩提，粗分的部分產生骨頭、骨髓與精液。細分的白明點也稱爲白色淨分，安住於眉心處的中脈內，依靠白色左脈的力量支撐於該處。[98]

---

96 直至成佛都不間斷相續的最細微心識之流。

97 身體中央的能量之軸，五個脈輪的所在之處。

98 譯註：關於左右二脈的顏色，此處乃依據薩迦派獨有的見地來講述，與一般網路上搜尋到的資料不同，敬請讀者知悉。

「細分消融」的第一階段稱爲：「心識融入顯現」。由於這個階段已無氣息，右脈無法再支撐位於密輪的紅色淨分。當紅色淨分沿著中脈上升，就出現了「紅相」，此時，所有與瞋怒煩惱相關的分別概念全部平息。

隨後是：「顯現融入增長」，位於眉心處的白明點無法再依靠左脈的支撐，而沿著中脈下降。此時，所有的顯現開始變白——而爲白相，好似夜空中初現的月光，所有與貪愛相關的念頭全部平息。

隨後是：「增長融入證得」，當白明點與紅明點於心輪相會時，心識被包攏在它們之間，便出現「黑相」，所有與愚痴相關的分別概念全部平息。由於所有的分別概念都止息了，此時會體驗到所謂的「光明」，那是一種全然離於分別戲論且根本無法言詮的狀態，彷彿在清朗天空中升起的太陽。

一般來說我們會談到兩種脈，包括輪迴的脈及涅槃的脈。至於在脈中流動的氣，可分爲：業氣及智慧氣。對於那些還未透過修持而獲得覺受之人，氣在左右兩脈中的輪迴脈中流動時，隨著外境的顯現會生起苦樂的不同體驗。而對那些覺受已達一定程度者，氣不再轉入左脈與右脈。當這些氣進入中脈時，就是所謂的「智慧氣」，能帶來五道與十地（paths and grounds）的所有了悟，染污便在此刻終盡。

據說在死亡之時，即使是那些完全沒有修持經驗的人，由於氣與心恰好在那時進入中脈，因而也會有光明的體驗。至於那些曾經修持者，尤其是在修持勝觀上有眞實覺受的人，以及那些已經大量積聚資糧的人，則會因臨終時出現的光明而生起證悟的覺知，也就是了悟諸法的究竟本性。在各樣的智慧當中，至上的智慧能讓人證得法身。即使證得佛果必須經歷五道與眾多的階段，對於具有經驗的修持者來說，透過臨終這個過程卻可以迅速證得法身。以此方式，透過了悟法身而證得佛果，緊接著則是在淨土中證得報身。

五、禮敬上師

有云：如果弟子在了悟的上師圓寂時進行供養，所得的福德尤爲廣大。同樣，若弟子在這種時刻進行禪修，由於上師的禪修功德，弟子的修持功德也會更爲顯著。如果上師的心間仍然暖熱，色身看來有著強烈的光彩，比過去更顯年輕且更加容光煥發，這些便是上師處於死時禪定狀態的徵兆。

已成就的修行者，通常會選擇三種姿勢涅槃，其中包括毘盧遮那七支坐。法王薩迦班智達則是以坐姿圓寂，手持金剛鈴杵交抱於心間。但這些姿勢並非嚴格必要的重點。維持死時禪定的時間長短也不必然，通常要取決於當時進入此狀態的禪修者。禪修者可能會打算在此狀態中維持三天的時間，在這種情況下，三天後就會從死時禪定中出定。

一旦死時禪定結束，會出現許多徵兆，例如：身體的光彩衰減以及彩虹的顯現。有時可能會有頭頂腫脹或動脈隆起等現象。當上師由此內在了悟的狀態中出定時，外在的身體通常會失去死時禪定中的光彩。應該注意的是：並非所有具成就的修行者均會安住於死時禪定，許多成就者便不是如此。舉例來說：密咒修持者會進行將神識遷往淨土的頗瓦法，他們就不會示現這樣的禪定狀態。

對那些沒有禪修覺受的人而言，「氣與心進入中脈」只不過是個標籤，而沒有眞正的體驗。眞實的光明狀態，全然離於分別戲論，僅能藉由高階修持才得以進入，且爲不退轉的了悟狀態。就普通人而言，分解的過程本身不會干擾一般凡俗心識的流動，它反而消融於阿賴耶識。

我們於此特別的時刻紀念究給企千仁波切的圓寂，仁波切是眞正的金剛持。從共通的方面來說，他是一位傑出的佛法修行者；從不共的方面來說，他是一位優秀的僧人、佛教戒律的持舉者；也是《續部總集》（*Collection of Tantras*）與《成就法總集》（*Collection of Sādhanas*）教法傳承的莊嚴。仁波切是一位具有甚深且高度成就的修行者，乃爲佛法的眞實莊嚴。如今在仁波切進入涅槃的時刻，他安住於死時禪定，示現一如教授中所提的成就徵兆。

在座各位聚集此處，有的曾於仁波切直接領受灌頂與口傳，這代表仁波切就是你的上師；有的則從仁波切的弟子那邊領受教法，在這情況下，仁波切即你的傳承上師，因此他被尊崇爲上師中的上師。我們當讚歎如同究給企千仁波切這樣的上師，並從他們領受三昧耶。

佛陀曾經說過：在將某人視爲自己的續法上師之前，首先應該要檢視上師。薩迦班智達發現人們不管哪一天都會花費大量時間準備食物，想著如何修補他們的衣服等等；同樣，如果有人需要一日導遊，此人就會費盡心思去尋找一位和藹可親且合格的導遊。就婚姻而言，人們對於未來可能伴侶的個性，也同樣會進行大量的評估。不論我們花費多少時間去選擇朋友與伴侶，這些關係都只能維持很短的時間，所以不是那麼重要。相反地，我們與佛法及上師的關係則極爲重要，所以務必徹底檢視上師。

然而，一旦我們決定追隨某位上師，並領受過他的灌頂等等之後，便有必要對上師培養淨觀。每當我們看到上師做出身、語、意任何的十不善行時，每當上師看來欠缺任何的良好功德時，或者上師的所作所爲看來不當或不佳時，我們就應當思惟：上師這麼做是爲了要利益有情眾生，因此實際並沒有這類的過患。有云：持續受愚痴或貪愛所擾的眾生是無所不作的，同理可證，具有圓滿悲心的諸佛亦會窮盡一切言行去利益有情眾生。我們不該把上師看成是凡夫俗子。同樣地，亦有云：除了佛，沒有誰能夠完全了知另一人，不能光從言行來辨別對方的好壞，而是要了知對方的心中所想。由於這種善巧方便很難獲得，基於以上和其他的種種緣故，我們務必謹慎，絕不評判自己的上師。

從前有位菩薩名叫寶賢（Manibhadra），他有許多上師。雖然其中幾位上師做出了一些看似十分惡劣的行爲，但是因爲他對上師的信心不退，寶賢菩薩因此具有極大的功德。同樣地，雖然某些印度大成就者做出非常不當負面的行爲，但是對他們持有淨觀的人都得到了成就。而那些缺少信心的弟子，則沒有辦法生起任何良好的功德。我們應當將這些緣由銘記於心，以便維持對上師的信心。法王薩迦班智達曾經說過：「若將上師所行皆視爲殊勝，我們就會成爲殊勝的人；若將上師所行視爲低劣，我們就會成爲低劣的人。」

有云：根據大乘傳統，教導佛法的上師就是在行持佛陀的事業，所以我們應當視師如佛。然而，在無上密咒的脈絡中，當我們從上師處領受灌頂，我們就應當視他爲眞正的佛，並修持上師瑜伽且加以禮敬。

續法中，闡明了在一生當中該如何禮敬上師，於上師圓寂時該如何備置葬禮及荼毘儀式，以及該如何爲他們的聖體建造舍利塔等等。因此，如果在荼毘之後出現了舍利，應該將舍利裝臟到佛塔之中。如果沒有出現舍利，不管如何都要恭敬以對，盡己之力向上師獻供等等。若能進行閉關來集資淨障也，也會有極大的利益。

此時此刻，諸位多人前來向離世的上師金剛持究給企千仁波切致敬，我衷心感到歡喜。當一位父親過世時，他的孩子們會善盡義務以達成父親的遺教，就像這樣，當我們的上師圓寂時，我們必須將他傳授的教法付諸實修。由於關切著有必要圓滿已故上師的心願，以及爲了要證得佛果，我們必須要下定決心來修持。儘管供養上師的舍利有其重要性，不過最重要的還是圓滿上師的心願，也就是弟子們要好好修持佛法，並爲了有情眾生而保存及弘揚世尊的珍貴教法。這是我們所應努力方向的重中之重。據說爲了聞法而朝向聽法處前進，即使只是踏出一步，便是在受持佛陀教法，因而具有極大的利益，所以非常感謝各位前來。

丹尼爾．麥克納瑪拉英譯

第五章

轉化自心——轉心四思惟與其他修持

今天要談的不是新的主題，也不會難以理解，就是所謂的：「轉心四思惟」。我們每天都應該盡可能精確地憶念佛陀與印藏學者的教言，如此便能在心中持續念誦。日日念誦這些教言，就能轉化我們的心。因此，與其討論任何特定修持的次第，我想談談應該如何進行這些念誦。我們在心中反覆默念這些文本時，不應該只認爲：「就是這樣了」，而是應該打從心底深處認眞地來念誦。目前我們的輪迴心有著各種過患的習氣，也不具備佛法教授中所描述的功德，而這些功德正是我們需要培養的。舉例來說：我們需要培養慈心與悲心。培養這些功德的方法很多，但在一開始，則必須以修持寂止爲主。透過這類的方法，我們就能有所進步。對初學者來說，一開始並不容易，所以如果先從聞學和思惟著手，將會有所助益。接著，由於心的本性是可變異的，如果一而再、再而三地不斷提醒自己這些教授的內容，必定可以轉化我們的心。佛陀曾經在一部續中說到：

心如何轉化，取決於一個人致力加以修正的功夫。

一、轉心四思惟

每當我們想到「暇滿難得」這四種思惟時，就能把自心從原本的關注轉向佛法。「暇滿難得」（具有閒暇和圓滿的人身實爲難得）所指的是：人身爲修持佛法的必要條件。由於我們未來難以再度獲得這樣的人身，因此，我們必須下定決心，盡量善用現在已經得到的人身。我們應當熟記並念誦以下《入菩薩行論》的偈頌，從這句開始：

依此人身筏……[99]

這句偈頌的意思是說，如果一個人需要到達河流的對岸，就應該在有船的時候成辦此事。同樣地，既然我們現在已獲得人身，就要努力橫渡輪迴大海。這是「暇滿難得」的要旨。

在「念死無常」（死亡與無常）方面，我們應該如下思惟：「我必須立刻修持殊勝的佛法，因為如果不這麼做，未來是否還有修持的機會，根本無法肯定！我什麼時候要死、什麼時候離世，時間也不確定。」在《入菩薩行論》裡就說：

死亡速臨故……[100]

99　出自第七〈精進品〉第十四頌：「依此人身如舟航，得渡生死大苦流，此舟後時難再得，愚夫斯時勿酣臥。」

100　出自第七〈精進品〉第七頌：「死王倏爾飄忽至，及其未至積資糧；若臨時方捨懈怠，惜哉已晚徒倉皇！」

我們應當熟記這則偈頌，並出聲念誦。此偈的意思是說，既然我們很快會死，就必須下定決心善用時間，今天便開始修持佛法。等到年華老去，面臨生病等不幸的狀況，那就太遲了。

至於「因果業則」（業力與因果法則）方面，當我們分析苦樂之間的差異，會知道它們分別源自善行與不善行，因此我們必須修持善行並捨棄不善行。在《教誡王頌》（*Instructions to the King*）中說：

大王此生大限來臨時，
所聚財富眷屬不跟從，
所積之業則如影隨形，
大王所到之處皆伴隨。[101]

思惟「輪迴過患」能令我們了悟為何需要證得解脫。關於證得解脫的修持，如果不放棄對輪迴的執著，想要證得解脫的願求便無法扎根。我們需要有個讓自己不再貪愛輪迴的理由。我們需要了解輪迴的過患。但若只是了解輪迴的過患，這樣還不夠！我們需要一再禪修輪迴的過患。以這種方式來禪修，並把自心轉而離於執著輪迴，即是：思惟「輪迴過患」。佛陀在《方廣大莊嚴經》（梵文：*Lalitavistara Sutra*）[102]中說：

我等身爲五類輪迴之眾生，
受到存有、愛染、愚痴所影響，
受到業力、無明、貪執所設限，
無盡輪轉有如陶匠之轉盤，
何時何刻皆不得停歇。[103]

有人曾問佛陀，輪迴之中有哪些過患，佛陀回答：輪迴的過患有兩種，分別是「苦與無常」。佛陀教導：苦是不悅的感受；無常則是快樂的悅意感受；它們並不穩固且一直在改變。

龍樹菩薩（Nāgārjuna）曾說：

如果頭或衣服著了火……[104]

101 譯註：龍樹菩薩曾經為樂行國王撰寫《親友書》（於漢傳大藏經稱為《勸誡王頌》），另外為寶行國王撰寫《中觀寶鬘論》（於漢傳大藏經稱為《寶行王正論》），見揚堪布表示有可能出自這兩本的其中一本，但未找到直接對應的偈頌，也許是某些段落的摘要。

102 德格版甘珠爾第四十六冊 P.88a2。

103 譯註：出自第十三〈音樂發悟品〉：「由愛無明，輪轉五道，循環不已，如陶家輪。」地婆訶羅法師譯。

104 出自《親友書》第一〇四頌：「頭或衣上驟燃火，放棄一切撲滅之；精勤趨入涅槃果，無餘比此更重要。」

這意味著如果我們的頭或衣服突然著火，我們會放下一切其他的事務，拼命滅火。然而，爲了終結輪迴所付出的努力，應該要比爲了滅火所發起的努力更加強大，所以，我們必須致力於捨棄輪迴，對身體與財產無有牽掛。

二、遠離四種執著

讓我們來簡短地思惟《遠離四種執著》（*Parting from the Four Attachments*）中的教誡，這是一個非常重要的教授，第一句偈頌說：

> 若執著此生，便不是佛法修行者。[105]

我們需要藉由憶念死亡與無常來捨棄對此生的執著。梵文Dharma一字帶有「任持」或「軌持」的意義。下士道的佛法教授最起碼能讓我們不墮入下三道。中士道的佛法教授讓我們不再投生於輪迴，而大乘上士道的佛法教授能讓我們遠離輪迴與涅槃二邊。因此，教導中說，不管我們所聞、思、修的是哪種教法，只要是執著今生來進行的修持，都不是眞正的佛法。

第二句偈頌說：

若執著三界[106]，便不具修道的決心。[107]

這句偈頌所教導的是：如果有人抱持著來世想要投生人道或天道的動機而修持佛法，那麼這個人就沒有修道的決心。這不是基於決定脫離輪迴而證得解脫之道。因此，如果我們修持佛法的動機是爲了避免投生在下三道，或是爲了來世能投生在上三道，那麼這就不是解脫之道，而是成辦輪迴之道。所以在談到動機時便說，如果執著於輪迴，就不具有修道的決心。不過，由於我們需要證得佛果，但若投生到下三道，將對這個目標構成很大的障礙，所以，爲了成辦此事而發願獲得上三道之身以便修持善法，這樣是可以的。

第三句偈頌說：

若執著個人利益，便不具菩提心。

---

105 譯註：這四句的常見譯本為：「若執著此生，則非修行者；若執著世間，則無出離心；若執己目的，則失菩提心；若執取生起，即失正知見。」

106 三界為欲界、色界和無色界。

107 藏文的這個詞（nges 'byung）通常翻譯為「出離心」，但因為意思是決定要達到從輪迴中解脫的境界，故而於此翻譯為「修道的決心」。

在大乘中，我們主要目標是利益他人。如果我們主要是利益自己，那麼這就不是大乘佛法，而是一種過失。因此我們要善加思惟只圖一己之利的過患，以及饒益眾生之行的利益。進一步來說，我們需要培養慈心、悲心、菩提心等等。由於輪迴的根源是執著有我，要對治這個過患，便需要修持能了悟究竟本性的智慧。或者說，由於輪迴的根源是散漫的念頭，爲了要捨棄這種散漫的念頭，我們便需要修持見地。就這部分而言，該教授最後一句偈頌說到：

若具有執取，便不具見地。

「見地」是指了悟究竟本性之心。由於這個究竟本性的呈現不同於其他任何的事物，因此，我們絕對不可以有任何執取。比如說：如果我們想著：「這是空性。」那麼這就不是見地，而是執取。教導中說：見地必須離於任何的執取。

我們若能將《遠離四種執著》的修持完善地契入自心，就能或多或少地轉化自心。在此之上，若能進行續部誦修及其他善行，則這些都會成爲眞正的修持。

三、四無量心

憶念「四無量心」也是很重要的事。根據阿底峽的傳規，首先，我們要思惟一切有情眾生過去世都曾經是我們的母親，接著思惟他們無比的慈愛，以及我們需要回報他們的恩德。懷著這些想法而念誦：「願一切有情眾生具足樂及樂因。」這裡的「樂」包含了三善道中的暫無憂患之樂與不違如法之樂，乃至證得佛果的究竟安樂。修持善德的動機即是：「慈心」，這是自己與他人的安樂之因。念誦以下的偈頌三次：「願一切有情眾生具足樂因」，並在心中生起如此的願望。

第二個無量心是：「悲心」。思惟下三道與上三道的痛苦。痛苦的因是不善業、煩惱與我執。懷著這些想法而祈求：「願一切有情眾生遠離苦及苦因。」

第三個無量心是：「喜心」。祈求的是：「願一切有情眾生離苦得樂，並與安樂不分離！」

第四個無量心是：對一切有情眾生的平等「捨心」──而不是貪執某些人且厭惡其他人。我們所祈求的是：「願過去世曾經是我們母親的一切有情眾生，獲得平等捨心！」

四無量心修持之所以稱爲「無量」，理由是：在禪修四無量心時，就算僅禪修一次，都能累積無量的福德。舉個例子來說：思惟一次慈心將能累積無量的福德，透過這些思惟，我們最終能獲得比修持極大布施和獻上極妙供養還更加廣大的福德。

在四無量心中，「悲心」一直都特別重要。在所有的大乘佛法教授中都一再教導，「大悲心」是首要的驅動因素。爲了修持大悲心，我們應當依照下列的方式來思惟：

有情眾生沒有一個具有眞正的自由，我們完全任憑自心擺佈，而心又被煩惱所覆沒。在煩惱的掌控之下，一切有情眾生別無選擇，唯有受苦。[108]我們被痛苦壓迫，沒有任何眞正的獨立自主。一切有情眾生都受到煩惱與痛苦的壓迫，著實令人哀傷！一切有情眾生都無可避免，必須經歷各種並非自願承受的難忍苦難，著實令人哀傷！

因爲有情眾生都已經累積了因與緣，他們必須受到炎熱地獄與寒冷地獄的折磨。而這樣的體驗不會只出現一次，他們必須一而再、再而三地經歷這些煉獄無數次。如此之狀，何等恐怖！餓鬼道眾生必須經歷無數次的飢渴之苦，如此之狀，何等可憐！旁生道眾生必須經歷無數次相互啖食之苦，如此之狀，何等駭人！人類也必須經歷生、病、死等等之苦，且不只一次，而是無數次。如此之狀，何等可悲！有些天道眾生在臨終之刻經歷巨大痛苦，這是因爲所有天道眾生於死後進入來世時，都必須投生在三惡道。如此之狀，何等可嘆！

由於一切有情眾生都必須長久住於輪迴，教導中說：若將某人身上取出的所有血液以及此人流過的所有淚水總合起來，將等同於一片汪洋；若將某人曾經具有的一切身體之肉和骨總合起來，將等同於一座山岳。想一想：這些有情眾生受到這樣的痛苦，這是何等令人悲痛！爲了要捨離輪迴，我們必須修持佛陀教導的佛法。而要接觸到佛陀教導的佛法並不容易，就算我們有福報能接觸到佛法，我們仍然受到煩惱的左右，這是何等令人難過！

佛陀曾經問觀世音菩薩：「你如何對有情眾生修持悲心？」觀世音菩薩答道：「我藉由如是思惟來培養悲心：『上三道的有情眾生正在累積苦因，而下三道的有情眾生正在經歷苦果。眾生無論投生在輪迴三界中的哪一處，都不會有安樂可言。』[109]」

札巴堅贊尊者曾說，如果一個人確信不管投生在上三道或下三道，都不會有任何的幸福與安樂，那麼此人就能夠修持佛法。無論見到哪個有情眾生，都要想著不管他們出生在善趣或惡趣、東方或南方等等，沒有誰具有幸福及快樂。要以這種方式來禪修悲心。

簡言之，當你看待有情眾生時，縱使他們外相上多麼強大，你都應該對他們生起悲心，因為實際上他們都處境極為悲慘，正在受到痛苦的折磨！

108 意思是一切有情眾生無時無刻不感受到三種苦（也就是苦苦、壞苦和行苦）。

109 輪迴之中，沒有不受煩惱所染污的真實或由衷安樂。

不過，這是思惟悲心的一般方式。大乘的悲心不僅僅是思惟悲心，而是必須要具備以下的發心：「雖然一切有情眾生都需要安樂，他們卻不具安樂。因此我有責任要爲有情眾生帶來樂及樂因！我有責任要令他們脫離苦及苦因。」

四、菩提心

關於菩提心的解釋，我們或許會納悶，要怎麼做才能達到前面所說的目標。如果我們能夠證得佛陀的果位，就可以如此成辦。眞正的目標是令一切有情眾生都能離苦得樂。而菩提心便是達到這個目標的工具，即是發願：「爲了眾生，我要證得佛果！」於我們付諸行動之前或之時，心中總會有個特定目標，而那可以是下列四點的其中之一：此生的福祉、來世的福祉、證得阿羅漢果位、證得佛果位。在這幾點當中，唯有無上的佛果位才能夠成辦自己及他人的利益。

因此，我們必須發願：「我一定要證得佛果。」發這個願，不是爲了自己證得佛果而發願，而是下定決心要爲了其他有情眾生而證得佛果——這便是「願菩提心」。「爲了要證得佛果，我必須累積善德」，如此的發願，則是：「行菩提心」。這兩種菩提心都非常重要。比如說：儘管某人所做的善行並未累積超過一次，但若該次唯一的善行是以菩提心來攝持，就會變成大乘的佛法事業。

所以，如果在心中已然種下強而有力的大乘佛法習氣印記，這個人百分之百肯定遲早都會證得佛果。

進一步來說，只發起菩提心是不夠的，我們還需要受菩薩戒，也就是菩提心戒。那些從未受過這些戒律的人，需要在他們的根本上師面前受戒。如果沒有上師，也開許可以在佛像前受戒，同時想著那尊佛像即是佛陀本人，正在給予戒律，我們則在佛前覆誦受戒儀式的內文。生起菩提心的同時，要如是思惟：「如同過去諸佛菩薩生起菩提心那般，我亦願如是！」[110] 如果我們念誦這個句子三次，並決定付諸實修，那麼我們就獲得了菩薩戒。

菩提心的修持，有「自他平等」與「自他交換」兩種禪修。首先，思惟我們自己與其他一切有情眾生都同樣希望獲得安樂，以及遠離痛苦，這就是禪修「自他平等」。禪修「自他交換」則是：思惟我們將自己的安樂與善德送給所有其他的有情眾生，並將一切有情眾生的痛苦與不善取受於自己身上。

110 譯註：完整的內容見於《入菩薩行論》第三〈受持菩提心品〉：「如其往昔諸如來，從於生起菩提心，菩提薩埵諸學處，如其次第善安住，如是為利有情故，願我亦發菩提心，如其所學諸學處，亦如次第能修學」。

以下的句子可結合慈心、悲心與菩提心的修持來念誦：

我將生起菩提心！
爲能全然益自他，
我將生起菩提心！

若能覆誦這些字句並謹記在心，累積持誦幾十萬遍，那麼我們的心必定能夠得到轉化。以這樣的方式來修持，將能獲益匪淺。尤其，禪修自他交換是大乘的究竟修持。若不禪修自他交換，則既無法得到暫時的由衷安樂，也無法證得究竟的佛果位。因此，我們必須在禪修中特別著重這項修持。

珍愛自我（愛我執）是忽視他人，將自己看成是最重要的。珍愛他人（愛他執）則是不在乎自我，認爲其他有情眾生更爲重要。爲了如此修持，要一而再、再而三地思惟捨棄愛我執的必要，以及修持愛他執的必要。再者，這樣的思惟需要以邏輯思考的理路爲基礎。這一點要如何運作呢？在此修持中，要反覆思惟自己並非那麼重要，而其他人比自己更爲優越。要了解此事的道理，也要思惟所有的過患與麻煩都來自珍愛自我，所有的正向功德則來自利益他人。「我要爲個人利益而努力」的這種念頭，正是痛苦之因；「我要爲利益他眾而努力」的這種心態，則是安樂之因。寂天菩薩曾經說過：「『我必須為利益自己而努力』的這種思惟模式是魔的心態；反之，思惟如何去利益他人，則是天人的修持。」[111]

我們需要想一想，如果為了自己而努力，將會繼續在輪迴漂泊；但若為了他人的利益而努力，我們將能證得佛陀的果位。這是培養菩提心的關鍵要點。因此，我們在修持真正的菩提心時，應該念誦以下的偈頌五次、百次或是更多次：

有情眾生處境甚悲慘，見之著實令人心悲痛！
願諸母親有情之痛苦，盡皆成熟於我一人身！

思惟：「願所有過去世曾為我母親的遍虛空無盡有情眾生之苦，都在我的身上成熟！」並盡己所能地饒益他們。

然後想道：「我要將自己所有的安樂與善德送給別人，願他們能獲得安樂。」念誦這個句子五十遍、百遍，或是盡可能地多多念誦。持續地思惟：「從現在起，我要把我的身體、財富，以及

111 譯註：出自第八〈禪定品〉：「若問施己何所用，是自利心魔事業；若問用己何所施，是利他心天人法。」

所有三世累積的善德，全數給予一切有情眾生！縱使我只累積一次的善德，希望那次的善德也能夠利益一切有情眾生！」這個發願的對象，不應只包括像我們這樣的凡夫眾生，還要特別涵蓋從事重大不善行的人，而具有權勢的政客等等往往便屬於這一類。這類的人在死後必定會投生到下三道。要在心中緣想著這些眾生，並發出這個願求：「願此善德利益所有那些眾生！願此善德成爲令一切有情眾生暫時離苦及究竟證得佛果位之因！」

在經典中云：

願吾所知佛法以及此善德，
無餘皆爲護持有情眾生因，
亦能作爲成辦彼等利益因！

總之，我們必須想著：「願我一切的學識及累積的善德，都能裨益一切有情眾生。」

五、處理煩惱

我想再補充一點，關於我們平常的思惟模式，當我們生氣時，憤怒會傷害我們自己，也會傷害其他人，所以這是一種毀滅自他雙方的行爲。如果修持「安忍」，就能夠利益自己與他人，因而成爲一種利益自他雙方的行爲。每當自己快要生氣時就憶念這一點，如此一再培養，將會有很大的幫助。我們的導師佛陀曾經說過：「縱使有人要來殺害我，我也不會以身驅離、口出惡言，或心生不善。」

如果有人偷走我們全部的財產，那時又該怎麼想呢？在經典中說：我們應該如此思惟：「我已經把財產布施出去，願這成爲我的供養。」簡言之，經典中教導我們應該想著自己正在修持「布施」。那麼，如果有人正在享用我們的財產，此時該怎麼想呢？要想著：「願他們受益！」

《入菩薩行論》中說：當人們發現自己即將死亡時，就會區分敵友，且因爲想要傷害敵人而變得憤怒；想要利益友人而變得耽著等等，以致累積許多過失。不過實際的情況是：每個人終將一死，友人與敵人兩方也是一樣。出於這個理由，我們應當思惟：對有情眾生加以貪執或瞋恨都是不明智的。

無論如何，我們都不該將某些人視爲親近，卻對某些人保持疏遠，這一點在大乘佛法當中尤爲重要。教導中說：我們必須透過不將眾生分爲親疏，以避免貪執與瞋恨。

我們應當恆時盡力以上師、三寶，特別是「三寶的所依物」爲對象來累積福德，並且盡己之能而避免不善行。同樣地，我們也應當幫助其他有情眾生如此而爲。

不要把有情眾生當成你貪、瞋、痴、慢等煩惱的對象；反而，應當以他們爲行持悲心、慈心、菩提心等善德的對象。佛陀猶如可以培養信心等等的良田，同樣的道理，有情眾生是我們培養慈心、悲心等等的良田。因此，我們必須把這兩種都視爲累積福德的基礎。

經典中教導：如果我們想要證得佛果位，有一項佛法修持是必不可少的，至於是哪一項修持呢？就是對一切有情眾生修持「平等捨心」。不去分別有情眾生的高下、好壞等等，藉由修持利益一切有情眾生之願，我們就能培養這種平等捨心。我們決心不對任何有情眾生發怒，也不去界定有情眾生哪些比較親近、哪些比較疏遠。

在大乘的傳規當中，眞正要進行的修持便是：六度波羅蜜多。我們應當盡力於彼此之間修持「六度」。此外要發願將自己的身體、財富，以及遍三世所累積的一切善德，布施給一切有情眾生。我們下定決心要從現在開始，避免造作違反戒律之行，無論面臨何等傷害都會持守安忍，修練各類禪定並培養各種智慧。我們應當滿懷菩提心而發願行持上述的作爲。有一部經典總結了六度的要旨，這相當重要，希望諸位能記住這些句子：

我們爲何需要修持六度？修持六度能讓我們調伏每一度所相對的違品。例如：修持布施能對治慳吝，以此類推。究竟而言，我們必須證得圓滿的佛果位，暫時而言，修持六度能利益自他，且讓我們在所有來世中感得無有窮盡的樂受業果。

最後，迴向善德也相當重要。如果沒有適當地迴向，若之後碰巧發了脾氣，我們的善德就會被摧毀。同樣地，我們或許會修持布施的善德，然而，若於事後追悔，認爲自己過於慷慨，或是想著「我做得很好」而心生憍慢，這兩種情況都會令福德喪失。儘管可能會出現這些過失，但若能以利益有情眾生而欲證得佛果位的發心來迴向福德，它們就無法摧毀善德，還會成爲大乘的法道。此外也教導，我們必須盡可能地多做迴向，而且要以最佳的方式進行迴向。如果能做廣大的迴向，那麼我們的善德就會成爲成辦最高果位的因和緣，因此迴向是很重要的！

如果諸位每天都能記得進行上述的修持，且不貪求果報，那麼你的心絕對能夠改變與進步。這是我的祈願。今天我能說的不多，但都是盡己所能而說的，因此，在座有些人確實理解了這些教授。尚未理解的人，則應隨時以積極正面的方式來思惟佛法，對佛法的眞正涵義無有疑慮。

索維爾．海維萊德．尼爾森英譯

第六章

憶念三寶

本章是關於《隨念三寶經》的教導，而在這部經當中，「寶」是指什麼意思？梵文 ratna 在藏文譯爲「至寶」（kön-chog / dkon mchog），但這並非字面的意思。當初的譯師認爲：如果把 ratna 翻譯成藏文的「珍寶」，人們可能會把它理解成寶石、黃金、白銀及珊瑚之類的東西，所以據說那些譯師決定把它譯成 kön-chog，意即：「殊勝罕見」，或「稀有殊勝」之意，而譯師也曾如此表示。[112] 彌勒菩薩（Victorious Maitreya）在《大乘無上續論》（*Sublime Continuum*，梵文：*Uttaratantra*，又名《究竟一乘寶性論》或簡稱《寶性論》）中，如此解釋了稀有殊勝之意：「一般而言，所謂非常珍貴之物，會具備六種性相，也就是：稀有、離垢、具力、莊嚴、無上、不變。」[113]「隨念」是指心中謹記三寶每一項功德，並加以憶念。如果有人問：「隨念三寶功德的利益爲何？」據說：透過隨念三寶功德所生起的利益之一是能生起信心。對佛陀具有信心的例子爲：若對示現暫時與究竟大樂之道的佛陀生起信心，將能引導人們皈依佛陀，並且爲了其他有情眾生發起菩提心，而後者乃是證得圓滿佛果位之因；進而激勵人們從事頂禮與供養諸佛等等的善行。

對佛法生起信心，則能鼓舞人們研讀佛法。在了解所學的佛法以後，便會看到把佛法付諸實修的必要性，於是眞正進行修持。對僧伽生起信心，將可令人再三發願而希求證得菩薩的果位，並在心裡激起想要供養其他菩薩的渴望。

簡言之，信心會激起人們想要從事善行的渴望。除了引導人們皈依三寶，也會啓發人們進行諸如七支供養的修持（Seven-Limbed Practice），而後者主要以具足無盡功德的皈依境爲所緣的對象。若對三寶不具信心，心中就無法生起佛法方面的任何功德。許多佛經都是這麼說的：「種子若燒焦，苗芽則不生。」

憶念三寶功德，有著極大的福德。從前，當迦葉佛（Buddha Kaśyapa）在給予教授時，有一位女孩途經該處，聽到佛陀的教授。她心裡想：迦葉佛的聲音眞是美妙啊！以此緣故，她對佛語的功德生起了信心。而由此所生的福德，使得她來世投生於其中一個天道。這是佛陀所說的一則故事。若因隨念佛陀的某一項功德便能得到這樣的果，那麼，對於各種經論中所提及的功德進行聞、思、修，無疑能生起無盡的福德。

112　譯註：藏文 kön 是指稀有，chog 是指勝妙、殊勝。

113　譯註：參見益西彭措堪布所譯的《大乘無上續論》：「少出現故無垢故，具勢力故世嚴故，殊勝故及不變故，以此六因稱勝寶。」漢文大藏經中則無此段翻譯。

梵文 sūtra 翻成藏文為「經」（do / mdo）[114]。我們可以把「經」理解為佛陀所說許多不同主題的總集，而這部經的名稱為《隨念三寶經》。當年的譯師在將此經從梵文翻譯成藏文時，他們加上了：「頂禮遍智者！」[115]（the omniscient one）這一句話。此經分為三個部分：憶念佛陀功德、憶念正法功德、憶念僧伽功德。

一、隨念佛

關於第一部分隨念佛陀、世尊功德的說明，有兩份文獻可以參考。一個是屬於小乘部派的《隨念三寶經》，一個是屬於大乘教派的《隨念三寶經》。根據第一個小乘部派的經典，佛的功德是以下列的方式來描述：

如是，佛、薄伽梵者，謂：如來、殺賊、正等覺、明行足、善逝、世間解、無上士調御丈夫、天人師。[116]

這裡，此經一開頭所敘述的部分是小乘的《隨念三寶經》。到目前為止，對於佛陀的功德似乎有不同的翻譯。如果我們依照小乘經典的字句順序來解釋，會有部分的出入。舉例來說：在小乘經典中省略了「佛」一詞，所以如果有人試著按照字面來解釋，就不容易看懂。[117]基於這個理由，而將

「如是」與「薄伽梵」併排放在一起。無著菩薩與世親菩薩在他們針對此經所作的兩部釋論中，均有類似的描述。

此經所引述列舉的九種功德，第一個是：「薄伽梵」（the Blessed One，藏文：chom-den-dé / bcom ldan 'das，梵文：bhagavān，原意：出有壞，又稱：世尊、有德等等）。而此第一個功德的意涵是：佛陀之所以稱爲薄伽梵，是因爲他摧滅了阻礙其證得佛果的敵人。有些人或許會問：「佛陀遇到了哪些障礙呢？」正當佛陀（在菩提樹下）即將證得菩提之時，天神之子魔羅（māra）對他製造很多障礙。因此，佛陀那時的主要障礙是天子魔。而佛陀之所以稱爲「薄伽梵」，便是因他在擊敗魔羅後獲得證悟。此外，「薄伽梵」的另一個意涵是，佛陀摧滅了三種煩惱（貪、瞋、痴）、十二緣起，以及二障（煩惱障與所知障），因而稱爲「薄伽梵」。

---

114 藏文的 mdo，這個詞的意思是：「使之簡短」或「促使相連」。

115 譯註：藏文本頌為 ཐམས་ཅད་མཁྱེན་པ་ལ་ཕྱག་འཚལ་ལོ།，法尊法師譯為「頂禮一切智智尊」。本篇接下來都先呈現法尊法師的翻譯，括弧之中則為堪千阿貝仁波切的解釋。

116 譯註：此處，在法尊法師的譯本中，「明行足」為「明行圓滿」，「殺賊」為「應供」，而「如是」則未見於該譯本，但可見於全知麥彭（米滂）仁波切所著、益西彭措堪布所譯的《隨念三寶經釋．無盡吉祥妙音》：「如是佛陀薄伽梵者」。這些可能是譯本所依的原經版本或傳承上師的解釋方法不同所致。

117 譯註：可能是指在上述經文的「天人師」後，大乘的版本尚有「佛、薄伽梵」。

在梵文中，通常以「薄伽梵」這一詞來如此稱呼。該詞的第一個部分 bhaga，意思是：「摧滅[118]、祥運，或殊勝」。第二個部分 vān，意思是：「具有」。因此，它是指具有摧滅功德的人，或是能摧滅所應摧滅事物的人。該詞的第二個部分，意思是具有所應具有功德的人，由於佛陀具有那樣的殊勝，故而稱為「勝者」。所以這樣的人，便稱為：「薄伽梵」。

藏文的譯詞在原先的chom-den（bcom ldan）後面加上了 dé（'das）一字，而西藏譯師當時會這麼作的理由，是要以 chom-den 來替代「具善」（leg-den / legs ldan）一詞。「具善」是指：世間的天神。為了讓讀者不把「具善」一詞理解成「世間天神或善趣眾生」，便加上了 dé 字，以便和「具善」做出區隔。藏文 chom 字意指：「擊敗四魔」，也就是：煩惱魔，例如：貪、瞋等煩惱；蘊魔，例如：自無明中生起的不清淨蘊；死魔，例如：由個人業力所致而在沒有轉圜餘地之下死亡；以及天子魔，例如：欲界天神會對佛法修行者製造障礙。「勝者」意思是：佛陀擊敗了所有的四魔。

這個詞還有另一種涵義，稱為：「六種勝妙」，意指：「六種善德」[119]。這六種善德是指什麼呢？首先，它代表六種殊勝的特質。六種善德之首為：「自在勝妙」。此處代表的是：沒有學者能夠用邏輯與理路來詰問佛陀的法教，他們沒有辦法加以反駁。第二種殊勝善德是：「身相勝妙」。佛陀的身相非常美妙，比天神的身相更為端嚴。第三種殊勝善德是：「祥瑞勝妙」。這是指佛陀事業的範圍，而此範圍極爲廣大，同時佛陀有著無量獲得圓滿教化的弟子。第四種殊勝善德是：「聲名勝妙」。無論佛陀的弟子駐錫何方，他的名聲就遍及該處。第五種善德是：「般若智慧勝妙」。佛陀以其般若智慧，具有了知在世俗諦及勝義諦中一切事物的了證。他了知一切而沒有謬誤。第六種善德是：「精進勝妙」。佛陀能夠無勤作且無疲厭地在一刹那之中，爲數百萬的有情眾生示現不同的事業。

第二個名號爲：「如來」（藏文：dé-shin-sheg-pa / de bzhin gshegs pa，梵文：tathāgata）。這個名號的意思是：佛陀毫無錯謬地了知一切事物的如是自性（如所有性）。在佛陀所有的功德之中，最主要的一項是佛陀爲圓滿的導師，所以獲得「如來」這個名號，原因就在於佛陀無論給予什麼教導，皆能顯示出萬法如是的眞實自性，故而從未傳授過任何的顚倒邪見。因此，佛陀被稱爲：「如來」。

118 譯註：《瑜伽師地論》云：「薄伽梵者，坦然安坐妙菩提座，任運摧滅一切魔軍大勢力故」，因此採用「摧滅」一詞。「出有壞」的意思，分別為：超出輪涅眾苦、具有一切功德、摧壞所有煩惱。

119 譯註：《佛地論》指出六種功德為「自在、熾盛、端嚴、名稱、吉祥、尊貴」，此處則依堪千阿貝仁波切所述，分別為「自在、身相、祥瑞、聲名、智慧、精進」此六種勝妙。

第三個名號爲：「殺賊」（藏文：dra-chom-pa / dgra bcom pa，梵文：arhat，音譯：阿羅漢）。該詞藏文的第一個字母 dra（dgra）是指「迷妄的煩惱」，例如：從心中生起的貪執、瞋恨等等。之所以將這些煩惱稱爲敵人，因爲它們會阻礙善行的修持，並把人拋擲入痛苦之中，故而稱爲敵人。由於諸佛摧滅了所有的煩惱，所以將他們稱爲「殺賊」，意思是佛陀成就了捨離煩惱的圓滿。

第四個名號爲：「正等覺」（藏文：yang-dag-par dzog-pé sang-gyé / yang dag par rdzogs pa'i sangs rgyas，梵文：samyaksambuddha），這是指已經圓滿成就所有的證悟功德者，佛陀成辦了一切智慧，或說全然圓滿地了證「盡所有智」，而能知曉一切所知之事。這個解釋顯示出世尊——勝者，即是具有圓滿了證的人。它也顯示出正等正覺的佛陀是超勝其他老師的導師。比如說：聲聞阿羅漢由於已經斷除自心生起的煩惱，所以具有阿羅漢的功德。但是，他們並不具備無誤給予教授的能力，他們也不知道萬法的如實本貌。再者，例如：印度教等外道學派的老師，也不具備所有這些的功德（斷除自心煩惱、無誤給予教授、了知萬法實相等）。

第五個名號爲「明行足」（藏文：rig-pa dang zhab-su-den-pa / rig pa dang zhabs su ldan pa，具有智慧和其雙足）。這兩個詞所表示的是：證得佛果的法道。如果有人問：「我們應當修持哪一條法道以證得佛果？」我們便可以用下列的方式來說明。首先解釋「明行足」一詞中的「明」（明瞭、智慧）。舉一個例子：假設你需要步行到另一個國家，爲了成辦此事，你便需要雙眼與雙足。在這個例子當中，「明」就類似於雙眼，而「足」就類似於基礎。你在走路時，是透過雙眼來觀看，並透過雙足來前進。同樣地，要證得佛果，便需要修持智慧與基礎這兩者。以三種增上學來說，「明」指的是：「增上慧學」；「足」指的是：另外的「增上戒學」與「增上定學」這兩種。後兩者所扮演的角色爲智慧的所依或基礎。簡言之，這顯示出透過三增上學，就能證得佛果。

關於智慧，指的是能了證萬法眞實本性的心。戒律則可理解爲承諾捨棄不善行的心。至於禪定，由於此刻我們還無法駕馭自心，我們的心尚不能安住一處（也就是相當散亂），因此需要修持心一境性，好讓自心得以看透諸法的眞實本性。然而，在念誦成就法（sādhanas）[120]或進行法會儀式的過程中，便有機會能令自心安住一境或專注於善，而那種心的狀態就稱爲禪定。

還有另一種闡述方式，是將「明」理解爲八正道中的正見，「足」則爲八正道中的其餘七種支分。所以，要趣入解脫之城，就需要八正道所有的八個部分。再者，另一種解釋則說：「明」指的是現證三種神通圓滿，而「足」指的是持戒成就等四種成就。[121]

120 金剛乘的本尊誦修。

121 譯註：「三明」依《智度論》之說，為宿命、天眼、漏盡此三明。至於四種成就，見揚堪布表示仁波切當時並未說明（重聽錄音內容而確認），不宜自行解釋。

第六個名號爲：「善逝」，梵文稱作 sugata（藏文：dé-war-sheg-pa / bde bar gshegs pa）。梵文 su 的意思是：「大樂或安樂」。梵文 gata 的意思是「前往」。進一步解釋，則爲：依止悅意之道而抵達具有大樂之目的地，因此稱佛陀爲「善逝」。所以，sugata 的意思即是：「運用悅意之道而至安樂的終點」。其他傳統的法道，則並不悅意或令人安樂。比如：在印度教的修持中，有些修行者會在寒冬中將身體長時間浸泡在冰水裡，而其他人會在針床上或坐或躺。他們以這些行爲對自己施加了巨大的痛苦。然而，佛陀的追隨者並不會以那樣的方式來修持佛法。他們透過悅意之道及悅意的佛法修持，便能夠證得佛果。印度教的修行者宣稱，若是過於喜愛身心的快樂，就會產生欲望。以此緣故，他們相信應當修持苦行。

但是，佛教徒認爲，這類的修持方式有其錯謬之處。我們爲何會這麼說呢？佛陀教導：快樂如果過了頭，就會變得貪婪。同樣的道理，對身心施加痛苦與自我折磨，將會令人沮喪，並且導致瞋恨。因此，修持善行才是讓人脫離世間存有之縛並獲得通往解脫之道的方法。無論進行哪一種修持，都應當確保那些行爲能帶領自己從世間存有中獲得解脫。否則，僅僅修持苦行不單沒有意義，也永遠不會令你得到增上果。

更進一步來說，如果仔細探究 sugata 一詞的意義，可以看到 su 具備了這三種意義：「善好、不退轉，以及究竟或無餘」。梵文 gata 可理解為佛陀斷惑與證眞的功德。如果從佛陀的斷德與證德來解釋「善好」一詞，那麼以斷惑的功德來說，第一個音節 su 應理解為「不再復返」。佛陀一旦斷除了煩惱，煩惱便不再復返，因為佛陀斷惑的功德是究竟的捨離。

舉例來說：在罹患天花這個疾病且獲得痊癒之後，終身都不會再得到同樣的疾病。同樣地，一旦斷除我執等等的煩惱，則不管內外境如何現前，我執都絕對不會再次於內心生起。以此緣故，而稱佛陀為善逝，因為他已經證得全然圓滿的斷惑。

接著，從佛陀的了證來解釋善逝。因為佛陀圓滿地了證「盡所有智」，能知曉一切的所知之事，而稱他為善逝。我們可以用譬喻來闡明這個道理，如同一只裝滿水的瓶子，無法再容納任何一滴水。阿羅漢、聲聞與緣覺等其他傳授佛法的導師，都已斷除煩惱障且不會退轉，但是他們並不具備「盡所有智」的功德。因此其他部派的導師並不具備「善逝」一詞所表述的兩種功德。法稱論師（Dharmakīrti）在《釋量論》（*Commentary on Valid Cognition*，梵文：*Pramāṇavārttika*）中，將善好、不退轉與究竟三種性相，都歸因於佛陀的斷惑與了證，並提供許多有關佛陀名號及其功德何以意義重大的解釋。

經文中接下來的字句爲：「世間解、無上士調御丈夫、天人師」等，這些是展現佛陀證悟事業的名號。雖然它們皆可詳加說明，不過我們在此只能簡單講解。

第七個名號爲：「世間解」（藏文：jig-ten khyen-pa / ’jig rten mkhyen pa）。由於佛陀知曉其所有弟子的種性與愛好，而稱爲「世間解」。佛陀恆時照見哪些弟子未能達標、哪些弟子正在退墮、哪些弟子正在前進，以及哪些弟子即將墮入惡趣、哪些弟子已然投生惡趣。佛陀有能力照見這一切。再者，祂也有能力照見有誰需要從惡趣中被安置於通往善趣之道，以及有誰需要被安置於通往解脫之道。因此，佛陀是遍知一切者，故而稱爲「世間解」。

第八個名號爲：「無上士調御丈夫」（kyé-bu dul-wé kha-lo-gyur-wa la-na-mé- pa / skye bu ’dul ba’i kha lo sgyur ba bla na med pa）。爲何稱佛陀爲「無上士」？這是因爲佛陀照見有情眾生從出生到投生之間的流轉，而對那些福報足夠並得以踏上通往解脫城之道的眾生，佛陀將引導他們沿著這條道路前進，所以就這一層意義來說，是佛陀摧毀了他們的煩惱。

在這裡，「調御者」（charioteer）意指爲何呢？它類似於駕駛馬車、車輛或其他交通工具的人。佛陀根據所要調伏之有情眾生的性向及能力，帶領他們踏上解脫之道。因此稱佛陀爲：「調御丈夫」。

「無上」則應理解爲：由於佛陀能引導有情眾生臻至解脫之境，故而沒有任何人能夠勝過佛陀。許多佛經引述了各種理由，來解釋何以佛陀爲超群出眾。那些難伏難調的有情眾生，唯有佛陀能約束。甚至心相續中充滿迷妄的有情眾生，也能被佛陀所調伏。如：佛陀的弟弟難陀（Nanda）因貪愛妻子孫陀羅（Puṇḍarīkā，意譯：白蓮花，或稱 Sundari）而一度難分難捨，佛陀透過極爲善巧的方式，說服這位弟弟出家，並且帶領他修持禪定，最終證得阿羅漢的果位。

另一個例子則與央掘魔羅（Aṅgulimāla，意譯：指鬘外道）有關。他是一個兇殘狠毒的恐怖殺手，內心充滿了憤怒與瞋恨。純粹聽到他的名字，就令人心中生起極大的畏懼。大致來說，央掘魔羅曾因其殘暴大屠殺的殺手身分而聞名，但是經由佛陀的救助，他成爲一名僧侶並進入了法道。縱然如此，人們還是很怕他。有一次，他與其他大眾一起聽聞佛陀的開示，與會者包括舍衛城（Śrāvastī）的波斯匿王（King Prasenajit）。央掘魔羅在聽聞教授的當中，碰巧咳了幾聲，即使這樣都令國王瑟瑟發抖。還有一個例子，而這故事是關於一位心智駑鈍的上座部（Sthavira）僧侶，名周利槃陀伽（Kṣudrapanṭaka）。當他學習時，老師要求他記住音節「嗡」（om）與「布」（bhu）。雖然他在佛陀的座下，但當他試著記住「嗡」，就忘了「布」；當他記住了「布」，就又忘了「嗡」。佛陀爲了清淨他的蓋障，首先要他打掃寺院的經堂。佛陀運用此法及其他的善巧方便，得以令他淨除煩惱與蓋障。不久之後，他成爲一名博學的僧侶。不只如此，佛陀還令他修持禪定，之後他便證得了阿羅漢果。類似的故事是關於另一位上座部比丘，名叫優樓頻螺迦葉（藏文：Tengyé Ösung，梵文：Uruvilvakashypa），由於他具有千里眼等等的許多功德，還能夠展現各種神通，因此非常驕傲自負。佛陀爲了調伏他，示現了許多神通變化。儘管這位僧人對於佛陀做出如此多樣的神通變化，感到頗爲驚嘆，依然相信自己有著佛陀所不具備的不共功德。於是，佛陀又繼續示現更多的神變，使他終於對佛陀生起眞實的信心，並向佛陀請法，最終證得阿羅漢的果位。

第九個名號爲：「天人師」（藏文：lha-dang mi-nam-kyi-tön-pa / lha dang mi rnams kyi ston pa）。整體而言，無論有情眾生的種性爲何，佛陀對一切有情眾生都會給予教授，而沒有任何偏私。然而，儘管佛陀教導的對象包括一切眾生，但唯有天眾與人類兩種弟子才有能力修持解脫道。應供（即阿羅漢）除了天道阿羅漢與人道阿羅漢以外，便沒有旁生道阿羅漢等其他種類的阿羅漢。因此，佛陀主要的弟子是天眾與人類。基於這個理由，而稱佛陀爲「天人師」。小乘經文的這段最後則表示佛陀被稱爲：「世尊」。

若有人問：「誰具備此處所說明的這九種功德呢？」我們會答覆：持有這九種功德的獨一無二者，不是別人，正是佛陀、薄伽梵。梵文「薄伽梵」一詞有時也詮釋爲「謂之」（known as），因此若不用「薄伽梵」一詞，也可把此句譯爲：「具備這九種功德的人稱『佛陀』」。

「佛陀」（buddha）這詞的意思是什麼呢？藏文中「佛陀」（sangs rgyas）有「桑」（sang）與「傑」（gyé）這兩個音節。「桑」指的是從睡眠中覺醒。「傑」指的是花朵全然盛開。因此，「桑傑」的意思是從無明沉睡中覺醒，並開展對所知事物的理解。梵文中，「佛陀」這個名號可理解為這些意涵中的任何一種，不過，以藏文來說，「佛陀」則翻譯成「桑傑」。無著菩薩曾說：「『佛陀』一詞具有三種功德。由於佛陀本人已經從無明沉睡中覺醒，他便具有斷惑圓滿的功德；由於佛陀促使他人從無明沉睡中覺醒，他便具有悲心圓滿的功德；由於世尊已然開展自身的了證與智慧，他便具有『如所有智』（見到萬法如實面目）了證圓滿的功德。」無著菩薩如上闡述了與「佛陀」一詞有關的三種功德（斷德、恩德、智德）。

對於未曾學過佛教哲理的人來說，會認為學習佛法是相當困難的苦差事。因此，諸位有些人可能認為自己沒有能力學習佛法。但是，並非只有學習佛法會遇到困難，就世間的事物來說，對於從來沒有學過的東西，一開始也會覺得相當不易。但是若能開始加以串習，原本困難的世俗事物與佛法都會變得較好理解。若能適度精進，沒有不能成辦的任務。我們都應當學習佛法，尤其對於正在修持佛法的比丘及比丘尼來說，學習佛法更是特別重要。一般而言，學習佛法不只是比丘及比丘尼所應做的事，至關緊要的是：所有渴望獲得快樂、期盼捨棄痛苦的人——不論是比丘、比丘尼或是男、女在家行者，都要學習佛法、修持佛法。有些人可能已開始學習並有些理解，少數人可能因福德具足而積極投入修持。儘管如此，就算並不打算修持，僅只聽聞佛法，也能在心相續中播下解脫的種子。

《隨念三寶經》有關佛陀的第二部份或後半段寫道：

世尊、佛陀，如來者，福德等流因所生，善德之根無窮盡。

其意涵解說如下：一般來說，我們無法令此人身長存，它總有一天將灰飛煙滅。就此而言，即使已獲極高證悟的聲聞、阿羅漢，有一天也會死，且其利益有情眾生的能力有限。然而，儘管佛陀的色身不再，其證悟事業卻能長久住世，直至輪迴空盡亦不間斷。

若有人問：「為何如此？」有兩個理由，可以解釋佛陀的證悟事業何以能在這個世間長存。第一個理由，可見於《隨念三寶經》前段的句子。經文中寫道：「諸如來者，是福等流」（世尊、佛陀，如來者，福德等流因所生）。「福德」指的是：「善德」。佛陀此證悟事業之果，相應於無數善行之因。經典中教導，持守戒律等善法的輪迴眾生，大體而言能得到五種不同的果報。其中之一是善德的異熟果。這是指有些輪迴眾生之所以從事善行——像是為了來世獲得人身而持戒，當他們在從事這類善行的同時，如果發願：「願我來世得到人身」，之後便能投生在相應的善趣。這稱爲該善行的異熟果。此時，作爲其因的善德則將因而耗盡，不會持續到下一世。另一方面，佛陀的證悟事業是相應於菩薩位時所累積的善德。佛陀依其證悟事業所累積的善德，目的並非僅爲獲得人身，而是發願：希望自己所作所爲的結果皆能利益一切有情眾生。

「是福等流」一詞的意涵，就行爲（業）來說，可理解爲等流果（與所做行爲相似的果報）。打個比方，無論你現在從事哪一種善行，都會使你未來也從事類似的善行。同樣的道理，目前你慣常所做的不善行，也會使你未來做出類似的不善舉止或行爲。故而稱爲「等流果」。因此，佛陀透過持戒等善行而累積福德，其目的是未來能爲利益一切有情眾生而繼續行持類似的善行。於是，不管因而得到何種果報，都會轉爲一種發願，包括：「願我爲了他人而不斷修持布施」以及「願我爲了他人而不斷持守戒律」。佛陀曾經如此發願，以便能持續獲得這樣的等流果。

由於佛陀所發的願是令善根不致唐捐的願，因此他的福德將永不耗盡。以此緣故，據說佛陀與其證悟的事業恆時不竭。而藉如此無私事業所生起的福德，會帶來無窮無盡的極大福德。於是，經文以「善根無盡」（善德之根無窮盡）解釋了佛陀的證悟事業何以能夠長久住世的第二個理由。所以，爲利他人而欲成佛並依此行持的善德，都絕對不會空耗或唐捐。

修持小乘法道的究竟果位是阿羅漢果。當行者證得阿羅漢果時，其善根耗盡並進入聲聞的涅槃，相較之下，修持大乘法道，則能得到究竟的佛果。而證得佛陀的果位以後，善根從不耗盡。

經文的後續寫道：

其以安忍為莊嚴，此乃福德之藏的基礎。其身以尊貴的隨形好為嚴飾，並以尊貴的大人相開敷妙花為嚴飾。其之所行，相應於教化者根機。其之形色，見者無不悅意而感到虔慕歡喜。[122]

對於佛陀的這六種描述，所指的是佛陀如何藉由顯現各種佛身（kāyas）來利益有情眾生。

前兩個表述：「安忍莊嚴，福藏根本」（其以安忍為莊嚴，此乃福德之藏的基礎），闡明佛陀的證悟之身，是從何因所生。有兩種原因可作為解釋，一者為根本或主要的因，一者為次要的支分因。根本或主要的因能令佛陀得到整體的色身；次要的因指的是令佛身各種層面生起的因。第一句「安忍莊嚴」指的是根本的因。第二句「福藏根本」指的是佛身各種層面的因。一般來說，「安忍」一詞意思是無論遭遇何種困難皆不動怒，心中不起波瀾，不會受到干擾。簡言之，「安忍莊嚴」意味著佛陀的妙好之身是從安忍之因所生起。大體來說，假若修持安忍，將會得到身相端嚴的果報。反之，如果心懷瞋怨、臉色鐵青，則會得到生而身相醜陋的果報。且不只於此生感召此果報，來世也會如此。佛陀的妙好之身，是他在修持菩薩道時一再禪修安忍的結果，因此形容佛身為「安忍莊嚴」。

瞋怒是一種很大的過患。要把瞋怒連根拔除，則必須花費很長的時間。我們在詳盡思惟瞋怒的缺失與過患之後，就會想到應該要對治瞋怒。因此，從今天就開始修持安忍，非常重要！我們要如何修持安忍呢？舉例來說，就算我們被人殺害，也應當努力不受瞋恨所染污。相反地，我們必須試著不去造作身、語、意方面的惡（不善法）。此乃佛陀的教誡。就算有人劫奪我們所有的財物，我們都應當如是思惟：「願藉此自身財物布施所來的福德，令那些盜匪皆能成為布施的寶藏」，並希望那些物品能對他們產生利益。藉此，我們非但不令瞋恨生起，還應當試著生起安忍。

「福藏根本」這句話中，「福」意指：「善行」。「藏」（treasures）意指：「無窮無盡」。「根本」（基礎）指的是：由此源頭之中，生出許多其他的福德。簡言之，此句顯示出佛陀妙好之身的各個層面，乃是累積無量福德所致的果報。據說：一切有情眾生福德總和的十倍，相等於成就佛身一毛孔之因的福德。成就佛身全部毛孔之福德的百倍，可成就正等正覺隨形好的其中一種。成

122 譯註：此段依照藏文偈頌的內容與見揚堪布的解說而翻譯，以下引用法尊法師的譯本：「安忍莊嚴，福藏根本，妙好間飾，眾相花敷，行境相順，見無違逆，信解歡喜」，並以括弧對應前述的中譯。

就正等正覺所有八十隨形好之福德的千倍，可成就正等正覺三十二大人相的其中一種。進一步說明：正等正覺三十二大人相中的二十九相，一一都要藉由成就正等正覺所有八十隨形好之福德的千倍，方能生起。而生起正等正覺其餘各個二十九大人相之福德的萬倍，方能令佛陀眉間的白毫相生起。成就佛陀眉間白毫相之福德的十萬倍，方能令頂髻相（uṣṇīṣa，即佛陀頭頂隆起的肉髻）生起。令頂髻生起所需福德的千萬倍，方能成就「佛法螺相」（conch of Dharma），而其代表著佛陀的聲音。

「妙好間飾，眾相花敷」（其身以尊貴的隨形好爲嚴飾，並以尊貴的大人相開敷妙花爲嚴飾）這兩句，闡述著佛身主要結構的自性。大人相與隨形好，是使得佛身得以妙好的身體特點，大人相爲主要的特點，而隨形好爲次要的特點。隨形好有八十種，其中包括指甲如赤銅色。「妙好間飾」意指：佛身乃以這八十種隨形好所嚴飾。「大人相」所指的，包括：佛陀掌心與足心的千輻輪相，以及頂髻相等等。「眾相花敷」所指的，則如同：身上若有花鬘裝飾將十分美麗，同樣地，掌心和足心有千幅輪等大人相，也令佛身妙好端嚴。

「行境相順」（其之所行，相應於教化者根機）一句表示佛陀具有殊勝的威儀。「隨順根機」表示佛陀的威儀相契於所遇對象的根機，因此相應於對方的慧解力。不管佛陀從事何種行止，看到的人總是感到佛陀的端嚴、悅意、寂靜。要言之，佛陀的所作所爲，無論行住、坐言等等，對於看到的人來說，他的證悟事業都能讓人心中獲得平靜。

「見無違逆」（其之形色，見者無不悅意）形容的是：佛身的證悟事業。佛身的證悟事業是什麼呢？看到佛陀的人，在觀察佛陀行止之後，會認爲佛陀確實爲殊勝的聖者，而油然生起對其的淨信與虔敬。因此，弟子們看到佛陀，總是覺得佛陀令人悅意、觀之無厭。

經文中的「信解歡喜」（感到虔慕歡喜）、「慧無能勝」（智慧無人超勝）、「力無能屈」（力量無人不屈）這三個詞，全都表明佛陀爲了不同型態的眾生而示現不同種類的證悟事業。其本質傳達的概念是，佛陀以各式各樣的方法接引修道上的求法者。一般而言，去見佛陀的求法者有兩種，一種是出於虔敬，一種是存心挑戰。

第一種虔敬求法者可再分爲兩類。第一類的例子，是有人單純聽過佛陀的名號，對其功德一無所知，所以出於好奇而想瞧瞧佛陀的實際模樣。由於他抱持如此的想法，使他心中先前種下的善根種子或潛藏串習成熟，於是前往晉見佛陀。即使是這類的人，仍可稱爲是具有所謂「欲信」（desiring faith）的人。因爲他們只是想要看到佛陀，所以並不具備眞實的信心。眞正的欲信是：在聽聞佛陀功德並了解這些功德之後，據此而對佛陀生起信心。當內在生起這種信心，便能讓心相續中早已存在的善根成熟。以此緣故，這類的人便會前往晉見佛陀。這是信心的眞正意涵。

如上，我們敘述了兩類的欲信。這兩類人都具備了欲信。當其中任何一類的人來到佛陀面前，他們會感到非常歡喜——因此經文中說：「悅意」。舉例來說，修持禪定的人會經歷到身心的極大喜悅。同樣地，當人們出於虔敬而前往拜見佛陀，他們的身心也會感到愉悅及歡喜。因此經文中說：「信解歡喜」（感到虔慕歡喜）。

經文接下來的兩句寫道：

慧無能勝、力無能屈。

這幾句表達的是：存心挑戰而去見佛陀的人，他們亦分爲兩類。第一類的人，相當自豪於自身在五明中因明學方面的學識，因此想找佛陀辯論。他們企圖以自身的學識來擊敗佛陀。第二類的人，則是體魄非常強健，所以企圖透過摔角等技藝來擊敗佛陀。

在這兩類人當中，第一類想以辯論技巧贏過佛陀的人，會發現自己在佛陀面前無法達成這個目的。這是因爲佛陀的智慧，任憑何人都無法擊敗或超勝。經文中的「力無能屈」一詞則描述第二類的人。即使有人想要和佛陀比劃競技，但佛陀的力氣根本沒有人類或天人能夠使之屈服，因爲佛陀的力氣舉世無雙。許多人都想和佛陀較量，但誰都沒辦法在這方面贏過佛陀。

經文中寫道下面的幾個名號：

其爲一切有情眾生之導師，一切菩薩之父親，一切聖者之君王，引領他人至涅槃城之商主。

這四個名號顯示佛陀有能力成辦有情眾生的各種事業，藉此饒益有情並滿足眾生所需。第一個名號「諸有情師」（其爲一切有情眾生之導師）指的是：佛陀透過傳授教法，利益一切有情眾生。對於下三道的眾生，佛陀會從自身放出光芒，此外也不時前往地獄及其他惡趣，令該處的眾生得以觀見，而那些眾生於看到佛陀身相及光芒後感到欣喜。看到佛陀的身相，能淨化他們的不善行，而使他們得以投生善趣。此爲佛陀度化惡趣眾生的方式。爲了幫助身處善趣但尚未進入解脫道的眾生，佛陀將其安立於持戒及布施的修持。佛陀以這樣的方式，利益彼等眾生。對於已入法道且有機會得到解脫的人，佛陀則給予他們直接邁向解脫的教授。

「諸菩薩父」（一切菩薩之父親）意味著：菩薩是佛陀的子嗣，而佛陀爲所有菩薩的父親。據說：佛陀會爲那些菩薩善盡父親的義務。

「眾聖者王」（一切聖者之君王）一詞中的「聖」字，是指小乘聲聞與緣覺中的聖者。這一詞所顯示的其實是：佛陀對於這些聖者來說猶如君王，聖者則好比佛陀的侍者或臣民。舉例來說，轉輪聖王擁有許多的后妃與子嗣。而且，在這些子嗣之中，有一位兒子在身體上會有特別的印記。轉輪聖王便給予這位兒子他最珍貴的寶物，特別是輪寶，並選定他爲繼任者。如此一來，這位兒子即是轉輪聖王之子，轉輪聖王即是那位兒子的父親。同樣的道理，由於佛陀將其所有殊勝的功德傳予菩薩眾，因此佛陀成爲父親，菩薩眾則爲佛陀之子。由於轉輪聖王的其他子嗣會聽從父王所下的任何命令，因此他們就如同轉輪聖王的臣民。以此類推，由於聲聞與緣覺依循著佛陀教導的戒律，嚴謹地持守律儀並投入實修，他們便能獲得其所希求的成就。所以那些聲聞就是佛陀的臣民，佛陀就像是他們的君王。以上說明的是那些已入法道者的情況。

對那些尚未進入解脫道的三類眾生而言，佛陀則稱爲「商主」。所以，經文接下來的部分寫道：「往涅槃城者之商主」（引領他人至涅槃城之商主）。佛陀隨順個別不同的傾向與習氣，指引那些尚未進入法道的眾生邁向涅槃城。對他們來說，佛陀猶如商主。而「商主」一詞表明的是：佛陀是所有那些帶領眾生前往其他城市的眾多嚮導中之領袖。

經文下一段寫道：

持有無盡般若智慧，辯才難以思議，語言全然清淨，梵音實爲優美，其身觀之無厭，身相舉世無雙。

此處的這六種名號，形容佛陀饒益眾人的利他事業，以及使用不同的善巧方便或方法來示現其佛行事業。在佛陀所示現的一切利他事業中，最爲重要的一項乃是傳授佛法。

在六種不同的善巧方便中，第一種是佛意的證悟事業，由「妙智無量」（持有無盡般若智慧）這一詞來表示。這是指由於所知的事物無邊無際，佛陀遍在與了知一切所知事物的般若與心意也是無邊無際，因此咸認佛陀爲無盡般若智慧的持有者。

「辯才難思，語言清淨，音聲和美」這三句，是佛語三種證悟事業的例證。其中，「辯才難思」（辯才難以思議）一詞，顯示佛陀擁有絕不窮盡且從不出錯的冷靜鎮定。談到辯才，我們知道有「詞無礙解」與「義無礙解」這兩類。

第一類，「詞無礙解」的意思是：就算只是解釋一個詞彙，無論需要多少的解釋，佛陀的闡述都能長達數劫。即使如此，佛陀對於該詞彙的闡述仍無有窮盡。第二類「義無礙解」是指，舉例來說，佛陀有能力在一剎那間回答於數劫間由數十萬弟子所問的數十萬問題。他解答問題的能力無有窮盡。

佛陀能以一音回答所有的問題，弟子則根據各自的需要與能力而聽聞到不同的答覆。舉例來說：在《藏文大藏經》（*The Tibetan Tripitaka*）中有三部不同的經典，皆為佛陀的教導。雖然佛陀當時只有給予一種教授，但是弟子們以不同方式理解與聽聞，因此紀錄成三部獨立的經典。

「語言全然清淨」（語言清淨）一句指出：佛語無有錯謬，聞者無不悅耳。佛陀的聲音沒有含糊不清或畏縮猶豫等缺失。簡要地說，祂的言語沒有任何過患，具足一切功德。因此，我們可以說佛陀的身、語、意具足一切能力，離於一切過患。

下一句「音聲和美」（梵音優美）是指佛陀的聲音悅耳，聞之令人平靜。據說佛陀悅耳的聲音具有五種或六十種功德。無論何種情況，佛陀的梵音也都具有不可思議的功德。

「觀身無厭」（其身觀之無厭）是佛陀的另一個名號，如此稱呼的原因是：就算長久觀看佛陀的身相，依然不會滿足於從中所獲的喜悅，理由就在於佛陀的身相如此令人悅意，只會讓人想要一看再看。

接下來的名號是「身無與等」（身相舉世無雙）。此一稱號顯示出佛陀的身形不同於其他人。我們應當了知，佛陀要度化何人，便會示現出與其類似的身形。舉例來說：如果弟子來自欲界、生而爲人——也就是胎生，佛陀自己便會示現從母胎中出生。他的身形外相與行爲舉止會呼應所要教化對象的樣子。如此，佛陀絕對不會受到所在之地或利眾之處的過失所影響。

佛陀在三界存有中成辦有情眾生的利益。在這三界存有當中，佛陀爲了饒益有情眾生，通常會住在欲界和色界。原因是，佛陀教化有情眾生的首要方法是藉由傳授教法，而教法必須傳達到受法者的耳根，由於居住在這兩界的眾生擁有身體，因此佛陀便能於這兩處傳授教法。至於無色界的有情眾生則因沒有身體，故而佛陀並未在該處安住或傳法。

下一段寫道：

不受欲望所影響，不受形色所影響，不與無色者混雜。

「不染諸欲」（不受欲望所影響）這句中的「欲望」，指的是：欲界。此處的「欲界」意思是我們人類的居所。此界最大的過患是：我們對感官享樂的渴望與貪著。儘管佛陀爲了救度有情眾生而住於欲界，他既不受欲界中貪求快樂和五根愉悅的過患所影響，也不受瞋怒回應的過患所影響。

「不染眾色」（不受形色所影響）這句指的是色界，那裡是較高層次之天神的居所。色界的天神有許多執著，例如：安住於心一境性的禪定境界，享受所住的天宮等等。儘管佛陀前往色界並在該界傳法，但是從未受到色界中任何可得的禪定樂受所影響。故而，佛陀一直沒有受到色界的過患所影響。

佛陀從未實際在無色界降生，他離於該界的煩惱。因此之故，佛陀和「不染無色」（不與無色者混雜）這個稱呼屬於同義詞。

經文後續的部分顯示佛陀在成辦利益有情眾生之事的同時，於任何的世間萬法都不執著。這表示佛陀從不受煩惱所困，而那些煩惱乃因對蘊、界、處的貪愛所起。

下一段經文說到：

從諸苦中全然解脫，從諸蘊中徹底解脫，不受諸界所影響，已然調伏諸處。

第一部分「解脫眾苦」（從諸苦中全然解脫）是指：離於諸蘊、諸界以及諸處之基，而這三者自性皆爲痛苦。不過，在某些版本的《隨念三寶經》中並無這一句。下一段寫道：「善脫諸蘊」（從諸蘊中徹底解脫），說明佛陀離於和五蘊相關的一切過失。再下一段說：「不成諸界」（不受諸界所影響），這是指十八界（屬於人道存有的一部分）。「不染」（不受影響）是指佛陀不具因十八界而生起的過失。舉例來說：有關色法之界（the element of form）的部分，佛陀從未對色法生起貪或瞋，所以據說，佛陀在感知色法這些界的時候，並未因此生起任何的過失。

下一句「防護諸處」（已然調伏諸處），表示佛陀離於十二處的缺失及過患。

經文接著說到：

徹底斬斷所有的纏結，全然解脫一切的痛苦，全然離於愛染，已然渡過河流。

此四句解釋佛陀已圓滿斷除一切煩惱，因此被稱爲：具備圓滿的斷惑者。在下一句「永斷諸結」（徹底斬斷所有的纏結）中，「纏結」一詞指的是：貪欲等無益煩惱所致的過失。由於我們根深蒂固地遭到如同線結與繩索般的煩惱所繫縛，而難以從中掙脫，所以對凡夫來說，要斷除繩結般的煩惱並不容易。然而據說：佛陀是已捨棄煩惱的人。

「脫離熱惱」（全然解脫一切的痛苦）一句中的「苦」意思是：煩惱所致的過患。為何如此呢？你越是串習煩惱，你的心就越會受到煩惱所擾；但據說佛陀沒有如此的染污。由於佛陀斷除了愛染與貪欲，因而被稱為「解脫愛染」（全然離於愛染）。

「越眾暴流」（已然渡過河流）一句中的「河流」是煩惱的總稱。舉例來說：一條激流洶湧之河，能沖走漂流木等任何事物而不受阻擋。同樣地，受煩惱所擾的有情眾生，也會被輪迴痛苦的汪洋大海所沖走。因此，這裡的「河流」比喻煩惱。由於佛陀已然斷除那些煩惱，因此他被稱為「已然渡過河流者」。

若用較顯明的方式解釋前四句與貪欲有關的意涵，則有兩種型態的貪欲。第一種貪欲是想要遇見從未遇見的人事物，另一種貪欲是想要享有已然擁有的人事物。

前述「解脫愛染」中的「愛染」，是指：渴望得到你尚未獲得的東西。當你之後接觸到所欲對境而心中充滿渴望時，你的心便被所欲對境所束縛。由於這個緣故，便產生了貪欲煩惱的情緒纏結。據說：佛陀已經斷除了愛染與因愛染而生的各種情緒纏結。

在獲得所欲對境並享用後，就更加執著，於是，貪欲煩惱也將大大增長，成為狂瀾怒濤的貪欲之河。因諸佛早已渡過如此之河，不會感得心中煩擾、深切痛苦或無法安樂的相關果報。

接下來的經文：

已然圓滿般若智，而住於過去、現在、未來一切諸佛之般若智中。不住於涅槃，而安住於圓滿果位。安住於觀視一切有情眾生之圓滿果位。這些是諸佛、世尊廣大圓滿的徵相與善德。[123]

接下來的四句闡述佛陀圓滿的了證。佛陀具備三種智慧。第一種是「一切種智」，第二種是「無差別智」，第三種是「無所住智」。

「已然圓滿般若智」顯示出第一種智慧。一般來說，般若智是指聖者的心，也可以指善逝的般若智慧，也就是般若波羅蜜多（智慧度）。「已然圓滿般若智」意指將般若智慧臻至極限。諸法通常施設爲兩種不同的性相，一種爲「外相」，一種爲「本質」。我們了解「外相」爲諸法行相的基礎，包括從色法至一切種智。我們了解「本質」爲其顯著的特徵，舉例來說，事物的外相是其色法

123 譯註：法尊法師的譯本為：「妙智圓滿；住去、來、今諸佛世尊所有妙智；不住涅槃，住真實際。安住遍現一切有情之地。是為如來正智殊勝功德。」

本身，色法的本質是指它的特質，例如：美與醜等等。由於佛陀直接感知所有這一切，如此的智慧便稱爲「一切種智」。

第二種「無差別智」指的是：有許多佛陀住於不同的佛剎或國土，因爲這些佛陀住於不同的地方，因此會依據所住之處而顯現不同高矮等等的身相。然而，就他們的法身密意來說，則沒有絲毫的差別，或遑論其功德的優劣。

「住於過去、現在、未來一切諸佛之般若智中」，意思是諸佛在心意智慧及功德的方面彼此並無牴觸。一切諸佛的般若智慧乃爲一如，而諸佛皆安住於其中。

第三種「無所住智」見於經文「不住涅槃」的這一句。斷惑的智慧是小乘的果位，而佛、世尊的智慧不住於小乘的般涅槃。換句話說，佛陀不住於聲聞的涅槃。「安住於圓滿果位」指的是：佛陀安住於大乘的涅槃，也就是正等正覺。此「圓滿果位」是指：已然淨除暫時垢染之心的眞實本性。諸佛皆安住於此等究竟的果位。

經文接著陳述：「安住於觀視一切有情眾生之圓滿果位」，這是解釋諸佛安住於三種不同的佛身中。佛的法身（dharmakāya）照看一切有情眾生；報身（sambhogakāya，樂受身）利益諸大菩薩；化身（nirmāṇakāya，應化身）爲三界存有的一切眾生示現饒益之行。由於色身（rupakāya，亦即報身與化身）及法身能利益有情眾生，所以將此三身稱爲諸佛所安住而觀視一切有情眾生的果位。以上爲經文的內涵。

到目前爲止所解釋的一切，都在說明「諸佛、世尊廣大圓滿的諸相與善德」。「圓滿」是什麼意思？由於經文中描述的功德沒有憑空捏造或誇大不實之辭，它所顯示的都是佛陀眞正具足的功德，所以先前提及的諸種功德都是圓滿的。比如說：當我們皈依時，佛教所皈依的三寶被視爲具有廣大功德，而其他學派的導師及教法則不僅少了類似的功德，還有所缺失。因此，正如這裡所顯明的「佛陀勝妙功德」，諸位也應當思惟並了解，我們的導師佛陀具備了剛剛所闡述的那些勝妙功德。

二、隨念法

聖法者，最初爲善、中間爲善、最後爲善。其意義賢善，詞句賢善，毫無雜染。至爲完美，至爲清淨、至爲無染。由世尊所善加教導之教義，圓滿得見，離於疾病，毫無終盡，值得稱揚，見者具義，由智者自知自明之般若智慧所理解。其穩固的基礎爲世尊對戒律的教導，以及對能引領至圓滿佛果位之出離的教導。毫不牴觸，含容一切，值得仰賴，能使終盡。[124]

「正法」一詞的意涵應以下列方式來理解。一般來說，「法」是指：所有的現象，在其中，上上之法被稱爲正法，而此「正法」是指正覺者的教授。經文中說：「正法者，初善、中善、後善」。在一開始時，佛陀探討了戒律的修練。在道上的各種修持當中，最先應修持的乃是戒律。既然佛經中揭示出這項修持，因此正法被稱爲「初善」。「善」字本身指：「無過失」以及「不虛妄」。無論你的身分爲出家或在家，已入法道的人都應當在最一開始便以戒律爲基礎。接著在中間的部分，則應當修持禪定或寂止。以此緣故，而說佛陀教法爲「中善」（中間爲善）。在三種修練中，最後或最終的修持是要培養了悟無我的智慧。由於佛陀教法顯示著了悟無我的智慧，因此稱之爲「後善」（最後爲善）。

雖然印度教的教法也說到這三種修練，但其中所談的修練卻無法帶領我們證得解脫。由於佛陀所講的三種修練能夠引導信眾脫離輪迴的因和果，故而說此三修練爲最上等的修練。經典中的佛法是依據現象的眞實體性而無誤地詮解諸法。所以，佛陀教法乃爲「義妙」（意義賢善）。

佛經的語言並無難以理解的詩意表達和修辭形式，教導本身是以共通、口語、易懂的語言來陳述。因此說那些佛經為「文巧」（詞句賢善）。此段說明了「教法」（the scriptural Dharma，教典之法）的功德。

至於「證法」（the Dharma of realization，了證之法）的功德，則以「純一」（毫無雜染）和「圓滿、清淨、鮮白」（至為完美、至為清淨、至為無染）來表示。首先，「純一」指的是佛陀教法沒有受到其他傳統的教導所混雜或損害。因而說佛法為獨一。舉例來說：佛法中的禪定修持，可見於印度教和佛教修行者的心相續中；然而在外道修行者的心相續中，卻找不到絲毫在佛教修行者心相續中所具有的超凡了證。換句話說，佛教修行者具有外道追隨者所不具有的超凡了證。所以將佛陀教法稱為「純一」。

「圓滿」一詞，指的是：佛陀教法具有能根除煩惱障等所有遮障的一切對治法。藉由修持印度教的教法，可以捨棄欲界和色界的某些粗大煩惱。然而，印度教的教法對於煩惱卻沒有全面的對治法，因此無益於斷除三界存有的一切煩惱。

---

124 譯註：法尊法師的譯本為「正法者，謂善說梵行。初善、中善、後善。義妙，文巧，純一，圓滿，清淨，鮮白。佛薄伽梵，善說法律，正得，無病，時無間斷，極善安立，見者不空，智者各別內證，法律善顯，決定出離，趣大菩提。無有違逆，成就和順。具足依止，斷流轉道。」

稱佛法爲「清淨」，是因爲「證法」不會受到煩惱所影響。稱佛法爲「鮮白」，則因佛法能作爲徹底根除一切煩惱的對治法。由於印度教的修持既不能免於因緣的制約，且有雜染之虞，反而成爲煩惱生起的基礎。

以上是關於這個段落的一種解釋方法。不過，彌勒菩薩在《大乘莊嚴經論》中，對於描述法之功德、從「初善」到「鮮白」的這九段用詞，則有稍微不同的說明。

經文接續提及以下稱呼佛法的方式：「佛、薄伽梵，善說法律。正得，無病，時無間斷。極善安立，見者不空，智者各別內證」。這些稱號也可見於其他闡明佛法功德的佛經中。此處則將各個佛經裡的不同部分彙整如前。

上述九段用詞中的第一個，「佛、薄伽梵，善說法律」（由世尊所善加教導之教義），顯示佛陀的講授毫無訛誤或沒有錯謬地闡明所探討的主題。以此緣故，而稱佛法爲「善說」。

「正得」（圓滿得見）一詞顯示的是：三藏所教導的內容皆非基於設想或假說而談，乃是表達佛陀對於萬法眞實自性的現觀（直接感知）。而這種直接的感知離於任何的假說或想像。

「無病」（離於疾病）一詞中的「病」，指的是：煩惱。正如我們的身心會受到疾病所折磨，貪愛與瞋怒等這些猶如疾病的煩惱，會導致有情眾生的心相續中生起痛苦。因此，煩惱等同疾病。由於佛陀的教法爲斷除煩惱的對治法，所以其特性爲「無病」。

「時無間斷」（毫無終盡）一詞，指的是煩惱障等一旦得以斷除便不復返的見地。煩惱獲得斷除的狀態，永遠不會耗盡。那是恆時的境界。與此相反的是，印度教的修行者也可透過修持他們的法道而斷除自己的煩惱，但那些煩惱卻必然會再次出現。理由是：他們並未眞的根除煩惱的種子。

「時無間斷」也帶有另一種涵義，那就是修持佛陀的教導既簡單又悅意，隨時想要，便可修持。例如：你在行走的時候可以修持佛法，你在飲食的時候可以修持佛法，其他的時候也是如此。

「極善安立」（値得稱揚）一詞的意思是：自身的了證之法能引導所有佛法修行者邁向解脫之道。修行者可掌握自己的解脫。接著，「見者不空」（見者具義）的表述，意味著：透過思惟乃得知佛法深義。何以如此呢？佛法是超凡卓越的。一旦抓到個中滋味，將可見到諸法實相，並會獲得暫時與永久的成果，所以說佛法爲「見者不空」。

「智者各別內證」（由智者自知自明之般若智慧所理解）一詞的意思是：在所有的哲學宗義中，最爲超勝之法乃是滅諦，或稱涅槃。而那也是諸法無誤的眞實體性。對於萬法究竟自性的了證，既不能透過文字或語句的詮釋來理解，也不能藉由分別心的思考來想個明白。而佛陀會這麼說，是因爲它必須透過個人自知自明的般若智慧力方能知悉。個人自知自明的般若智慧，指的是那個能直接感知諸法實相的心。所以，無上的佛法——滅諦或涅槃，是那些精熟佛教哲理的智者們，藉由自知自明的般若智慧所知悉的。諸位應當也要知道，其他的大師對於這七段用詞，各有其不同的詮釋方式。

佛法爲「法律善顯，決定出離，趣大菩提」，並且「無有違逆，成就和順；具足依止，斷流轉道」。這些用詞描述的是佛法的功德。第一個用詞爲「法律善顯」（其穩固的基礎爲世尊對戒律的教導），意思是：佛陀的所有教導，無論是小乘、大乘或經、續，都是爲了約束那些擾亂有情眾生之心的煩惱而傳授的。「決定出離」（出離）一詞，字面意思爲「確實捨棄」，指的是：要確實捨棄輪迴的缺失。意思是：佛法能讓人獲致根除一切過患的圓滿斷捨。

第三個詞「趣大菩提」（引領至圓滿佛果位）顯示的是：透過仰賴佛法，將可證得佛果的境界。由於修持佛法的最終之果爲正等正覺的佛果，因此佛法具有帶來這種圓滿了悟的能力。

附帶一提，「出離」也可詮釋爲藉由仰賴佛法，將能獲得小乘的阿羅漢果位；而「趣大菩提」，意味著仰賴正法，將可證得佛果位。

「無有違逆」（毫不牴觸）一詞的意思是：對於特定弟子所給予的不同教法，彼此之間沒有矛盾。這裡所說的是：在佛陀傳授的無數教導中，我們找不到任何的不一致之處，因爲那些教導全都是依照有情眾生各自特定的性情而講的，且目的就是爲了幫助他們。

接著，「成就和順」（涵容一切）一詞，意思是：大乘的教導包含了小乘的所有教導。

「具足依止」（値得仰賴）一詞，意思是：我們可以信任佛法，或對佛法具有信心。理由是：所有步上世尊所授修道上的弟子，必定能獲得符合各自修持程度的大小成果。他們的精進功不唐捐。

「斷流轉道」（能使終盡）一詞，指的是：讓前進這個動作停止，不需要再前進。眞正的意思則是：一旦證得修道之果，便可不必一直努力修持佛陀教法。例如：小乘的修行者在證得小乘的阿羅漢果之後，修道便到達終點，不需要再進行額外的修持；又例如：在大乘道上修學的人，一旦獲得究竟的佛果，便不需要再做其他的努力或勤作。

三、隨念僧

大乘僧伽者，謂：如理如法而安住，具有見識而安住，正直眞實而安住，和睦融洽而安住。其爲值得以頂禮與合掌來表示敬重的對象。其爲殊勝的福田，能夠合宜地使用供養。其爲領受餽贈的理想對象，何時何地皆應受到廣大的供養。[125]

藏文的「根敦」（gen-dün / dge' dun）是梵文「僧伽」（sangha）的譯詞。此處，僧伽指的是聖者。而「僧伽」這個字的意思是一位對三寶具有極大信心的人，發願（藏文：'dun）行持善行（藏文：dge），並且即使有個無知惡劣之類的眾生汙衊佛法，依然對佛法有著無可動搖的虔敬。

我們應當要理解經文中對於僧伽功德「聖僧者，謂：正行、應理行、和敬行、質直行」的描述，並藉此憶念僧伽。儘管經文提及的「聖僧者」指的是大乘僧伽，但其中表彰的一切功德，也可用來描述小乘僧伽。[126]《隨念三寶經》的一些譯本中，會寫到「聲聞僧伽者，謂：正行、應理行」，而這兩種皆合宜可行的。因此，這些說明如何憶念兩種法乘的僧伽。

僧伽所指的也可以是和合眾。從南傳佛教的觀點來看，四位或以上的具足戒比丘，可稱爲和合眾或僧伽；從大乘佛教的觀點來看，即使單獨一人也可構成和合眾或僧伽。簡言之，對於大乘佛教徒來說，「和合眾」指的是任何一位具有善好功德之和合聚集者。

「正行」（如理如法而安住）一詞的意思是：修持佛法的僧伽可以成辦佛陀所教導的眾多善行，所以稱之爲「正行」。安住在解脫道上的人，稱爲「應理行」（具有見識而安住），其所指爲希求涅槃或希求解脫的人。凡夫認爲自我存在的信念，是一種扭曲且不實的觀點。所以，「應理行」一詞指的是相信上述凡夫所具的我執觀點乃爲邪見。而聖僧伽眾所行持的，是與此我執、邪見相反，護持無我見地的八正道修持。以此緣故，而稱呼僧伽爲「應理行」。

此外，由於僧伽行持增上戒學，所以稱之爲「正行」。由於僧伽的心中具有增上慧學，所以稱之爲「應理行」。最後，由於僧伽具有增上定學，所以稱之爲「質直行」（正直眞實而安住）。

而僧伽相處的方式爲「和敬行」（和睦融洽而安住）。他們對勝義諦具有相同的見地，依止相同的戒律，進行相同的禪修，具有相同的衣著，行持相同的托鉢生活方式，並且恭敬相待而不爭執。因此，也稱之爲「和敬行」。

125 譯註：法尊法師的譯本為「聖僧者，謂：正行、應理行、和敬行、質直行。所應禮敬，所應合掌。清淨功德，淨諸信施，所應惠施，普應惠施」。其中，除了「和敬行、質直行」這兩個部分與原書英譯（正直真實而安住，和睦融洽而安住）順序相反，其他大致皆可對應。

126 譯註：小乘的聖僧指的是四向四果，即須陀洹向、須陀洹果，斯陀含向、斯陀含果，阿那含向、阿那含果，阿羅漢向及阿羅漢果此八聖。

經文中接著說到：「所應禮敬，所應合掌」（其爲值得以頂禮與合掌來表示敬重的對象）。這一段的意思是：由於僧伽具備三學，因此大乘與小乘之聖僧伽的心相續，皆已熏修了禪定。以此緣故，他們便是值得受人合掌以示尊敬的對象。「合掌」一詞是一種象徵，含有相信僧伽值得受人以身頂禮、以語禮讚和以心禮敬的意思。合掌、頂禮、禮敬，這三者是同義詞。這部經的其他刪編版，有的只寫「所應禮敬」、有的只寫「所應合掌」，就是因爲只需要其中一者即可。

即使只對一位僧伽生起信心，都能帶來比餽贈一切有情眾生更大的福德，因此，僧伽便是值得用頂禮與合掌來表示敬重的對象。

「清淨功德」（其爲殊勝的福田）一詞，意思是：由於大乘佛教和上座部佛教的僧伽具有增上慧學，他們便是累積福德資糧的良田。打個比方：如果將種子播撒在肥沃的土壤中，將會獲得豐收的成果。同樣地，懷著虔敬而供養具有增上慧學的僧伽，將能帶來廣大的福德。以此緣故，而說僧伽爲累積殊勝福德的良田。在此，「殊勝」一詞指的是豐富且大量。藉由對僧伽培養虔敬，任何人都能獲得大量的福德，所以將僧伽稱爲「清淨功德」。

「淨諸信施」（能夠合宜地使用供養）一詞的意思是：若有一位並不精進的行者獲得某位虔誠信眾的供養，並將之中飽私囊而全數自肥，乃是一種極爲嚴重的過患。另一方面，具有增上慧學的僧伽則值得受人供養，也堪能使用供養。這類的僧伽若是獲得某位虔誠信眾的供養並加以使用，則毫無過患。此外，對於如理修持的行者獻上供養，也能獲得無與倫比的福德。以此緣故，而說僧伽為「淨諸信施」。

「所應惠施」（其為領受餽贈的理想對象）一詞的意思是：由於聖僧伽眾具有良好的律儀，他們便是可受供養的合宜對象。此外，因為僧伽具有增上戒學，他們也是能獲供養的合宜受益者。若有人問：「僧伽是否在某些時候或某些地點才是供養的福田呢？」答案是否定的。僧伽永遠都是接受供養的合宜對象，而這一點與時空條件無關。因此，這說明了「普應惠施」（何時何地皆應受到廣大的供養）一詞的意思。因為僧伽所行持的乃是增上學，所以供養僧伽的物品無論大小，對於獻供者來說都有極大的利益。

在教授佛法與領受佛法的時候，傳法的上師應當以正確的動機來給予教導；聞法的聽眾也應當以正確的動機來聽聞佛法。據說，僅僅聽聞佛法的一句偈，便能獲得廣大的福德。此外，只要抱持正確的發心，即使朝著傳法處前進一步也能帶來極大的福德。因此，我們應當將這次教導生起的所有福德，迴向一切有情眾生皆能證得佛果。

第七章

七支供養的修持——根據《普賢行願品》而講述

本章由《普賢行願品》（*Samantabhadra's Aspiration for Excellent Conduct*）**經文中所引用的字詞和段落，是以粗體顯示。這是爲了方便讀者分辨哪些爲釋論、哪些爲引述。**

我們一切的所作所爲，都是爲了想要獲得快樂並去除痛苦。快樂來自於善行；痛苦則因不善行而生起。七支供養的修持，便是一種累積善行和清淨惡行的法門。佛陀教導了許多累積善德的法門，其中，七支供養的修持之所以殊勝，在於它對累積大量福德來說，是一種非常善巧、簡易且有效的方式。

無論我們想要修持哪一種法教，都有必要事先加以學習。若在進行特定修持之前未加以學習，便難以知道要如何達成。即使不能深入學習那些法教，至少應當要學習這七支，否則修持便無法帶來預期的效益。這個修持本身，總攝了極爲多數的佛法修持。我們的傳承有許多來自密咒乘、或稱金剛乘，以及經乘教導的儀軌和修持，而此七支供養的修持屬於上述兩種法乘的要素。在這兩種法乘之中，我們將根據經乘來討論七支供養的修持，並以普賢菩薩的殊勝行發願文作爲主軸，而該發願文涵蓋了佛陀所親自加持的教導精髓。

一、頂禮

七支的第一支爲「頂禮」，這是一種表示恭敬的行爲。我們可以用身、語、意三種方式來表示恭敬。身的方面，我們透過五體[127]投地的方式讓身體整個碰觸地面來表示恭敬。語的方面，我們藉由念誦禮讚來表示恭敬。意的方面，我們則以修持虔敬來表示恭敬。若要固定進行大禮拜，應當準備好佛身的所依物並向其獻供。重要的是：要把佛身的所依物視爲眞實的佛，藉此培養虔敬。特別是在朝聖的時候，當我們看見佛像、佛塔和佛經，應當要認爲那些就是眞實的三寶，藉此培養虔敬之外，還能修持資糧的累積。[128]

據說，對著聖物進行頂禮，例如：在佛塔[129]前朝拜，僅僅一次就能生起極大的福德和極大的利益。又說，即使無法以雙手進行大禮拜，儘管只用單手表示恭敬，都能帶來極大的福德。我們以這類簡單的姿勢，就能獲得許多投生善趣之因，並且肯定由於如此行爲而最終證得解脫。理由是：我們所恭敬的對象爲佛，而佛是至高無上且至爲殊勝的。又說，即使我們並不清楚如何透過虔敬來達到淨化，這個修持本身仍然甚具利益且影響深遠，原因就在於我們是以佛爲累積福德的所依，故而和佛是有關聯的。

127 雙手、雙膝和頭部。

128 一般所指的是：福德和智慧的資糧，累積這些能促使成佛。

129 佛塔代表的是：佛陀的心意。

日常修持中，我們可根據念誦法本所描述的觀想來做禮敬。或者，若有佛的雕像或圖像，也可用該所依物爲基礎來培養對佛的信心。觀想時，應當思惟整個虛空都充滿著諸佛菩薩，並且他們眞實現前。另外也應當思惟：一切有情眾生都和我們一起向諸佛菩薩做禮敬。以大乘而言，我們的所作所爲，目的都在於要利益自己和一切他眾。這表示我們應當懷著意欲直接或間接利益一切有情眾生的思惟來修持。因此，我們在修持七支供養時，要思及自己和一切有情眾生。這是對於虔敬修持的簡要、初步說明。

接著，我將根據經文本身來概要解釋七支供養的修持。由於諸位都會固定念誦這些偈頌，應當早就熟悉它們的內容。經文中提到的虔敬修持，首先是身、語、意一起做禮敬，接著則是各自做禮敬。經文說到：「**所有十方世界中**」[130]，簡單而言，指的就是一切處所。我們向安住在所有十方世界中的諸佛頂禮。諸佛爲出現於「**三世**」的「**人中獅子**」，這段經文指的是：過去諸佛、現在諸佛和未來諸佛。

爲何把佛稱爲人中之獅呢？獅子在面對其他野獸時，是無所畏懼的。由於其他人無法在佛的身、語、意中發現任何過患或對其造成妨礙，因此佛不會遭到擊敗，故而無所畏懼，所以稱爲人中之獅。「佛陀」[131]這個名詞本身的意思是：全然離於任何過患且擁有一切善好功德。其他的名號還包括「解脫道上之導師」（天人師）和「全然離於迷妄者」（善逝），而這些都是佛的同義詞。至於諸佛的數量，「**一切**」、「**無餘**」、「**盡**」等等，都是「諸佛整體」的同義詞。經文中也說到「**我以身語意做禮敬**」；而我們「以恭敬」做禮敬，是爲了對治自己缺乏信心的狀態。

接著經文較爲詳盡地說明如何陸續以身、語、意各自禮敬的方式。經文說到：「**普賢行願威神力，普現一切如來前**」（藉由殊勝行的發願力，思惟所有勝者都出現在我面前）。此處，「普賢行」（殊勝行）意思是菩薩行，「願」（發願）則相當於想要實踐菩薩行的信心或意樂。我藉著對菩薩行的信心之力而做頂禮之行。

由於想要親見十方勝者有其難度，因此我們要懷著信念，相信他們立即出現在我們面前。其後，我們也要想像自己「**一身復現剎塵身**」（身體倍增至等同三千大千世界的微塵數），一邊說著、一邊思及：無論諸佛剎土中有多少億萬的微塵，我們的身體就倍增至相同的數量。「**遍禮**」

130 四方（東、西、南、北），四隅（東南、東北、西南、西北）和上、下。譯註：從這一句開始，由於作者引用的偈頌不見得能對應漢傳的經文，故而以上下引號內的粗體字代表原始經文的用詞，括弧中的內容則是英文原書的翻譯。

131 藏文中的佛陀一詞為：sang-gyé（sangs rgyas），字義為：「清淨（與）開展」。

（恭敬頂禮）的意思是：我們懷著極大的恭敬，以由衷的信心向一切勝者頂禮。換句話說，我們想像自己的身體倍增至數量等同諸佛剎土中的所有微塵，並且由衷相信那些身體都眞實出現，接著做頂禮。

意方面的禮敬，經文說到：「**於一塵中塵數佛**」（在每粒微塵中都有量等微塵的諸佛），「微塵」指的是最小的物質形式。在每粒微塵中，都有數量等同世間微塵的諸佛，每尊佛陀周圍還有「**菩薩衆會**」（廣大的菩薩眷屬），而菩薩又稱爲佛陀的子嗣。我們要相信：正如空性遍於整個法界（**dharmadhātu**）之中，諸佛菩薩也充滿在無盡虛空的三千大千世界之中，而我們滿懷虔敬地在心中向他們頂禮。

第三種方式爲語方面的禮敬。經文中描述有「一片**無盡讚**歎之**海**」。由於我們對諸佛所獻上的禮讚不可勝數，因此猶如無有竭盡之海。一般來說，如果有人想要列舉某一尊佛的善好功德，那份表單將無休無止。這不僅是因爲每一尊佛的善好功德都難以估量；也因爲即使我們眞的要去計算，也永遠算不完。儘管我們或許可往東方移動幾步，但我們也不能說自己更加遠離西「方」而更加接近東「方」。同樣地，一尊佛陀的善好功德也是無窮無盡的。既然佛的善好功德不勝枚舉，對於那些功德的讚歎與稱揚便如一片無邊無際之海。那些讚歎之語並非只是一再重述，乃是「**各以一切音**

聲海」，意思是：我們使用各種悅耳、美妙等等的不同旋律，來表述「**佛的甚深功德海**」並讚歎所有的善逝。

如同我們所了解的，即使在最小的微塵中都有「**剎塵佛**」（許多的佛陀）安住。而整體來說，當我們相信「大」和「小」這類的想法爲眞時，要想像一個小空間裡有著許多大東西，就會覺得格格不入。然而，對於尺寸的想法只是心意上的造作。於實相中，並沒有大小。當我們離於這類概念時，便會覺得將許多大東西放入一個小空間是有可能的。目前我們無法了解這一點，不過一旦我們成爲菩薩，便可能在一粒微塵的空間裡見到許多的佛，並在一粒微塵的空間裡化現出量等世間微塵的供品。舉例來說：我們在電視上會看到許多種類的世界，這是因爲我們所看到的事物並非眞實的大小。尺寸是由心所設想的。「大」有賴於「小」，「小」也有賴於「大」。同樣的道理也可用在「好」和「壞」的想法上。當一個外國人來到尼泊爾這類的地方時，或許會認爲此處非常骯髒。但如果同一人後來去到情況更糟的某處，尼泊爾或許就開始變成好地方了。因此，好壞與否，端看心如何決定。同樣的道理，尺寸也是在概念上所成立的東西。打個比方：我們沒辦法說這一柱香是長還是短，因爲「長」有賴於「短」，「短」也有賴於「長」。同樣地，大小也並非根據物體本身，而是藉由概念來決定。因此，儘管我們現在所討論的觀想是基於信念，我們未來成爲大菩薩時，便能直接以如此方式來感知事物。

頂禮為的是對治傲慢。佛陀為許多資深弟子授戒，包括一位屬於低階種姓的理髮師優波離（Upāli）。優波離出家後沒多久，佛陀的一位親戚釋迦族之王阿那律（Aniruddha）也決心要領受出家戒。根據傳統，僧人在受戒時，必須依序向住持、協助的授戒師，以及參與儀式的其他僧眾頂禮。當阿那律來到優波離面前，認出他是自己為王之時的理髮師，便問導師：「我也必須向優波離頂禮嗎？」佛陀回答：「當你受戒時，必須為了制伏自己的傲慢而頂禮」。怙主佛陀不僅受到人天的禮敬，就連路旁的樹木花草都會向他彎腰。原因就在於，佛陀在身為菩薩的幾個前世中，對於其他修道傳統的追隨者、自己的雙親及所有值得尊重的人，都加以禮敬。

一般來說，所有的煩惱都會招致危險，但其中最嚴重的就是傲慢。它讓我們自認高人一等，並且輕蔑他人。如果總是抱持著：「我一定要為自己做到這個」或「我可眞棒」這類的念頭，結果就是我們將鄙視他人、指責他人，以致自己痛苦難堪。據說，帶著傲慢而想著：「我眞有錢，她可窮了」的業果，便是來世窮困。同樣的道理，如果自大地認為：「我這麼帥，他眞難看」，之後就會身形醜陋。因此，千萬不要瞧不起他人。我認為，這是所有行為中最糟糕的一個！

因此，我們觀想面前虛空中有諸佛、菩薩、聲聞、緣覺並頂禮。向所有這些聖眾頂禮，是相當如理如法的。思惟他們眞實出現，自己和一切有情眾生則在聖眾前，懷著虔敬而以身、語、意頂禮。應當注意的是：據說在頂禮時如果身體拱起來，乃是一種過患。我們應當保持身體筆直。[132]若能一邊頂禮，一邊念誦禮敬文或覆誦皈依文，也是不錯的。而這兩種祈願文都很有意義。

二、供養

第二支爲供養支。經文說到：「**以諸最勝妙華鬘**」（獻上殊勝的花朵和美妙的珠鬘）等等。通常，在自己面前會有包括佛在內的三種所依物[133]，花、水等各種我們能獻上的實際供品，則應當放在這些所依物的前方。如果沒有佛的圖像，仍應認爲自己是在向佛做供養。據說：若以這種方式獻上花朵等各類供品，將可帶來大量的利益。即使我們只是供養一朵花，但心中思及佛陀，便能多世投生於善趣。向佛陀獻上花朵這類的供養，是很容易做到的。過去我曾請教一位極有成就的學者喇嘛羅卓[134]，關於如何進行這些供養的問題。他的回答是，只要想著：「我把這個供養給佛」就夠了。

---

132 譯註：見揚堪布表示：頂禮的方式有很多，皆可量力而為，重點在於內心的虔信與恭敬。此處所說的，應該是以雙手支撐身體而筆直往前下滑，也就是常見於藏人的五體投地方式。

133 所指為佛堂中應該出現的三種所依：代表佛身的佛像、代表佛語的經書，以及代表佛意的佛塔。

134 或許是指：一九六〇年代圓寂的宗薩寺住持羅卓蔣稱（Lodrö Gyaltsen ／ blo gros rgyal mtshan）。

如果準備了物質的供品，便可以把它們獻上；如果沒有，則應如下所述而爲。若是一開始無法進行心意上的供養，便該讓自己對這個修持再三熟悉，以便增長自己的供養力。一旦我們知道如何進行，就可以藉由無數的外在物體，例如：山岳、森林、花朵、河流等無主物來做供養。同樣地，若是身處屬於他人的地方，例如：有著宜人花朵的園林，也可以運用它們當作修持的所依，一邊想像那些花朵和園林充滿了整個虛空，一邊思惟：「我將此供養給佛陀和所有眷眾」。我們應當持續不斷地如此思惟，將我們擁有的一切獻給佛陀，包括我們的身體和財產，以及我們的善根。就連我們走入一家店面，發現其中有著不錯的物品時，也可以思惟自己將它們全都獻給佛陀。這樣的思惟，肯定能帶來利益。

在根本文中，「**華**」（花）指的是各式各樣的花朵，例如：蓮花。「**妙鬘**」指的是：珠鬘（串串珠寶）。「**伎樂**」指的是：歌手所唱出的悅耳歌曲，或是由鼓、琵琶、吉他等樂器所演奏的美妙音樂。「**塗香**」指的是：塗抹在身上的芳香油膏。「**傘蓋**」爲：高貴人士所使用的勝利旗幡之類的華蓋。至於「殊勝的**燈燭**」，我們可以想像有許多的油燈和蠟燭作爲供品。也可以想像自己供養的是電燈，以及特別是照耀一切虛空的珍貴日光和月光。「**燒香**」指的是：燃燒之後香氣宜人的物質供養。如果無法取得實際的物品，也可以用觀想的。感覺燒香的煙霧有如雲朵瀰漫了整個天空。以所有這些物品「**供養諸如來**」（獻給眾勝者）。接著是「**最勝衣服**」（精妙的衣衫），我們大量供養人天之中最爲精美的衣服。「**最勝香**」（上等的香氣）指的是：帶有香氣的物品和香粉，而「**末香**」等等「**一一皆如妙高聚**」（精緻的香粉堆聚如山岳之高）。

所有這些皆爲「**最勝莊嚴**」（完美陳設），如理如法地擺放。上述的一切，「**我悉供養諸如來**」（我獻予一切勝者）。在這些句子中，「**妙**」字出現了很多次，它指的是：供物的品質卓越、形狀高尚、顏色極佳。此外，音聲出色、香氣芬芳、味道甜美、觸覺柔軟，所以稱之爲「**妙**」與「**勝**」。

此處所說的供養，包括「共通的」和「無上的」這兩類。「共通的」供養，便是在這之前所描述的那些。「**廣大**無上的供養」則屬於第二類。這類的供養，是從各個手掌中幻化出來而布滿天空的物品。應當由衷相信這些物品一一化現出來，再於心中加以倍增，之後獻予佛陀。「廣大」一詞指的是：此類菩薩的供養不斷倍增直到佈滿天空，形成了廣大的供養。我們懷著對「**諸如來**」（所有的勝者）的深切信心與虔敬來做這些供養。「藉由**普賢行願力**」（依於對殊勝行的信心力）意思是：我們透過對於菩薩行的深切信心之力，將這些數量廣大的上等物品供養給所有的勝者。此外也說，應當以恭敬和虔敬獻上供品。即使我們只有能力進行微小的供養，重點是要記得：這不表示我們只能累積少許的善德，所謂的大量乃是由許多少量所來的。尤其是：只要是與佛有關聯的任何事情，無論如何微小，都意義重大且深具利益！

三、懺悔

第三支爲懺悔支。據說：我們目前所有的身體不適和心理苦惱都來自惡行。可以肯定的是：由於我們累積了大量的這類惡行，唯一的結果就是痛苦。然而，此等會令未來感召惡果的行爲之潛藏力，可藉由修持懺悔而使其失效，讓它們不再有力量產生結果。「**惡業**」的意思是：造作負面的行爲。舉凡是由貪、瞋、痴三毒之任一項所引發的身、語、意各種造作，都是不完善的行爲。依照身、語、意之行，而將惡業分爲十種。身的惡業，例如：殺生，包括由於貪求肉類而殺害動物、貪求他人財富而殺害他人，出自瞋怒而殺生的例子、包括殺害敵人，出自愚痴而殺生的例子、包括認爲殺害牲口祭祀神明乃是具有福德的行爲。由於這些「**皆由貪瞋痴**」所致，因此造作這類惡業便是不完善的行爲。此處，我們對於自己「**從身語意之所生**」的不完善惡行，包括親自所爲、教唆他人去做、隨喜他人所做，全都加以懺悔。我們應當思惟：「**我昔所造諸惡業，一切我今皆懺悔。**」關於修持懺悔，其字意爲「放下」惡行，有著各種的層面。首先，對於自己往昔造作的惡業要感到懊惱，認爲自己不該做出那些行爲，這一點相當重要。其次，應當發誓從今而後，就算犧牲性命也不重蹈覆轍。悔不當初和誓不再犯這兩點，是非常重要的！如果對於自己過去所做的不完善行爲毫不後悔，我們就是認爲這類行爲恰當而繼續如此的行徑。若能感到懊惱且決心不再造犯，則將摧毀這些行爲於未來會感召惡果的潛藏力，並由此刻開始，不會繼續過往錯誤的行徑。

一般來說，懺悔是一種清淨惡業的善巧方便。然而，這不表示我們就會從此不再做出任何的惡業。我們還是會造作各種的善行和惡行。在我們誓言「爾後不造有害行」的同時，應當也要知道，自己身爲初學者，難免還是會有負面的行徑出現。但是，儘管如此，我們應當決心永不再犯此類惡行。這就好比走在路上，無論摔跤或跌倒幾次，我們還是想要爬起來再繼續往前走；我們並不希望待在自己倒下的那個地方。

四、隨喜

七支的第四支爲隨喜支。經文說到：「**十方**」「**一切如來與菩薩**」（十方所有的勝者與其子嗣等等）。隨喜的意思是對他人所做的善行感到歡喜、毫不忌妒。對於自己的完善行爲也要加以隨喜，這一點相當重要！如果認爲自己累積的善德超越他人，便是傲慢。但是，若能思惟自己過去的完善行爲做得不錯，則可增長善德的累積。隨喜他人的善業，能讓自己開心。然而，若是對他人的善業感到不愉快，則不僅不會對他們帶來傷害，卻對自己造成嚴重的不完善行爲。正是這種煩惱的狀態在那一刻讓我們沮喪，因而累積惡業，於後傷害自己。另一方面，若能隨喜他人的善業，則能帶來很大的福德。事實上，藉由隨喜他人的完善行爲，我們也會獲得造作該業之人的同等福德。我們可以藉此方式輕易累積大量的福德，而毋須事必躬親。

佛陀曾說：隨喜是一種累積善根的善巧方便。意思是：隨喜能讓我們不用經歷多少艱難便可累積大力的福德。打個比方：我們努力要建設寺院，如果有人看到這份辛勞而加以隨喜，此人將獲得相近程度的福德，而不必親自費力而爲。一旦理解了這一點，就可以建立一種隨時憶念他人所造善行的習慣，無論那些善行有多麼微小。我們也應當警惕：自己不該在他人因行善而歡喜的時候卻出現負面的反應。對於這兩種情況經常加以憶念的習慣，可以讓我們的心開始改變，逐漸向善。

經文說到：「**十方**」「**一切如來與菩薩**」。我們隨喜的對象，包括一切佛陀和他們的菩薩子嗣、「**有學**」道上的聖者緣覺和聲聞（包括入流、一來、不還）與「**無學**」的阿羅漢所做的證悟事業，以及「**一切**」其他有情「**衆生**」等等。我們對於四類聖者（ārya）[135]所累積的任何福德，以及人天等等其他所有衆生所累積的任何福德，都加以「**隨喜**」，對於一切善行皆感到喜悅。

「勝者」爲佛陀諸多名號之一，指的是祂戰勝了煩惱。如果這些名號都能用英文表達，就太好了！追隨佛陀的眾生有兩類：一類是菩薩，也就是佛陀的子嗣；一類是弟子，也就是修持小乘的行者。正如皇族中的任何人都能被稱爲國王的子嗣一般，菩薩也因爲持有佛陀的傳承而被稱爲子嗣。聲聞之所以被視爲佛陀的弟子，是因爲他們並非佛陀（大乘）法脈的持有者，所以不能作爲佛陀的補處（攝政）等等，而不稱爲子嗣。緣覺（或稱：獨覺）指的是在前一尊佛陀的教法已然消失、後一尊佛陀尚未出興於世之時所出現的聖者阿羅漢。他們擁有許多神通力，所作所爲也對有情眾生帶來極大的利益。[136]「有學」（見道位之後繼續修學的聖者）和「無學」（修學究竟圓滿的聖者）之詞，指的是：上述聲聞中的四類聖者。這些全都屬於佛陀的眷屬，而他們出現在整個十方之中。

關於三乘的算法，通常是指：佛與菩薩的大乘，以及緣覺與聲聞的二乘；後者又分爲繼續進修的有學位以及究竟圓滿的無學位。如此而稱爲三乘（菩薩乘、緣覺乘、聲聞乘）。三乘的另一種算

135 也就是：入流（須陀洹）、一來（斯陀含）、不還（阿那含）與阿羅漢。

136 緣覺（pratyekabuddha，或稱：獨覺，音譯：辟支佛）雖然不以口語傳授佛法，但能透過自身造作空中幻象等的神變力而指出無常和其他的根本宗義。

法，則指：大乘、小乘和密咒乘。八思巴法王（Chögyal Phagpa）[137]認爲後者屬於三乘的不共算法，但這一點並未廣爲人知。因此，應當要解釋何謂共通的三乘和不共的三乘。簡要而言，我們可以說共通的三乘爲聲聞乘、緣覺乘和佛乘，不共的三乘則爲小乘、大乘和密咒乘。[138]

五、請轉法輪

接著是第五支，請轉法輪支。釋迦牟尼佛在獲得正等菩提之後，有七個星期都沒有講法。在弟子的勸請下，才開始轉動法輪。而我們在修持中，要請求那些尚未開始講法的佛陀能夠轉動法輪。據說：諸佛唯有在受到請求的情況下，方能傳法，而聽聞者也因爲獲得請法的福德，方能依此福德聽到佛陀宣說法語。雖然我們無法親見佛陀，但如同先前討論過的，十方之中有著不可計數的佛陀。當我們念誦這些詞語時，重點是要抱持著信念，相信我們正在請求那些佛陀轉動法輪。我們在獻上各種供養之後，連同一切有情眾生，一起請求諸佛教導我們。在佛陀許多利益眾生的事業中，最重要的便是教導佛法。受教的弟子在對那些教導加以聽聞、思惟、修持之後，將可證得解脫和遍智。以此緣故，一尊佛陀所能爲有情眾生帶來的最大利益，便是教導佛法。故而請佛傳法是如此重要。於此之外，請求自己的修道導師爲利益我們和他人而解釋佛法，也有極大的利益。

經文接著說到：「**十方所有世間燈**」等等。所謂「有如燈者」等等，基本上的意思是「身爲佛者」，也就是「一切諸佛」。「十方世界」指的是：他們乃十方所有世界眾生的明燈。之所以將佛陀比喻爲明燈，是因爲佛陀好比驅散黑暗的明燈那般，爲有情眾生教導佛法，而驅散了無明的黑暗。

諸佛「在邁向**菩提**的覺醒道上」次第前進且「離於耽著」，這句話說明了諸佛用來證得菩提的方法。諸佛於道上次第前進，透過捨棄一切耽著而證得菩提，而那些耽著包括對於最終證得佛果的耽著。簡言之，覺醒的次第指的是：唯有在各種法道上次第前進之後，才可能證得正等正覺的佛果。經文接著說到：對於諸佛怙主「**我今一切皆勸請**」，希望諸位能夠「**轉於無上妙法輪**」。「輪」指的是：佛法；「無上」指的是：此輪至高無上，無法由他人轉動。這句話用另一種方法來解釋，意思是：我們打從心底而由衷勸請諸佛，慈悲傳授我們那不同於其他教導的超凡出世佛法。

137　法王八思巴（Drogön Chögyal Phagpa，意思：聖者慧幢（一二三五—一二八〇）為薩迦傳承的五位創派祖師之一。

138　譯註：此處配合原文而翻譯成「小乘」，而依照達賴喇嘛的指示，目前都已用「南傳佛教」一詞來代替「小乘」，以免有貶低之意。此外，「菩薩乘」又稱為「佛乘」，乃因若從果而言可說為「佛乘」，若從因而言則說為「菩薩乘」。

六、請佛住世

第六支爲請佛不入涅槃。在釋迦牟尼佛表示想要入於涅槃時，一位在家具信弟子懇求他長久住世。佛陀由於這個勸請而延長了自己的壽命。同樣地，在十方刹土中也有許多佛陀想要入於涅槃，因此我們懇求他們不要入滅，而能持續地長久利益有情眾生。我們應當同樣帶著堅定的信念來做這個修持，思惟自己和一切有情眾生眞實獻上供養並做出如此的請求。據說：這個修持能爲自己帶來極大的福德，因爲諸佛將不入滅，而會持續利益眾生。

經文說到：「**諸佛若欲示涅槃**」。我們向那些想要示現入滅的佛陀，做出這個勸請。如此懇求的目的，則是爲了「**利樂一切諸眾生**」。一般來說，「利」（利益）指的是：證得解脫與遍智的究竟安樂，「樂」（安樂）指的是：投生於善趣的暫時安樂。諸佛爲了讓有情眾生獲得這樣的利益與安樂，則必須住世而與我們同在。「**唯願久住刹塵劫**」（懇求諸佛住世長達量等佛刹微塵之劫），這句話回應了對於諸佛應當住世多久的疑問。我們懇求諸佛住世，時間爲三千大千世界一切佛刹中之微塵數量那麼多的劫。我們合掌而說著：「**我悉至誠而勸請**」，意思是：我們懷著深切的恭敬而做出如此的懇求。

七、迴向

七支的最後一支爲迴向。「迴向」這個字詞表達的意思是：希望任何所累積的善德都能帶來特定的結果。舉例而言，當你想把某個東西送給某人時，你認爲：「我要把這個東西送給那位男孩」，你就對那位男孩獻出了你的餽贈。同樣地，當我們累積善德並思惟自己是爲了特定目的而爲，便可將那些善德迴向予該要旨。但若我們並未如此迴向善德，該行爲本身就會變得不完整，而難以成爲達到所欲結果的條件之一。能否達到結果，端看必要的因緣具足與否。若是想著：「願此成爲利益眾生而證得佛果之因」，則任何以此思惟所累積的善德，都不會衰滅。以這種方式所生的善德，將不斷增長，且連同其他的善德，究竟成爲證得佛果之因。然而，如果並未將善德迴向予證得佛果，之後若是動怒，則那份未來可能感得善果的潛藏力就會被摧毀。同樣地，抱持著邪見或謬信，認爲沒有佛陀或佛法並不眞實等等，也會摧毀我們所累積的善德。但是，如果已將善行迴向予佛果，其於未來感得善果的潛藏力，將不會受到這類見解或信念所損。

進行迴向的方式如下：如果我們將善德全都迴向予此生的安樂，或者來世不會投生惡趣而能投生善趣，那些善德將在所欲結果出現時立即耗盡且滅止。同樣地，如果我們將善德迴向予證得個人的解脫，當我們證得個人的解脫時，那些善德便會不再繼續。然而，迴向予證得佛果的善德，不僅能帶來今生來世的安樂，甚且於獲致所欲的佛果之時依然無有竭盡，直至虛空不再、輪迴空盡。

即使只是向佛獻上一朵花或爲了聞法而朝著講堂前進幾步，若能迴向這類微小舉動所累積的善根，那些舉動就會變得很有利益。此外，端看我們進行迴向的次數有多頻繁，它們所帶來的利益便能輾轉增長。例如：將一件完善的行爲迴向百次或者千次，該善根所帶來的利益就會不斷增長。

關於所要迴向的善根，經文說到：「**所有禮讚供養福**」、「**隨喜懺悔諸善根**」，懇切地「**請佛長久住世轉法輪**」，共有六種善根，個個都是十分強而有力的完善行爲。而「無論我所累積的善德有多麼微小，於此盡皆迴向」，意思是：透過七支修持所累積的一切善根，全數迴向予無上正等正覺。這表示我們將這些迴向予爲利眾生而證佛果的目標。至於進行迴向的人，經文說到：「盡皆**迴向**」。每當我們累積了一些善德，便應當以此作爲結行，念誦這段祈願：「任何微小諸善根，盡皆**迴向**予**佛道**」。迴向的時候，關鍵在於要能清晰憶念自己所做善行的細節，以及爲了何等目標而做迴向。這是最重要的事。

對於那些累積廣大福德但卻不知要以這種方式如理迴向的人，我們可用以下偈頌來做迴向：「我和他人所累積的任何微小善根，我都迴向予大菩提」。如此希望自他所累積的善根能成爲自他證得佛果之因，也會爲他人帶來利益。

以上說完了七支，它們不僅能累積善德，還能淨化惡行。我們的善德因而得以累積、增長且淨化。這個修持能累積過去未曾累積的善德、增長已有的善德，並且淨化惡業。七支中，頂禮、供養、請轉法輪和請佛不入涅槃這四支，目的都是爲了累積新的善德。隨喜和迴向能增長已有的善德，懺悔則能淨化惡業。這些便是修持七支何以能累積、增長和淨化的道理。以此緣故，它們至關重大。由於這段祈願文是佛陀親口宣說的，故而將它納入日常祈願和修持中加以念誦，是很有利益的。若能每日至少念誦三次，會很不錯。我們也可把七支裡的每一支都作爲個別的修持。這麼做的時候，無論我們所專修的是哪一支，若能迴向每次覆誦該支的善根，將非常棒。以頂禮爲例，每做一次頂禮，就迴向該次頂禮的善根。

除了七支，也有在已解釋完的七支以外加上三支，而成爲十支的佛法修持，那三支分別爲皈依、願菩提心和行菩提心，而它們也都包括在金剛乘的七支修持中。

八、皈依

在這次教導的最後，我將簡短摘要皈依的修持。首先，必須說明皈依的原因。爲了讓青稞的苗芽成爲成熟的穀物，就需要有一切必要的因緣出現。同時，也絕對不能有不利的條件。唯有如此，才可以確定那些苗芽會長出我們想要的果。而我們進行皈依，也是類似的道理。爲了讓皈依這個果得以出現，我們就必須準備相關的因。另一方面，如果在因的部分不做努力，便永遠不會生起我們需要皈依的念頭。皈依的因，據說有兩種，一者爲恐懼，一者爲信心。關於前者，應當要思惟以下兩件事情：關於今生經歷各種艱辛和苦痛所致的憂慮，以及關於來世投生惡趣的驚駭。當我們領悟到自己並無能力克服這些困境的時候，就會接受自己需要仰賴他人的事實。然而，我們應當首先經常思惟這些困境。如果發現自己單單想到所有這些痛苦就難以忍受，儘管自他都沒有人能對這些情況做點什麼，還是想要把它們一次清空。那時，我們會了解唯有三寶能夠救度。相信三寶確實能給予我們所需要的援助，稱爲：「信心」。如此的信心，是透過首先憶念上述所提的不同恐懼而培養出來的。

我們所皈依的對象爲三寶。其中，佛寶具有無量的善好功德，其中，對我們來說，教導眾生解脫之道的能力是最爲重要的。正是此種能力，讓佛陀在成辦有情眾生的要旨時絕不可能出錯。法寶指的是：佛陀所教導的佛法。修持佛法，能使我們全然離於各種問題，並且證得解脫和佛果的境界。所以稱爲佛陀的教法。世上有許多的學者，然而除了佛陀之外，沒有誰能夠教導毫無謬誤的法道。同樣地，世上有許多教導，雖然其中有不少眞的能利益眾生，然而除了佛法之外，沒有哪個能使我們捨棄輪迴並徹底斷除痛苦之流。所謂的「解脫」指的是：無盡的大樂，那是一種絕對不受干擾的安樂。唯有佛陀所教導的佛法能讓我們證得這樣的解脫，其他的宗門都無此能力。原因何在呢？輪迴之苦來自業行；那些業行來自煩惱；那些煩惱又來自相信有我、執取有我。為了根除我執，就需要關於「無我」的教導；而這種教導，除了可見於「無我教法之導師」──也就是佛陀所屬的宗門之外，其他皆無。若不禪修無我，痛苦永不終盡。以此緣故，唯一能夠讓我們徹底清除輪迴痛苦的方法，便是佛陀所教導的佛法。

三寶的第三個寶為僧伽。「僧伽」指的是：修持佛法的人。以小乘來說，入流、一來、不還與阿羅漢，屬於小乘中的聖者。而大乘中的僧伽，指的是菩薩。小乘信眾在皈依的時候，法寶指的是小乘佛法，僧寶指的是聲聞。根據大乘傳統做皈依的時候，法寶指的並非小乘佛法，而是大乘三藏；僧寶則為菩薩。大乘信眾向聲聞阿羅漢頂禮和供養，當然是可行的，但他們並非皈依的對象。為何這麼說呢？「佛法」一詞所指的：應當是讓人得以前進的道路。追隨大乘的人並不以小乘佛法為道路，而是仰賴大乘佛法。同樣的道理，「僧伽」指的是：那些能幫助我們成辦所選道路的友伴，而能幫助我們修持菩薩道的友伴，也唯有菩薩本身。

至於皈依的方式，好比我們想要到未知的國度旅行，會需要以下的三件事：可為我們指引路途的人、道路本身，以及在路途中幫助我們的友伴。同理可知，如果我們希望從輪迴的流轉中出離，並獲致解脫和佛果的境界，也會需要同樣的三件事：在道上教導我們的人、道路本身，以及旅途中的友伴。也就是這個原因，我們所皈依的對象乃是三寶。我們思惟佛陀爲指引道路的導師，佛法爲道路本身，菩薩爲在道上幫助我們的友伴。採取這種方式，則稱爲皈依。

丹尼爾·麥克納瑪拉英譯

第八章

培養智慧之心——關於修心七要口訣

引言

大乘傳規包含三種教法：經、論以及竅訣。此處的教法屬於竅訣的類別。

一般來說，大乘的道次第可以依於經，或是依於竅訣來解釋。再次說明，此處所介紹的法教是依於竅訣中的解釋而講說大乘的道次第。「道次第」這個說法指的是：大乘之道的修行次第或順序。

在藏地，最知名的修心教法就是《遠離四種執著》[139]以及來自覺沃・阿底峽尊者之《修心七要》當中的教誡。阿底峽尊者總共有七十二位上師，而修心教誡是從其中的金洲大師（Serlingpa）所領受的。這些教法分爲兩類，分別是：類似於身體軀幹的主要教法，以及類似於肢體的補充教法。今天所講的這個教法，是在修心類別中屬於猶如軀幹的主要教法。它們的原本字句是由阿底峽尊者所宣說，之後才分爲七個要點或段落。[140]

一、宣說前行所依法

第一部分是有關各種前行法，也就是整條法道的所依或基礎。在以下的偈頌中說到：

首要應當修學諸加行。[141]

「首要」在此所指的是在最一開始培養菩提心時，修學各種加行的必要。這裡所說的加行，意思是：能轉化自心而使之對治自己日常心態的四種思惟。我們應當深切思惟的是：（一）暇滿人身難得（具有閒暇和圓滿的殊勝人身實爲難得），（二）死亡與無常，（三）因果的業則，以及（四）輪迴的過患。

對於修持大乘之道而言，首先需要生起出離心。[142]因此，教法說我們必須深切琢磨輪迴過患等四種思惟。

---

139 薩千・貢噶寧波（Sachen Kunga Nyingpo），薩迦傳承的創派祖師之一，於淨相中親見文殊菩薩而領受這些教誡。

140 七要，分別為：宣說前行所依法、正行修練菩提心、惡緣轉為菩提道、宣說彙整終生實修之法、嫻熟修心之標準、修心之誓言、修心學處。

141 譯註：本章七個標題和偈頌內容，全數出自資深藏漢譯者敦珠貝瑪南嘉《修心七要》的譯本，感謝其同意引用。偈頌之後若有括弧，內容則為英文中譯的白話文，以幫助讀者理解。此外，「前行」與「加行」二詞的意思都是預備法，兩者在文中會交替使用。

142 出離是藏文 ngé-jung 的翻譯，字義為：「決定脫離」。這是一種渴求解脫痛苦的積極心態，能使人從輪迴與其痛苦的束縛中覺醒。

「諸加行」一詞當中的複數「諸」，看來是指：我們需要進一步修練希求菩提或佛果的發願。一旦藉由深切琢磨輪迴過患而生起出離心，我們應當發願要圓滿證悟、領受菩提心戒等等。

二、正行修練菩提心

（一）勝義菩提心

第二個部分是關於培養菩提心的實際修持，包括培養勝義和世俗這兩種菩提心。培養勝義菩提心又可分為兩者，也就是：禪定等持的修練，以及稱為「後得位」的座間修練。

因具妄念故應當數息

首先，作為禪定等持修練的前行，文中如是說：

因具妄念故應當數息。

「妄念」一詞在這兒所指的是粗大的散漫念頭（妄想）。建議要以數息作為減少妄念的方法。一輪的呼氣、吸氣以及不做呼吸，算作一個循環。這樣的循環要數大約二十一次。這樣做，便能讓粗大的妄想平息下來。這個方法在眾多咒乘的修行引導中都有提到，而蓮花戒論師在他的《修習次第》（*Bhāvanākrama*）中也多次提及數息的重要性。[143]

接下來進入正行：

應當思惟諸法皆如夢，
觀察無生覺知原始性，
對治本身亦是自解脫，
安住道體阿賴耶性中。

1. 應當思惟諸法皆如夢

顯現於外的一切現象其實不離於心。我們應當思惟一切現象就是心的顯相，猶如夢一般。夢僅僅是不離於心的內在顯相。同樣地，色、聲、香、味、觸等顯現於外的現象，也都不離於心。若能

143 蓮華戒論師在其著作《修習次第》（*Bhāvanākrama*）中篇和後篇裡面提到：「正確呼吸的重要性，其為修持寂止的必要條件。」參見達賴喇嘛（Dalai Lama）《禪修地圖》二〇〇三年版，第一百零六頁提到的示例。

如此思惟，則現前的對境便可被視爲不實有。那麼，心是怎樣的一種存在呢？偈頌建議我們要：

觀察無生覺知原始性。

2. 觀察無生覺知原始性

心從未生起過，心即是無生。因爲無生，所以心既不滅盡，也不安住於任何一處。這樣的覺知，或者說心，即是無生、無滅，它是空性。據稱，這就是需要觀察（分析）的地方。藉此觀察，心的原始自性無法成立爲實有。因而我們也會發現，能取的心同樣亦非實有。

此處所說的「分析」所指爲何？一般而言，當要培養波羅蜜多乘的見地時，必須運用概念式的分析。藉由中觀的邏輯理路來分析事物本性時，我們會了解到一切現象的原始自性。這份了解即稱爲「見地」。波羅蜜多乘以認識到此見地，作爲培養離戲（the uncontrived）的方法。因而在此脈絡中，確實必須要進行分析。

不過，在密咒乘的脈絡中，則有培養見地的不同方法，所以我們就不會說概念分析的運用總是有其必要。根據格魯派的傳規，即使是在密咒的脈絡中，仍有必要藉由邏輯理路去做分析。然而，其他的傳規則主張，在密咒中有不同的方法可以達到這個見地，因此便不見得每次都需要進行分析。另一方面，對於波羅蜜多乘的見地來說，絕對需要藉由邏輯理路來分析。

見地可透過分析而獲得確信，爾後便以不藉安立任何對境的方式來修心，如此一來，心就完全不會執取任何事物。這與心無作意而安住，是一樣的。因此偈頌說：

觀察無生覺知原始性。

3. 對治本身亦是自解脫

下一句偈頌說：

對治本身亦是自解脫。（即使對治本身也在自己的基上消融。）

「對治」在此處所指的即是「諸法原始自性爲空性」的這個想法。之所以稱爲「對治」，是因爲它其實便是我執的對治法，而我執是需要捨棄的。這個對治它「本身」是安住於空性的[144]，因此被

144　這種想法並不安住於空性以外的任何地方。換句話說：空性即為該想法的自性。

賦予了「基」（ground）這個名稱。例如：在分析「它是空性」這個念頭的原始自性時，即使連這種殊勝的智識也必須消融於空性當中，而空性是離於一切分別戲論的狀態。那麼，應當如何培養此見地呢？

4. 安住體性阿賴耶性中〔道之體性即是（將自心）安住於阿賴耶〕

「體性」在此所指的即是本性或自性。[145] 因此「阿賴耶」必須理解成僅僅是心的明性或光明的層面（明分）。

一般而言，會提及心（心王）與心所（mental factors）這兩個面向。心具有很多執受的模式。尤其，能夠執受對境本體（體）和執受對境整體面向（相）的主要心識，就有各式不同的種類。[146] 從這些當中，我們必須認識到阿賴耶僅僅是心的明分。阿賴耶是即將趣向外在對境的心之明分[147]，而此阿賴耶的體性超越一切分別戲論。要將自心安放在這個狀態中。就此方面而言，培養見地的方式在薩迦、噶舉以及寧瑪的傳規來說是一樣的。

對於所執受的對境[148]，並不執取四種邊見的任何一邊，也不以任何方式執取能執受對境的心，我們應當如此安住在這種自然、自安住的狀態，毫無修整或改造，毫無拒斥或認可。至此講完了座上修的解釋。

在勝義菩提心禪修後的座間修中，要將任何會顯現於心的人，也就是自己、他人、任何人，都視爲幻人。偈頌如此說：

座間觀修如同幻士夫。

5. 座間觀修如同幻士夫

這指的是應當將任何顯現於心的人，包括自己、他人、任何人，全數當成如幻的人來看待，意思是那些幻化所造的人，儘管有所顯現，卻爲不眞實的。這樣的修練方式肯定能增長你在禪定等持中所獲證的了悟。

---

145 藏文名相為：體性（ngo bo）、本性（gnas lugs）與自性（rang bzhin）。

146 一般會提到與六根相關的六種心王。按照唯識宗的看法，則有八個心王，也就是在前六個之外，加上末那識（klistamanas）與阿賴耶識（ālayavijñāna，意思：含藏識或普基識）。

147 換句話說：此為心尚未執受任何對境時，那份能知的明性。

148 心執受對境時所認為的四種邊見，分別為：有、無、亦有亦無、非有非無。

（二）世俗菩提心

世俗菩提心的培養分為三部分：前行、正行，以及座間威儀。關於前行，根本頌說到：

首當善修慈（悲）心。

首當善修慈（悲）心

培養菩提心的第一步，即是培養慈心與悲心二者。根據噶當派的傳規，大乘法道是藉由七重因果的步驟來修持的。[149]

一、知母：首先，我們應當思惟一切眾生都曾經當過我們的母親。

二、念慈：如此可以了知，一切眾生皆曾對我們非常慈愛。我們應當思及，他們全都當過我們的母親，所以根本不可能報答他們全部的恩德。

三、報恩：然而，因此恩必當回報，我們應發願要報答他們的恩德。

四、慈心：接著，我們要培養慈心。意思是希求一切眾生能夠獲得樂及樂因的願望。也就是祈願一切眾生在暫時的層次上能夠獲得增上生的安樂，並且在究竟的層次上能夠證得佛果。於此，祈願一切眾生皆能成佛，是至關緊要之重點，因此應當如此一再祈願。也可以藉由念誦來反覆希求。例如：我們應當藉由思惟「願一切眾生證得佛果」或「我必須將一切眾生安置於佛果」，時時刻刻且盡心盡力的培養這樣的想法。這個就稱爲慈心。

五、悲心：悲心是指希求一切眾生離苦及苦因的願望。我們應當培養以下的想法：「我要令一切眾生從輪迴解脫！願他們解脫！願他們從導致痛苦的不善當中解脫。」反覆如是思惟，即是悲心的修持。

爲了培養慈心與悲心，就必須善加生起出離心。所以才說，我們首先應當修持前行，深切思惟輪迴的過患等等。如果有人不怎麼了解輪迴的過患，他便不可能生起眞誠的慈心與悲心；倘若沒有慈心和悲心，則不可能生起菩提心。[150]

149 七重因果修心法的七種步驟，總攝了大乘法道的整體修持：（1）知母：將一切眾生都視為自己的摯愛母親（2）念恩：憶念眾生的恩慈（3）報恩：想要回報眾生的恩慈（4）慈心：生起大慈心（5）悲心：生起大悲心（6）增上意樂：發起並修持兩種菩提心（願菩提心與行菩提心）（7）成佛：證得究竟佛果位。

150 第六步驟為：培養菩提心，因而帶來最終的第七次第──證得圓滿菩提。

因此，了解所有的前行次第是如此重要後，就該好好修持。我們不應捨棄慈心與悲心。若是曾經領受菩薩戒，卻捨棄慈心與悲心，便違犯了誓言。

關於正行，偈頌說到：

輪番修練施受法。

1. 輪番修練施受法

阿底峽尊者在一些修心的教誡中，傳授了自他平等及自他交換的修持。[151]另一方面，在金洲大師傳授下來的竅訣中，則教導只需要修持自他交換。根據金洲大師的教法，最先傳授給弟子的是自他交換，而不是自他平等。

在交換的修持當中，「施」所指的是：懷著「願此布施能爲一切有情眾生帶來成佛順緣」的希望，而布施一切、身體，連同財產以及三世所累積的善德。藉由「受」，將一切有情眾生的苦及苦因取來讓自己承受，並希望以此方式讓他們離苦及苦因。因此，應當兩者交替，也就是輪番修練施與受。

2. 此二當乘風息上

有時，「此二當乘風息上」。這指的是：我們應當藉由將施與受安住在如同風馬的呼吸上，來修練施與受。透過鼻子吸氣時，思惟將一切眾生的惡行與痛苦以黑煙的形式吸入自心；透過鼻子呼氣時，思惟自己所有的安樂與善德以白光的形式照耀一切眾生，並藉此帶給他們成佛所需的一切因緣。

在座間的時候，我們則要：

> 三境、三毒、三善根。
> 行止皆依教言修。
> 取受次第始於己。

3. 三境、三毒、三善根

三種對境指的是：悅意、不悅意以及無記的對境。三毒煩惱依於這三種對境而生。接著，偈

151 這看來屬於阿底峽尊者另外兩位主要菩提心上師的法門。參見圖登津巴（Thubten Jinpa）《修心鉅集》二〇〇六年版，第八頁。

文解釋說：我們必須依於這三個對境，將三毒煩惱轉化成三善根。例如：遇到悅意對境的時候會產生貪欲與執著，我們應當藉由思及「無數眾生與我一樣受到貪欲所擾，願他們的貪欲都在我身上成熟；願一切眾生具有離貪的善根，進而將貪欲和執著轉爲道用。」以相同的方式，思及「願一切眾生具有離瞋的善根」，以及「願一切眾生具有離痴的善根。」

若能藉由這種方式來改變自己的心態，我們就能將三毒轉化爲三善根。爲了達到這個目的，文中建議我們要在自己的煩惱之上，也取受他人的煩惱。當煩惱活躍之際，在波羅蜜多乘中有許多去除煩惱的方法。例如：克服煩惱的方法之一就是培養見地，另一種則是藉由修心來擺脫煩惱。因此，當瞋恨熾盛且無法以其他方法克服的時候，就應當以此修心之法來修練，並且要想著：「願一切眾生的瞋恨在我身上成熟，並願他們具有離瞋的善根。」

4. 行止皆依教言修（提醒自己在所有的境遇中都要運用偈頌來修練）

爲了提醒自己要有菩提心，文中建議在任何情況下都依照教言或偈頌來修練。這點非常重要！在修持本尊的時候，也應當藉由念誦出「眼球的中心是黑色，邊緣是白色」等教言，而如是觀修。若能藉由此脈絡中的教言，以類似的方式修練，將能大大助益於修心的行持。

有一則故事，關於一位住在南印度的佛教修行人，他藉由詞義來培養四聖諦的智慧。這指的是：我們應該在觀修四聖諦的同時，一邊念誦出「苦諦、集諦」等等的字詞。同樣地，在修心的脈絡中，藉由偈頌的字詞來修練，也具有很大的利益。

> 願諸母親有情眾生之苦於我身上成熟，
> 並願以我自己的安樂讓他們獲得安樂。

這是龍樹菩薩在《寶鬘論》（*Jewel Garland*，梵文：*Ratnāvalī*）中所寫的祈願文。念誦這偈言即使是僅僅一次，其利益也是不可思議的，因此，我們應當修練四無量心[152]的念誦。並且，若能力所及，也應當以此方式禪修四無量心。如果未能這般修練，則可以藉由念誦以下的偈言來提醒自己：

> 願一切眾生具樂及樂因。

152 四無量心為：慈無量心、悲無量心、喜無量心、捨無量心，分別藉由以下的四種祈願來表述：願一切眾生具足樂及樂因、願一切眾生遠離苦及苦因、願一切眾生恆時不離無苦之樂、願一切眾生遠離親疏愛憎常住大平等捨。

另外，過去有一位噶當派的祖師，也是以這個方式來觀修無常。他在思惟死期不定之後，認爲一切只爲今生而做的事務都是無用的，於是手握念珠[153]，反覆念誦了好幾次「無用的」。

5. 取受次第始於己

這指的是：藏文稱爲tonglen的「施受法」中，關於取受的修持。我們應當從自己取受惡業與痛苦的次第開始。例如：當疾病與痛苦發生時，首先要取受自己未來的痛苦，也就是思惟：「願我在自己正在體驗的痛苦之上，另外取受未來直至成佛會降臨於我的一切諸多痛苦，包括未來可能投生爲地獄道眾生之苦，以及我所造作而導致這類投生之因」。

如果能夠做到這種方式的修練，便可接著修練自心去取受他人的苦及苦因。據說若是以此方式修練，便能善加修練兩種菩提心。

到此爲止，修心的正行已經解釋完畢。這是大乘至高無上的修持。據說沒有比此更爲殊勝的修持了！阿底峽尊者依據寂天菩薩的《入菩薩行論》而詳盡教導了這個修持。他說：「對菩薩行的修持而言，修心是必不可缺的。」而對所有的修行者來說，此乃至高無上的修持。

以上講完前行與正行這兩個要點。

接下來，從「轉惡緣爲菩提道」開始解釋五個補充要點。

三、惡緣轉為菩提道

罪惡遍滿器情時（當世間與眾生充滿罪業），

惡緣轉爲菩提道（要將惡緣轉化爲菩提道）。

由於往昔所造惡行的果報，我們無法經驗到悅意的環境和居家等等，並與具有敵意的眾生一起生活。此乃過去所積惡行的果報。因此，根本頌提到的「惡緣」包含了濁世中徹底衰敗的環境與眾生，這些是不利於修持佛法的條件。與其讓它們成爲惡緣，應當將它們轉爲菩提道。

那麼，面對外境與眾生施加於己的這類傷害，該如何轉惡緣爲道用呢？可以透過培養世俗菩提心或勝義菩提心來修練；或者，也可以藉由特定的修持來將這類情況轉爲道用。

153 佛教徒經常用來計算咒數的念珠。

（一）藉由世俗菩提心轉化惡緣

1. 所有報應皆歸一

我們不應該將遇到的所有問題，都歸咎於自己找來的藉口上。其實我們要找的藉口，應該只有一件事。那會是什麼呢？就是我們的自我珍愛（愛我執）。無論我們經歷什麼痛苦，可能由外境的因素而起，或者由某種的疾病所致，都不是他人所造成的。所有的問題，都是因我們的自我珍愛而來。

如同《入中論》（*Introduction to the Middle Way*，梵文：*Madhyamakāvatāra*）第六菩提心現前地品第一二〇偈頌前兩句所云：

> 所有煩惱諸過患，
> 無餘皆因壞聚見，
> 一旦得以了知此……[154]

所有的煩惱、問題或痛苦都是從執受有我的壞聚見而起。因此，我們應當盡可能地承擔所有的咎責。

《入菩薩行論》說：

世間一切之傷害，
無論恐懼與痛苦，
悉皆來自於我執，
此大魔於我何用？[155]

法稱論師在《釋量論》（*Explanation of the Means of Valid Cognition*，梵文：*Pramāṇavārttika*）的第二成量品第二一九偈頌寫道：

我之概念凡建立，餘法則成爲他者，
由此自他二立場，貪執瞋恚由是起，
又因此二纏縛深，種種過患於是生。[156]

154 按照佛教的看法，認為：有我的想法，是一種基於執受五蘊而施設的指稱。由於五蘊為刹那變化，故而稱為「壞聚」（消亡中的聚合物）。因此，依於這種消亡中的聚合物而施設的我見，從根本上來說就是個錯謬。譯註：全頌為「慧見煩惱諸過患，皆從薩迦耶見生，由了知我是彼境，故瑜伽師先破我。」

155 譯註：第八〈靜慮品〉第一三四偈頌「一切世間所有諸逼惱，怖畏苦痛凡諸衰損事，悉皆從於我執而出生，此大惡魔於我有何益？」

156 譯註：出自《釋量論略解》：「有我則知他，我他分執瞋，由此等相繫，起一切過失。」法尊法師譯。

應當依此而承擔一切的責任。我們也許會認爲，發生在我們身上的這些壞事，都是別人所造成的。這就是執著有我的過患。以佛陀舉例，就算有人把千千萬萬的苦難加諸於佛陀身上，他也不會受到絲毫的傷害。這是由於不執著自我的力量。因此，我們務必盡力捨棄這個我執的習氣。

2. 觀想一切皆有恩（深思一切眾生的偉大恩德）

這句偈言告訴我們，有必要培養一切眾生皆於我有恩的這個觀點。沒有任何一位眾生不曾當過我們的父親或母親。因此，要報答他們所有的恩德，根本是不可能的。並且，對於我們最終證得佛果位的這個目標來說，若不仰賴眾生就無法成佛。所以，一切的幸福與安樂都需要仰賴有情眾生。我們理當對所有的眾生懷有極大的感恩之情。

實際上，首先必須要了解此脈絡中所說的我執是什麼意思。我執就是珍愛自我的行爲舉止，意思是自己把自己變得非常重要。例如：我執認爲「我一定會獲勝」、「我一定要達到最高的成就」、「我一定要獲得最好的」。一切的過患都來自於這種心態。如果我們想一想便可曉得，我們所累積的一切煩惱與不善業都來自於這種我執。我們務必明白這一點。

（二）以勝義菩提心轉化惡緣

觀迷妄相乃四身，
空性守護最無上。

將那些從迷惑而生的顯相[157]觀修爲四身，便可獲得空性的無上保護。惡緣與障礙來自於對那些顯現於迷惑心中的事物有所執著，如果能將這些惡緣與障礙視爲四身，即可受到空性的保護。據說這是免於障礙的最佳保護形式。

一般而言，有許多種類的顯相都由迷惑產生，而我們務必關注的，尤以那些法道上所出現的障礙爲主。此處，見到空性指的是：見到四身的體性。我們應當將無生視爲法身、將無滅視爲報身、將無住視爲化身、將此三者的無二無別視爲自性身。[158]我們應當將厄運的體性視爲等同於四身的體性，意思是我們必須將心安放在空性的狀態中。

157 「顯相」一詞為藏文名相 nang-wa（snang ba）的翻譯，由於它代表了顯現於心者，所以也翻譯為「感知」。要了解的是：特別在目前的脈絡中，顯現於心的一切，都無異於心的感知，因此並非外在對境實際狀態的反映，這一點相當重要！

158 換句話說：要了解障礙的究竟自性為無生、無滅、無住的空性。這個見地適用於一般的所有顯相，而在本篇的內涵中，則指對於障礙的經驗。

當我們說到應當觀修迷惑顯相即是四身時，意指它們爲四身的自性，而非它們本身就是實際的四種佛身。在密咒乘中說到「由迷惑所生的顯相爲四身」時，指的是：有關輪涅無別見地的教誡，而非此處所要表達的意思。

簡而言之，觀修空性乃是保護自己免於障礙的絕佳方法。無論發生什麼不順遂的狀況，我們都應當思惟其體性無異於空性，而空性的體性始終如一，佛陀不能使之增益，眾生無法使之減損。

進一步又說，若能思惟「顯相本身即是心」，則那些障礙就不會造成傷害。

（三）以特定修持轉惡緣爲道

1. 四種加行勝方便（此殊勝的方便法門共有四種修持）

修持佛法時，必然會面臨許多的不順遂。應對它們的方式就是遣除障礙，包含以下四種修持：累積資糧、發露己惡、施予做障者食子、供養護法食子。

在這裡，爲做障者施予食子，是指一個人在受到疾病所擾或邪靈所害時要供養食子。經驗豐富的修心行者會感謝那些造成傷害的做障者。供養食子時，他們會說：「非常感謝你幫助我調伏了自己的我執！此事多多益善，還請盡量如此」，接著再施予食子。若是無法作此觀修，則應一邊施予食子，一邊表示：「請勿阻礙我的佛法修持。現在，請對這個食子感到滿足並且離開。」

最後，你應該爲護法供養食子，同時敦促他們持續行使各自的事業。

這些修持稱爲「具有四種修持的殊勝方便法門」。

2. 一切際遇皆禪修（盡可能將修持應用到非預期的事件中）

「將修持應用到意料之外的情況」，意思是：我們應當對任何的突發事件進行修持。例如：若有糟糕的事情發生，就訓練自己藉此厄運而將一切眾生的痛苦取受於自己之上。同樣地，若有開心的好事發生，便以此作爲修持的所依，並培養「願一切眾生獲得安樂」的想法。

四、宣說彙整終生實修之法

（一）略攝口訣之精要：應當運用五種力

略攝口訣之精要，
應當運用五種力。

大乘修持口訣教誡的精髓，總攝於以下的五力：

一、引發力：也就是要思惟「從今直至成佛果，我將培養菩提心」。噶當派的修行者常說：「未來必當行善，現在也要積德。」我們應該具備這種堅定的決心。這稱為引發的力量。

二、串習力：意思是要不斷讓自己嫻熟於修心的內涵。

三、善種力：這種力量是指一個人致力於供養和累積福德，並且發願要成辦修心，例如：「願我成辦修心」。

四、破斥力：仔細思考由珍愛自我所來的一切問題。它導致我們無始以來持續在輪迴的循環中，而今生也是它阻礙了我們的佛法修持。就算我們眞的做了一些修持，正是珍愛自我導致我們的佛法修行有所缺失與障礙。因此我們要將珍愛自我視爲一切敵人中的頭號宿敵。

當我們受到珍愛自我的影響時，我們應當果斷堅定而絕不屈服於它，如同《入菩薩行論》中所說：

即使受到斷頭之威脅，
我也不向煩惱做屈服。[159]

五、發願力

上述的五種力量，應當成為我們主要的修持。

（二）大乘往生之教誡──即此五力，重威儀

針對臨終的修持，文中提到：

大乘往生之教誡，
即此五力，重威儀。

159 譯註：第四不放逸品第四十四偈頌「刀鋸鼎鑊加我身，雖斷吾頭亦易事，終不應於煩惱敵，甘心俯首而歸順。」

關於臨終遷識（phowa，音譯：破瓦）的方式，有許多的教誡。就此脈絡而言，我們所說的遷識教誡是根據大乘的波羅蜜多傳規。文中建議我們要按照這些教誡來修練，是因為若能在臨終之際憶念佛陀，將有很大的利益。「威儀至關重要」這句話的意思是：一個人在臨終時的姿勢是個關鍵因素。最佳的方式為腰背挺直，雙跏趺坐，採用所謂的毘盧遮那七支坐法。若無法這麼做，則以佛陀的右臥姿[160]往生亦屬妥當。

五、嫺熟修心之標準

諸法歸於一必要，二種見證取其要，
恆時唯存歡喜心，散亂亦成，已嫺熟。

（一）諸法歸於一必要

「諸法」在此指的是：大乘與小乘的佛陀教法。「歸於一必要」意思是：諸法皆是為了同一個要旨——所有教法的唯一目的就是調伏我執。

佛陀教導了大乘與小乘這兩種教法。為了調伏珍愛自我而傳授的教法，稱為小乘教法；為了培養珍愛他人心態的教法，稱為大乘教法。因此，大乘與小乘兩種教法都是為了調伏珍愛自我此單一目的。這就是「諸法歸於一必要」的意思。

那麼，我們該如何評估自己是否眞正在實踐教法呢？若是我們的珍愛自我有所減少，這表示我們已在修持佛法。如果珍愛自我不減反增的話，佛法就變得沒有意義了。例如：若有學者認爲「我博學多聞！」而心生憍慢，就犯下了一個佛法上的根本錯誤。若有修行者認爲「我是偉大的禪修士，沒有哪個禪修士比我更偉大了！」如此便錯失了佛法的全部要點。

（二）二種見證取其要

個人佛法修持的見證者有兩種：他人和自心。那麼，儘管他人確實可以當作見證者，但因爲他人無法評價個人修持的優劣，主要的見證者還是自己的心。不能僅憑外在的行爲和言語來評估，而主要必須由自己的心來評估。這在各種釋論中都有提及。如果認爲「即使我現在就死去而投生到地獄，我已經盡了人事，再來就聽天命吧」，這表示我們對自己的修持已有確信。這是成爲一位優秀、眞實修行者的徵兆。

160 佛陀右臥姿是指：佛在入於涅槃時所採取的姿勢。

（三）恆時唯存歡喜心

我們應該始終致力於保持自心的舒坦，永遠不要讓自己變得不安。無論遇到什麼不順遂的情況，都要時時刻刻維護內在的安適，提醒自己仍然要以修心的方法進行修持。大乘法中最大的敵人爲瞋恨。瞋恨最初是源自於被某些可能微不足道的原因所激惱。因此，如果要制止憤怒，就必須從一開始就斷絕這種內心的煩躁狀態。

在《入菩薩行論》中，我們讀到：

無論發生任何事，
不使擾亂歡喜心。[161]

有一句噶當派諺語是這麼表達的：

說「此格西患病」並無錯謬處。
然若說「此格西之心不舒坦」，
則爲該位格西缺乏修持之徵兆。

因此，保持歡喜舒坦之心至關重要。

不論感覺安好或痛苦、受到稱讚或貶低，若能在任何境遇中都保持平靜心，這代表修心已然有成。

（四）散亂亦成，已嫻熟

即使並未刻意運用正念和正知，不是在思惟佛法，也沒有特別謹慎，但仍有能力透過修心來終止煩惱，這便是修持有成的一個標誌。

六、修心之誓言

（一）恆常修學三總綱

意思是我們應當按照以下三點來修練：

161 譯註：第六安忍品第十偈頌「我今任為何因緣，不應動亂歡喜心，不樂所求仍不得，且令諸善皆失壞。」

1. 不要違反自己的修心誓言

應該要遵守自己所做出的承諾。我們在許多噶當派上師的口述教法中，可看到這句諺語：「一法不可詆毀另一法」。例如：若有人自命爲學者，他可能認爲自己不需要遵守戒律或進行實修。反之，有人可能是位實修者，卻以此作爲不需聽聞和學習的正當理由。這些態度都應當避免。同樣地，禪修者不應免除祈願文等的念誦，念誦者也不應迴避禪修的行持。因此，如果你認爲自己是一位修心的行者，就不應該壞失個人的誓言。

2. 不要魯莽進行修心的行持

不應該自以爲是修心的行者就會受到保護，便去有鬼的地方，或是和患有傳染病的人待在一起。一般而言，爲了不讓他人認爲我們是修心的行者，便不應該讓自己的修持顯而易見。

3. 不要讓修心變得單方片面

與其只用特定的對境來培養自己的修心能力，而無法運用其他的對境；反而應當讓自己在任何情況中都能夠修持自心。舉例來說，如果能夠忍耐親近者所導致的傷害，卻無法忍耐敵對者所導致的傷害；或者，可以安忍他人所造成的傷害，卻無法安忍疾病所造成的傷害，這樣的修持便是單方的、片面的。你應當在任何境遇之中都盡可能地修持。

（二）轉變心態處自然

「心態」在這裡是指一個人的感知。我們需要改變自己的感知。另一方面，我們的行持則不需改變，而是應保持自然。例如：在剛開始修持而尚未真正改善內心時，不應試圖以身體上的行爲和言語來讓別人印象深刻。因此，應該要向內修心，但身體和言語則不做改變。

（三）切莫談論人之短

這句話單純是指不應談論別人在身體上少了手腳等殘疾的缺陷，也不應談論別人在不守戒律等等方面的缺點。

（四）切勿於他做評斷

整體而言，我們不應關注他人的過失，甚至連動物的過失也是。我們尤其不應關注已進入佛法修持者的過失，尤其是那些和我們一起生活的人。再者，我們應當要想：「若是看到他人有過失，那些只不過是我迷惑心的投射而已，並非他人的過失。一切顯相都是心。」

通常，自讚毀他既有違佛法，也背離世間的約定俗成。巴楚仁波切經常談到這一點。此外，菩薩的過患，根源就在於自讚毀他[162]，而此心態來自於看到他人的過失。因此，我們不應當提及他人的過失。故而，不要滿腦子都想著他人的過失與自己的功德，這一點十分重要！簡略地說，就是要關注他人的功德和自己的過失。由於我們所必須盡力捨棄的正是自己的過失，所以切勿談論別人的過失。

（五）較強煩惱應先淨

我們應當藉由檢視自心來淨除一切的煩惱，也應當從最強大的煩惱著手。首先檢視自己的煩惱，看看哪個最爲熾盛，是傲慢，還是慳吝等等？如果自己找不出來，應當請求朋友來協助檢視，然後著手淨除任何一個他們覺得我們最強大的煩惱。

（六）斷諸於果之希求

在修持自心的時候，應當避免一切對於成果的冀望與期待。冀望在此是指：希求透過修心的行持來達到個人的利益，例如：期待「藉由修心可以平息鬼魅造成的疾病與障礙」，或是「別人會說我是不錯的佛法修行者並對我供養和禮敬」，或是「修心能有助於避免來世投生至地獄道」，甚或是「此乃獲得解脫的方法」。簡單地說，務求避免各種冀望透過修心而帶來個人利益或成就個人利益的意圖。

（七）捨棄有毒食

食物可以滋養我們的身體，但若是有毒，就會對我們造成傷害。同理，培養菩提心是獲得最終大樂佛果的方法。然而，如果執著事物爲實有，則無法跨越輪迴汪洋。因此，就必須禪修空性，以便不將菩提心的培養執著爲實有。大乘法道的修持需要方便與智慧兩者。上述的解釋爲關於方便的部分，而且必須以見地貫穿這些修持。對於世俗上的所有顯相，都必須以見地來融會貫通。思及「此爲空性，猶如幻相」之時，方便與智慧即合而爲一。若是尚未培養方便與智慧雙運的見地，菩

162 如果違犯了這個根本誓言，便壞失了菩薩戒。

提心的修持將變成有如具毒的食物。在此，具毒的食物意思是四種執著[163]。因此，不論我們累積哪些善德，都應當以離於四種執著之任何一種的心來進行。

（八）莫惦念不忘（勿維持不當的忠誠）

例如：一位有著不當忠誠的人，永遠不會忘記自己從別人那裡得到的好處；但也會將別人所造成傷害銘記在心，即使事過境遷都還耿耿於懷。此偈言的意思是：我們不應將這類的紀錄長久保存。

（九）勿唇槍舌戰（勿涉入險惡的爭鬥）

這裡的爭鬥是指爭吵或爭辯。險惡的爭鬥是什麼呢？當別人揭露自己的缺點時，若是盡可能地去攻擊對方的弱點作爲報復，這就是揭露對方缺失或涉入險惡爭鬥的意思。我們不應如此。

（十）莫伺機而動

意思是：我們不應尋找機會傷害他人。下面的例子說明了這一點。如果受到敵人傷害但不能立刻還擊時，人們可能會等待時機以便報復。同樣地，如果別人與我們作對或傷害我們時，我們可能會想：「我無法即刻對此做出回應，但到了可以還擊的時候，我就會復仇」。應該要捨棄這種想法。

若人以怨而報德，應當培養大悲心。
世間聖者皆勸誡，我等應以德報怨。[164]

因此，就算受到傷害，仍應盡己所能而幫助他人，以此作爲回應。

（十一）勿刺其要害

我們不應當做出任何有害的事情。我們不應當在公共場合說出傷害他人的言語，例如：「你是小偷！」或「你的戒律很差！」保護他人的感受，是佛法修行者在修持當中的關鍵要點。我們應當如同關注調伏自心煩惱的需要一樣，注意自己行爲舉止的方方面面，甚至注意我們與他人的交談方式。

163　四種執著分別為：執著此生、執著投生於輪迴善趣、執著個人利益，以及心中的執取。

164　在切喀瓦為朗日唐巴《修心八義》所寫的釋論中，有一段幾乎相同的引述。參見圖登津巴《修心鉅集》二〇〇六年版，第二百八十六頁。

（十二）犏牛馱物莫移與黃牛[165]

此偈文說我們不應將犏牛的重擔，放在黃牛之類較小動物的背上。意思是：不可將自己所犯的錯誤加諸在他人身上。若是自己做了錯事，永遠都不應指控他人，說著「這是別人做的！」

在《入菩薩行論》中讀到：

即使吾犯微小錯，
仍向眾人做發露。
縱爲他人微小錯，
我亦攬之爲己有。[166]

無論別人犯了什麼錯，我們都應聲明是自己要爲那些錯負責。若是做不到這一點，至少應當避免將自己的錯歸咎於他人。

（十三）莫要誤用禳災法

有些特定儀式是用來消除由鬼魅造成的疾病，或是用來迴遮惡咒，而這類的儀式只對今生有益。這句偈言的意思是：不宜將修心的行持僅僅當作用來消除鬼魅所致疾病或障礙的方法，因爲那些疾病或障礙只會對今生造成影響。同理，我們也不應爲了想要獲得讚揚、受人稱許爲優秀佛法行者而做修持。對於修心，這些動機都不恰當。

（十四）勿好強爭先

這指的是：想要在賽馬等場合搶先爭贏的心態，應當避免此等的心態。不論一位佛法修行者有多麼博學、多麼老練，都絕對不宜認爲「我是最出名的！我最受人尊崇！我獲得了最大的供養和禮敬！」

（十五）莫使天尊淪爲魔

這裡的天尊是指利益他人者；而魔是造成傷害者。若是一位天尊傷害了他人，就會降到魔的等級。這裡所指的意思是什麼呢？修心的培養是用來對治我執與煩惱。因此，若是有人在行持修心，

165 這一段的藏文字義為：不要把犏牛所馱之物轉移到黃牛的身上。犏牛（dzo）為氂牛與黃牛的混種，因為孔武有力而聞名。

166 譯註：第八〈靜慮品〉第一六二偈頌「若時他人做惡事，引咎歸過於自身，自身做罪雖微細，亦當大眾披誠懺。」

卻想著：「我是一位修心的行持者，我真是一位傑出的佛法修行者，別人才沒有我這種修心法。」那麼此人就會變得憍慢且看低他人。這就像是把天尊降爲魔的等級，而修心之法就變成不是佛法了。我們不應如此。

關於這一點，巴楚仁波切表示：傲慢是暗暗尾隨善德的鬼魅。每個善行，都會帶來一份傲慢。因此，巴楚仁波切認爲，我們應當謹愼以對而不要心生傲慢。傲慢會引起重大的過患。

我如最卑微僕役，
每份工作盡力爲。[167]

無論我們和誰來往，都應當思惟：「我是最差勁的，我是最低下的，就像是最卑微的僕人」。與其認爲「我博學多聞，比別人高明」，反而應當想著「我是最無知的」。由於傲慢會帶來許多煩惱，所以我們應當認爲自己是最低劣的，並讓自己成爲最卑微的僕人。

（十六）勿爲些微安樂而盼他人苦

意思是：我們不應當將自己的快樂建立在別人的悲傷或痛苦之上。這包括希望在某人往生之後獲得對方的財產，或者在某個有名望的人往生之後獲得聲譽。

以上總結了對修心誓言的解釋。於此脈絡之中，誓言與要捨棄的行爲與心態有關。另一方面，學處則是我們需要付諸實踐的事。

七、修心學處

（一）諸瑜伽以一貫之

在密咒修持的內涵中，有很多種類的瑜伽或修持，例如：飲食瑜伽、睡眠瑜伽、覺寤瑜伽等等。在修心的內涵中，這樣的修持則不多。此處的建議是：我們要以一種方式進行所有的瑜伽或活動，而這種方式就是「自他交換」。例如：當我們在品嘗美食的時候，應該思惟：「這份食物眞棒。願一切眾生皆能受用百味之食！」並練習將這種食物贈予或分送他人。反之，在吃到劣質食物的時候，則應想著：「願我所吃的這份劣質食物，便是他人會吃到的所有劣質食物。願所有其他的人因而不會再吃到這種劣質食物！」並藉此來讓自己練習承擔。我們應當以這種方式修持，用一種方式進行所有的瑜伽或活動。

167 譯註：第八〈靜慮品〉第一六三偈頌「我如最下僕使人，為人傭雇做諸務。」

（二）改正亦以一貫之

修持佛法，會遇到很多障礙。用來克服這些障礙的方法，稱爲除障法。而一切除障的修持，都是用一種方法來進行的，那就是：施受法的修心行持。這要如何做呢？例如：當你在行持修心而染上疾病時，你可能會對修心的行持感到氣餒。這個時候，你應當專注於施受法中的取受修持，心想：「世上有許多人都患有類似的疾病，也有許多人對修心的行持心灰意冷，願我能毫無遺漏地承受一切這類眾生在修持上的所有逆境。」教導說，我們應該生起如此的念頭，而使障礙得以消除。藉由這種方式，我們便能將違緣融入於道。

同樣地，對於佛法的修持來說，也有許多違緣。在每一種情況下，我們都應當如前所述而生起：「願一切眾生具有修持佛法之順緣」的念頭。這便是我們應該修持的方式。

（三）始終二時二種事

有兩件事要做：一是早上起床，一是入睡之前。當我們早上起床時，應當想著：「今天我要好好培養菩提心。」如果我們在起床時生起這個念頭，將會有很大的利益。

我們入睡之前，應當自我檢視，問問：「我今天是如何度過的？」我們應當分析自己的行爲是否符合菩提心的修持；還是與之抵觸。如果我們做得不錯，應當隨喜自己；若是有所偏差，則當心生懊悔，並承諾不再重蹈覆轍。我們應該藉此隨喜自己所造的善行，並發露所犯的過失。

（四）二者任一皆安忍

這裡的二者是指：安樂和悲傷，或幸運和厄運。無論發生了其中哪一種，都應當要平等地承受。例如：有人變得家財萬貫，他可能因此認爲「現在，沒有誰比我高明！我做什麼，都是對的。」這樣的想法會使我們看不起別人，而稱爲「無法承受安樂」。[168]

另一方面，若因家道沒落而變得灰心喪志，並且想著：「像我這樣無助的人，哪有可能成辦佛法的修持？」像這樣不利於修持佛法的情況發生時，便屬於「無法承受困頓」。

因此，不論榮華富貴或是窮困潦倒，我們都應行持修心。當我們享有安樂與幸福的時候，應當如下思惟並行持修心：「若在當今具足物質條件且安樂的時候卻不修持，我什麼時候才會修持呢？」

168 意思是：如果你因為變得富有而感到某種程度的快樂，若是因此變得傲慢，且開始不顧他人的需求，你就沒辦法保持那種快樂。

即使在窮途末路之際，我們仍要想著：「這對我來說是修持佛法的好機會。若是現在不修，什麼時候才要修呢？」應當如此思惟，並且行持修心。我們應當透過這個方式，將幸運與厄運轉化爲修持佛法的順緣。

若是我們經濟十分寬裕，與其變得傲慢，應當保持謙遜。即使我們變得悽慘有如餓鬼，也不該意志消沉。不論發生什麼，我們都要將所有的境遇轉化爲修心的順緣。我們應將此法運用在所有的情況中，平等地承受稱譽和譏毀，名利雙收或名財兩空。透過這個方式，不讓任何情況不利於修行，反而將其轉爲順緣，這是我們應該要做到的。

（五）不顧性命護二事

這裡提到的「二事」，是指：一個人承諾要實踐的修練，以及上述所解釋的修心誓言。我們應當冒著生命危險來守護這兩件事，意思是：我們願意守護它們，就算喪命也在所不惜。[169]

（六）應當修學三難事

想要制伏煩惱的時候，都會有挑戰或困難。從我們開始試著克服煩惱的那一刻起，直到最後，這些考驗一直都在，所以必須要以克服煩惱的方法來修練。是哪些方法呢？

一、第一個難處是：由於煩惱如此強大，我們無法在它一開始生起時就憶念起適當的對治法。當煩惱在內心活躍時，我們或許會覺得它們能讓我們心情舒暢。例如：生氣時，我們因爲口出嚴詞而感到滿足。這與佛陀的教導背道而馳。佛說：「煩惱是苦因、苦的根源，而苦即是煩惱之果」。因此，儘管我們可能認爲展現煩惱會帶來安樂或滿足，其實卻是做出違背佛法的行爲。這就是爲什麼會說，要在一開始便運用煩惱的對治法，乃是一項挑戰。

二、在我們正努力克服煩惱時，想要扭轉煩惱，也是一項挑戰。即使確實有那麼一、兩次記得要用對治法，也難以扭轉煩惱，而這是由於我們從無始以來就一直受到它們的影響。正因如此，才會說在試著克服煩惱時，要扭轉它們是一種考驗。

三、最後，要打斷或終止煩惱的相續，也是一項挑戰。即使扭轉了煩惱，也難以打斷它們的相續（亦即它們很容易再度出現）。由於這些原因，我們才會說斷除煩惱有三項挑戰。

169 所指的是：修心和菩提心的至關重大，其效益遠遠超勝於一生中所獲得的利益。

然而，若不依靠對治法，就無法克服煩惱。因此我們一定要高度重視這項艱鉅的事業。首先務必要記住煩惱的對治法。對治法的種類繁多，為了記住這些對治法，背誦《入菩薩行論》的偈頌會有很大的助益，因為偈頌中提及傲慢、瞋恚等的對治法，都要在煩惱一生起時便直接應用。由於瞋恚有許多型態，故而也有許多方法可阻止能使瞋恚生起的內心狀態，我們絕對要一次一次地提醒自己這些事情。若能扭轉特定煩惱一次，就應承諾此後不再重蹈覆轍。

（七）應當受持三主因

應當持守三個主要的因。儘管對大乘修持來說有很多必要的條件，這三種主要的因都是我們應該要獲得的。首先，我們需要仰賴一位殊勝的上師，這是第一個條件。於此之上，我們需要具有殊勝的信心，這是第二個條件。第三個條件則是要具備修持的順緣，例如：食物、錢財和住所。為了修持佛法，我們無論如何都應當努力獲得這三種條件。在獲得之後，則應當隨喜並思惟：「願其他眾生也能獲得這些條件！」我們應當將此與施予他人的修持結合，並確實盡己所能地獲得這三種順緣。

（八）當觀三種不失壞

1. 切勿失壞你對上師的信心

一位藏人曾經向阿底峽尊者表示：「藏地有許多人在做禪修，但是沒有誰生起覺受和了證的功德。爲何如此？」阿底峽尊者回答：「的確如此。藏人無法成辦這些功德。所有的功德都是依止上師而生起的。由於藏人對自己的上師沒有信心，遑論視師爲佛，所以這些功德便無法生起。無論我們的上師如何優劣，與其做出這類的分別，反而應當對其具有信心，並視爲眞正的佛。」薩迦班智達說過：「即使印度成就者於外在展現了粗鄙的行爲，那些對他們具有信心的人依然證得了解脱，但是那些缺乏信心的人卻沒有解脱。」這是非常強有力量的一段話！一個人是否具有信心，取決於自己。傑尊朵林巴（Jetsün Doringpa）引用卓彌譯師（Drogmi Lotsawa）的警語而說到：「縱使有位上師投生在無盡痛苦的地獄最底層，如果你對這位上師具有信心，視之爲佛，你便會得到佛的加持。何以如此呢？正因爲在法性（勝義諦）之界中，無有差別之故。」[170]

因此，我們對上師的信心必定不能失壞。

---

170 這段的藏文字義為：此為於法性之界中無差別之緣起。

2. 切勿失壞你對修心的熱忱

這句偈言說到：對於修心，也就是佛法的核心，不應當失壞我們的熱忱。

3. 切勿失壞你已領受的誓言

儘管修心法門屬於在藏地所能取得的上上佛法修持之一，過去卻有人說：直到證得菩薩地之前都不應當行持修心。薩迦班智達多次反駁了這個見解。

此外，有人聲稱所謂的「自他交換」其實是指要用珍愛自己換取珍愛他人，以便扭轉將自己看得極爲摯愛且毫不在意他人的心態，而不是指要將安樂換取痛苦，或將善德換取罪業。爲什麼呢？根據這個見解，原因在於人們根本無法用自己的安樂、善德與他人的痛苦、罪業進行交換。關於這一點，果讓巴尊者（Gorampa）在《三律儀補釋》（*Supplement to the Three Vows*）中作了詳盡的駁斥。

《入菩薩行論》第八〈靜慮品〉第一三一偈頌清楚地教導了這項修持的意義：

> 若未以己樂，換取他人苦，何能成佛果？

縱於輪迴中，亦難尋安樂。[171]

若分析這一點就會發現，確實需要有些東西來做互換。

《入菩薩行論》第八〈靜慮品〉第一六三偈頌的前兩句說：

談論他人之名望，
藉此掩蓋己聲譽。[172]

這是以安樂換得痛苦的意義。以服務他人取代讓人服務，這也屬於一種「交換」。爲別人的過錯負責，而不是把自己的過錯歸咎於別人——此即「自他交換」的意義。就算無法交換一切，還是有許多方法可以進行這個修持。

《入菩薩行論》第八〈靜慮品〉第一六五偈頌說到：

171 譯註：「若於自樂及他苦，不能互換正修行，豈唯正覺不能成，輪迴中亦無安樂。」
172 譯註：「聞讚他時信稱揚，不嫌映奪己名聞」。

簡言若爲己利益，導致他人何傷害，
爲能利益彼等故，願此害降臨於我。[173]

這是自他交換的眞正意義。

（九）具足三種不分離

這指的是務必使我們的身、語、意不離良善的活動。

（十）普遍修心無偏頗

對於所修持的修心對境，不應存有偏見。例如：我們不應只對自己的母親等行持修心，而將其他眾生棄之不顧；或者僅以眾生爲緣，卻撇開器世間[174]的各類大種。我們應當毫無分別地以情世間與器世間爲所緣而修心。

（十一）周延深心乃至要（必須恆時讓修持遍及且深刻）

「遍及」意思是：我們應當如上所述，以所有對境爲緣來修持。「深刻」意思是：修持不應僅只於空口說白話，而是要打從心底、誠摯而爲。我們應當恆時應用這些修心的方法。

（十二）於對立者常做觀

意思是：我們應當以所選出的特定情況爲緣來做修心的行持。怎麼說呢？投生惡趣與解脫，各爲不善業與善業的果報，而這些業的累積都關乎與我們有所來往的一切眾生。解脫與投生惡趣主要取決於我們和他人之間的長期互動。故而應當藉由善護他人來長養自己的修持。

在《修心廣釋》（*The Great Mind Training Commentary*）中，提到了五種特定情況。[175]首先，應當極爲謹慎地對待於己有極大恩德的人。其次，尤應將修持的焦點放在那些與我們持續來往的人之上。有些人會說：「某些上師表示，有些有情眾生只因爲身處遠方就至關重要，所以他們不會幫忙這些近在眼前的人」，並藉此貶低特定的上師。這顯示了尤其要以與我們共處同一環境的人爲所緣

---

173 譯註：「總凡私心求自利，所做一切害他事，為利一切有情故，願彼還降臨我身。」

174 「器世間」的意思是：不包括有情眾生的外在世界。

175 所指的是：《為眾闡釋修心》（*Public Explication of Mind Training*）。參見圖登津巴《修心鉅集》二〇〇六版，第三百八十八頁。

而修持，是何等重要。第三，要把焦點放在與我們較勁者之上。第四，要以那些我們極其善待卻仍討厭我們的人為所緣而修持。最後，要把焦點放在那些由於宿業而不論我們做什麼都仍討厭我們的人。

這些即是我們應當修練的五種特定情況。

（十三）不顧其他之衆緣

其他修持中，我們必須先備妥儀軌會用到的食子等各種所需（即法器與法物）。修心的行持則非如此。我們可以利用所有事物和一切境遇來修心，不論它是好是壞。此外便不需依賴其他東西。

（十四）此回首當做實修

這是說當務之急是要成辦良善之事。「此回」指的是：我們已獲暇滿難得人身的此生。

《入菩薩行論》第四〈不放逸品〉第十九偈頌說：

不成善事反積惡，

此人縱於億萬劫，
僅是「投生善趣」詞，
亦將無能聽聞之。[176]

整體而言，每個果報都有賴於特定的因和緣而來。投生善趣是善行的果報，而善行即是其因。由於只有少部分的人在累積這樣的善行，據說如此的投生是難以獲得的。我們既已具足了暇滿人身、值遇佛陀教法、聽聞研讀聖教，且對所聞之法有所理解，現在便是我們好好修行的時機。

「首要」是指：應當修持的核心要點。相較之下，佛法比世俗關注更為重要。相較之下，大乘佛法比小乘佛法更爲重要。在眾多的大乘修行中，修心是最根本的一個，而對比於教導與研讀式的修心，實際去練習修心最是關要。這一點非常重要！

（十五）切莫誤解（勿不當運用）

有六種不當運用的情況：

176 譯註：「若時眾善不修行，唯積眾罪多無量，縱經百千俱胝劫，善趣之名亦不聞。」

一、「安忍的不當運用」意思是：無法爲了佛法吃苦，卻能安忍於無益的世俗活動。

二、「意趣的不當運用」意思是：在心態上想著今生的享樂，而不去揭露自己的惡行或累積福德。

三、「愛樂的不當運用」意思是：喜歡妙欲境[177]的享樂，而不是聞思修的功德法味。

四、「悲心的不當運用」指的是：對於應悲憫的造惡者不懷悲心，而對在行善中遇到困難的人產生悲心。

五、「重心的不當運用」指的是：那些自主自由的人應將重心放在修持佛法上，卻反而專注在今生的事務上。

六、「隨喜的不當運用」指的是：隨喜應在他人安樂時，而非他人面臨困難之際。若在別人有問題時高興，而別人安好時卻不歡喜，這就稱爲「隨喜的不當運用」。

如此捨棄這六種不當的運用後，應當培養相對的正確運用。

（十六）勿時有時無

有時候我們可能會認爲修心非常重要，然後就匆匆忙忙開始修練；其他時候又認爲這個修持不會帶來什麼多大的成效，而覺得應該要做別的修持。這麼想，會令修持變得斷斷續續。我們應當棄捨這種不穩定，專注持續地做修心的行持。

（十七）當堅決而修

我們應當毫無疑慮地修持。這是什麼意思？我們應擺脫修持中的所有疑慮，包括「這個法重要嗎？我眞的可以這樣做嗎？我應該現在就做，還是稍後再修？」我們應當下定決心，堅決地做這項修持。

（十八）應藉尋思伺察令解脫

我們必須分析檢視自己的修持是屬粗略或是細緻。藉由粗略的尋思（探究）和細微的伺察（觀察），找出心中出現哪些煩惱。細細審察之後，則應試著將自心從我執的煩惱中解脫出來。

177　所指的是：透過五根所感知的五種對境。

（十九）莫要居功

意思是：我們不應該執持或助長「自己待人慈善」的想法。這一點非常重要！例如：即使有人樂於助人，仍然不宜讓這種想法滋長，認爲：「這是我做的，那是我做的」。實際上，就連「我很善良」的想法也不應出現在我們的腦海中。此外，也建議不要自吹自擂。我們永遠不應該想著：「我是博學的。我是可敬的。我是貴賓。我頗具影響力。」如此的想法只會表達出我們對自身利益的過度關注。其次，還會讓我們在受到讚揚時驕傲自大，進而貶低和指責別人。但是當我們如此表現時，並沒有自誇的理由。因此，我們不應該這樣做。

（二十）切莫易怒

這是指：我們的心胸狹隘、難以取悅，甚至脾氣暴躁。遇到不悅意的情境時，例如：當他人表現出我們所不贊同的外在行爲和言語時，甚至對他們保存自己物品的方式，我們都不該做出反應。

（二十一）莫喜怒無常

這是指：惡劣行徑和心態不定。無論對方是友是敵，我們都不應該反覆易變，好像隨時準備與人戰鬥。例如：前一刻表現良好；下一刻突然翻臉，這樣的行徑即是喜怒無常。我們應該表現得溫文有禮且始終如一。不應該激怒我們的朋友，也不應該變得難以相處。

（二十二）不求銘謝

我們可能會從事各種佛法活動、行持諸善、利益他人、積累善業等等。但我們不該期望別人感謝我們的所作所爲，也不該期望他們對我們說：「這太好了，你眞善良！」

這些修心的要點，各個都是絕對必要的。它們是確保我們修心不會失壞並可持續進步的絕佳良方。

正如阿底峽尊者所說：

要相信，一旦藉由自他平等和自他交換善加培養了兩種菩提心後，自心肯定能受到調伏。

因此，如理如法的方式，便是按照這些教誡而致力修持。

（二十三）能令五濁橫流世，轉入菩提妙道者

「正值五濁猖獗。故應將其轉為菩提道」的意思是：由於劫濁、眾生濁、命濁、煩惱濁與見濁這五濁猖獗的緣故，安樂的順緣鮮少，違緣卻是多不勝數。我們應當將這些違緣轉為給予一切有情眾生究竟安樂的菩提道。

（二十四）即此竅訣甘露藏，乃傳承自金洲尊

這種將所有違緣與煩惱轉為菩提道順緣的竅訣妙藥精華，是由金洲大師傳給阿底峽尊者的甚深法門。金洲大師是阿底峽尊者三位主要上師的其中一位，也是對他恩德最為深重的上師。

宿世薰修夙業甦（往昔修練餘業已喚醒），
自身虔誠信解盛（吾之感悟增長至此地），
不顧痛苦惡言辭（罔顧苦痛貶斥吾追尋），
求得降伏我執訣（調伏我執之口訣教誡）。
如今縱死亦無憾（此刻若身亡故亦不悔）。

切喀瓦大師在前世所積善業甦醒之後，受到阿底峽尊者所教甚深法門的深切啓發。他因而以極大決心，全然不顧身心痛苦（包含求法時的艱困），也不在意所受的輕蔑，前往求見上師並領受調伏我執的竅訣。繼而斷絕私利，虔敬堅毅地致力於愛他勝己的修持，因而說出這個結論：「此刻若身亡故亦不悔」。

正如切喀瓦大師所說：「真心渴望安樂的人應當捨棄不善，並且無誤地行善。建議諸位於此善行中盡力而爲。敦請諸位遵從這份忠告。」

讓我們將研讀此文所生的善根迴向正等正覺。

吉祥！善哉！

這些猶如甘露滴的文字，是來自我等無上怙主、吉祥聖師、已故堪千阿貝仁波切所授殊勝教法海中的口訣。藏文書的出版是特別爲了利益初學者，作爲蔣揚貢噶堪布餽贈的一份佛法禮物。

克里斯汀．伯納特英譯

第九章
簡介《論藏》

今天要簡單介紹《論藏》。一般來說，《論藏》有兩個體系，也就是「下部阿毘達磨」和「上部阿毘達磨」。[178]「下部阿毘達磨」和小乘的教導有關，主要的基礎爲世親阿闍梨所寫的《阿毘達磨俱舍論》。大乘的教導則有其專屬的阿毘達磨（「上部阿毘達磨」）體系，主要的依據是聖者無著的《阿毘達磨集論》（*Compendium of Abhidharma*，梵文：*Abhidharmasamuccaya*）。不過由於在座諸位對於《阿毘達磨俱舍論》特別有興趣，因此我的談話會以這部論典爲主。

佛陀所宣說的許多教導可依照闡述的主題內涵而分爲三類：

* 《律藏》（梵文：*Vinaya*，音譯：毘奈耶）：指導我們行止合宜的教導；
* 《經藏》（梵文：*Sutra*，音譯：修多羅）：培養禪定或三摩地的教導；
* 《論藏》：獲得智慧的教導。

根據大乘的傳規，經藏、律藏、論藏爲三種不同的教導。在小乘的傳規中，毘婆沙宗（梵文 *Vaibhāṣika* 音譯）和經量宗（梵文：Sautrāntika）這兩大部派[179]，對於佛陀教導的三種分類則有不同的看法。依照毘婆沙宗的看法，阿毘達磨的基礎是佛陀親授的七組教導，而這七組構成了《論藏》。

然而，依照另一個小乘部派，也就是經量宗的看法，那些教導並非佛陀所親口宣說的。他們主張，由於那些教導有著不少互相牴觸和矛盾悖論之處，便不可能直接來自佛陀，肯定是其後由阿羅漢所彙編的。對於經量宗而言，沒有所謂由佛親授的獨立教導而可稱爲《論藏》。所有關於培養增上慧的教導，皆可追溯自律藏和經藏的內涵，而那些是他們所承許而成爲《論藏》的教導。

其後，出現了一部重要的阿毘達磨注疏，稱爲《大毘婆沙論》（*The Great Exposition*，梵文：*Mahāvibhāṣā*），其包含了十萬頌和十二函經文。有些人認爲：這部論典是眾阿羅漢的集結所成；其他人則認爲：作者應爲一群學者。看來這部論典只有部分翻譯成藏文。不過，據說已經有人完整地從梵文翻譯成漢文。收錄於這十二函經文中的阿毘達磨教導，後來由世親阿闍梨取其精髓而成爲《阿毘達磨俱舍論》，他將《大毘婆沙論》的內涵以簡明扼要的條理化形式呈現，以便人們較易了解這些教導的眞正要旨。

---

178 譯註：又稱「上下對法」，參考法護居士《生起次第釋論集》註解：上對法《阿毘達磨集論》與下對法《俱舍論》二部，一屬大乘、一屬小乘。

179 毘婆沙宗（又稱：隨理行經部宗）之得名來自《阿毘達磨大毘婆沙論》（*Abhidharma Mahāvibhāṣā*），他們相信這部文獻為佛陀親授。經量宗（又稱：隨教行經部宗）則不承許《大毘婆沙論》為佛所說，他們所信奉的教導都屬於佛經的內涵。

一、世親論師與《阿毘達磨俱舍論》

世親論師是一位極爲博學的學者，他日日持誦整部《般若波羅蜜多八千頌》（*Perfection of Wisdom Sutra in Eight Thousand Lines* 或 *Prajñāpāramitā Sutra in Eight Thousand Lines*，簡稱《般若八千頌》），且據說對於九百九十萬部佛經都十分精熟。

他誕生於當今巴基斯坦的邊界處。據說他的母親既博學又智慧，她認爲關於阿毘達磨的教導並不完整，還需延伸闡述，人們才能正確理解，而得以廣傳。因此她發願要生下能夠達成這個目標的小孩。她的第一任丈夫是位國王，所育的兒子成爲偉大的大乘聖者，也就是無著論師[180]。她的第二任丈夫是一位婆羅門，所育的兒子則成爲《阿毘達磨俱舍論》（以下簡稱《俱舍論》）的作者——世親論師。兄弟兩人對於阿毘達磨教導的普及居功厥偉。

儘管世親論師主要在當今印度喀什米爾的地方學習和教授，但據說他是在尼泊爾圓寂的。事實上，世親論師的舍利塔至今尚存。它就位於加德滿都自生塔（Svayambunath stupa，音譯：斯瓦揚布，俗稱：猴子廟）的另一側。由於這是個重要的朝聖之處，我懇請諸位若有機會應當特別前往參訪。

由於世親論師名望極高，而受人稱爲第二佛。他的座下有眾多的傑出弟子，其中四位直至今日尚因各自於佛法不同層面的卓越知識而受人稱歎，分別爲：陳那（Dignāga，因明祖師）、功德光（Guṇaprabha，律部祖師）、解脫軍（Vimuktasena，擅長《現觀莊嚴論》）與安慧（Sthiramati，善巧《對法論》）。[181] 其中，安慧尤其是一位高度成就的學者。他對自己的學識頗具信心，還曾表示如果有人將他的一切學識和其他所有學者的全部學識放在天平的兩端，他的那一端仍然會比較重！據說他前生是一隻鴿子，當世親論師每天在持誦《般若八千頌》的時候，那隻鴿子便待在窗前聆聽。他後來投生爲男孩時，從小就不斷告訴父母想要見到自己的上師，並詢問：「我的上師世親論師在哪？」他的雙親由於多次聽到這個提問，便四處尋訪這位大師的住處。最後終於找到世親論師，並獻上他們的孩子，請求大師收爲弟子。

據說像安慧這類的大師，能以十分強而有力的方式，展現其對自己於佛法方面的理解有多麼深具自信。據信：智作慧（Prajñākaramati）這位佛法學者曾表示：「單單曉得有如他這般學識淵博且具有成就的人活在世上，就應該足以使人身體顫動不已。」他還說：「如果有人對於此事無動於衷，那些人肯定是愚夫。」

180 無著菩薩（Asaṅga）為《大乘阿毘達磨集論》（*Abhidharmasamuccaya, the Compendium of Abhidharma*）的作者。

181 陳那（Dignāga）為佛教因明學和量理學的大師；功德光（Guṇaprabha）因精通《毘那耶》而聞名；解脫軍（Vimuktasena）因擅長《般若波羅蜜多》而聞名；安慧（Sthiramati）則因其整體學識和對多部權威論釋的理解而聞名。

薩迦班智達也曾說過：「自己是唯一眞正的學者，其他人不過是有著學者模樣的影像罷了。」這類的陳述並非出自傲慢或想要炫耀，而只是透過展現學識的力道和藉此所獲的功德來利益他人。如果有人缺乏這類功德，卻宣稱自己是大學者、甚至已經獲得證悟，那麼他不過是個蠢蛋！講這種話，根本一點利益都沒有。

不過，像薩迦班智達和智作慧這樣的大師，則有能力基於自己對教導的了知而展現勇氣和力量，目的則是爲了幫助他人。薩迦班智達和世親論師有著殊勝的緣分。世親論師曾出現在薩迦班智達的夢中，教導他整部的《俱舍論》，且足足有一個月之久。而那個月中，薩迦班智達每天早晨醒來，便能實際想起來他所受教的論典段落，並清晰了解其中的意涵。後來，薩迦班智達表示：當他在薩迦吉祥賢（Śākya Śrībhadra）這位來自喀什米爾的大學者座下學習之時，其所教導的內容並未使他的學識大有進益。

在藏地，《俱舍論》教導的傳承有兩個。一個是來自印度且弘揚於整個藏地，由上師授予弟子而代代相傳的長遠傳承；另一個則是薩迦班智達於夢中由世親論師親授的極近傳承，後者在藏地，也是普遍廣傳的傳承。

二、「阿毘達磨」的意義

「阿毘達磨」[182]有兩個意思。眞實的阿毘達磨是：了悟無我、沒有自性存在的智慧。名言（假名）的阿毘達磨，於世俗層面上指的是：各式各樣的知識或智慧，而這些是現證無我的基礎。在這個名言的層次上，我們擁有聞所成慧（從聽聞所得的智慧）、思所成慧（從思惟所得的智慧）、修所成慧（從禪修所得的智慧），以及本具的智慧。在這四種知識之上，還有佛陀親授的阿毘達磨和後代大師撰寫的阿毘達磨注疏，也稱爲「阿毘達磨」。

因此，眞實的阿毘達磨是現證無我；名言的阿毘達磨則有「所詮」（所表達的）和「能詮」（能表達的）兩種。「所詮」指的是：四種智慧，也就是我們的本具智慧，以及聞慧、思慧、修慧；「能詮」指的是：在佛陀傳法中可見的阿毘達磨，以及闡述那些教導的注疏。

那麼，阿毘達磨爲何如此至關重要？除了這種智慧，沒有別的方法可以制伏我們的煩惱；而若不能揚棄煩惱，我們就無法拋捨輪迴。換句話說：沒有智慧就沒有解脫，這種智慧便是唯一能夠讓我們證得解脫的必要工具。

182 梵文 abhidharma（阿毘達磨）字首 abhi- 的意思為：「特別、較上」，dharma 的意思為：「教導、現象或財產」。

爲了讓這種智慧得以生起，我們就必須了解萬法——也就是這個世界的組成要素。而這樣的知識有兩個層面：首先，是要了知現象的自性爲不具自相存在、或無我；其次，要了知所謂「現象的範圍」，意思是要理解蘊（梵文：skandhas，聚合的成分）、界（梵文：dhātus，感知的要素）、處（梵文：āyatanas，感官的基礎）。以此方式來抉擇萬法的自性和範圍。[183]

三、《俱舍論》的梗概

世親論師所寫的《俱舍論》有八章，各自有不同的主題。

第一章爲「分別界品」（對於感知要素的闡述），解釋五蘊（色受想行識），十二處或十二入（六根——感官和六塵——相應外境），以及十八界（六根、六塵、六識）。

第二章「分別根品」（對於感官的闡述）所教導的內容，爲各式各樣具支配力的感官，也就是「根」（梵文：indriya）。首先，解釋何謂「二十二根」，這些與人相關而具支配力的感官包括了眼根等等。接著，說明這世界上的和合現象如何生起。再來，則講述和因果有關的一切，也就是六因、五果、四緣。

第三章爲「分別世界品」（對於世界的闡述），說明此存有界的兩個層面，也就是居住其中的有情眾生（情世間），以及其所居住如容器一般的世界（器世間）。首先，描述三界存有和五類眾生。接著，解釋四生（四種出生方式）和十二緣起。這一章也講到有情眾生的色身顯相與大小、壽量等等。此外，還提到各式各樣的估量方式，包括：如何用由旬（梵文：yojanas）[184]爲單位來計算距離，以及用年和劫（梵文：kalpa）來計算時間。

第四章「分別業品」（對於業的闡述），從哪些種類的行爲會導致投生地獄，到哪些種類的行爲能帶來菩提佛果，都有詳細的說明。

第五章「分別隨眠品」（對於細微隨眠隨增[185]的闡述）探討的是煩惱（梵文：kleśa），分爲以下三個部分：說明煩惱的本身，其中有六種根本煩惱；斷除這些煩惱的對治法；以及藉此方式所獲的結果。

---

183 譯註：前者屬於「如所有智」（縱面），後者則為「盡所有智」（橫面）。

184 古印度計量距離的單位，大約是十到十五公里。

185 譯註：《俱舍論頌疏論本》第十九卷：「貪等煩惱。名曰隨眠。隨逐有情。增昏滯故。故名隨眠」，圓暉法師譯。其中說到了幾種「隨增」，包括：一、隨增是指諸隨眠於此法中隨住增長，是隨順繫縛，增長昏昧滯礙義。例如：有水滋潤稻田，種子就能增長。二、隨增是隨順義，無漏及上界境，不隨順隨眠，如有風病者服下乾澀藥，於風病者不能生出效用。藥譬喻境界。病人（風病者）譬喻隨眠。三、相應隨增，是指隨眠於相應法及所緣境有隨增義。

第六章爲「分別賢聖品」（對於法道和補特伽羅[186]的闡述），解釋了我們在修持法道時要專注的主題，例如：四諦和二諦，並描述了培養寂止和勝觀的修持過程。此外，還就勝觀的內涵，講述了如何在資糧道、加行道、見道和修道這四個修持次第中培養慧觀。

至於修持法道的補特伽羅則分爲三類：聲聞、緣覺（或稱：獨覺）和大乘道上的菩薩。本章說明了聲聞道上的四類兩品補特伽羅，即使在現證無我[187]之後仍會再於輪迴投生。另外兩類已獲了悟的補特伽羅，也就是緣覺道上的了悟者，以及大乘道上包括登地菩薩和正覺佛陀等聖者，則不會發生這種情形。

第七章爲「分別智品」（對於本智的闡述）。當我們談到本智（梵文：jñāna）時，指的是：了悟無我的智慧。例如：在修道位上次第了悟四諦的智，稱爲阿羅漢智。《俱舍論》在這裡解釋了十種不同的智和其各自的殊勝功德。

整體而言，我們會區分智和慧。「慧」指的是：五十一種心所[188]之一；「智」則爲：凡俗心識轉化成聖者覺智，指的是：心王——也就是能取境者，而非僅爲心所。若以資糧道、加行道、見道、修道和無學道這五道來說，本智或覺智則相應於無學道；而十種智便是此本智的分支。

這一章的第二個主題爲這些智的殊勝功德，分爲共同和不共兩種。共同的功德是：諸佛和其他同類者所共同擁有的，包括各式各樣的神通[189]等等；不共的功德則爲：佛陀所獨有的十八功德。

第八章「分別定品」（對於「等至」〔梵文：samāpatti，音譯：三摩鉢底〕的闡述），探討的主題爲三摩地，且以色界四禪或靜慮（梵文：dhyānas）和無色界四空定（無色定）爲主。[190]除此之外，也說明證得這些禪定狀態時所獲得的功德，例如：四無量（慈、悲、喜、捨）和八解脫等。

以上對阿毘達磨的概述，爲的是讓諸位對《俱舍論》八章所涵蓋的廣大資料與知識有個概略的看法，並希望所有讀者能在未來完整研讀並徹底了解所有的內容。

---

186 聲聞乘有四種次第的成就果位，分別是：須陀洹（入流）、斯陀含（一來）、阿那含（不還）及阿羅漢。這四種又各自細分為：向（趨向）和果（安住）兩個階段。前者是行者即將進入該次第；後者是已然達到該次第。此四向四果合稱為聲聞乘的四雙八輩、四雙八士。

187 此四雙八輩皆已證得見道，即：現觀無我。這一章詳細探討了阿那含（不還）和甚至特定種類的阿羅漢何以受生於輪迴的依緣界中。

188 參見註腳196對心所的解釋。詳見本書三〇一頁。

189 五種共通的神通力（或神變力），包括：天眼通、天耳通、他心通、宿命通、如意通。第六種不共的神通力為：漏盡通（斷盡煩惱而智慧圓滿），唯獨佛陀具有。

190 四禪是越來越細微的禪定狀態，單純稱為：初禪、二禪、三禪、四禪。無色界的四定則為：空無邊處定（limitless space）、識無邊處定（limitless consciousness）、無所有處定（perception of nothingness）、非想非非想處定（neither perception nor non-perception）。

四、五蘊、十八界和十二處

現在讓我們回到《俱舍論》的第一章，簡要探討關於五蘊、十八界和十二處的根本教導。

首先，解釋這些專有名詞的意義。梵文 **skandha** 或藏文 **phung po**（通常翻譯爲「蘊」），意思是：「堆」或「聚」，指的是：各種事物組合一起。梵文 **dhātu** 或藏文 **kham**（**khams**），意思是：「要素」。根據梵文的辭源學，「界」可以解釋爲「心識或認知的所依」。第三個專有名詞，梵文 **āyatana** 或藏文 **kyé ché**（**skye mched**），翻譯爲「感官基礎」，指的是：讓各種心識得以生起之門。以上爲這些專有名詞的一般性質。

當我們依照它們各自的構成部分而進行分類時，就會有五蘊、十八界和十二處。五蘊包括所有的和合現象，而分成五類：色、受、想、行、識。

（一）五蘊

1. 色蘊

首先是色蘊。色（外相、形狀）的定義是：所有藉由接觸會受到影響、改變或破壞的東西。當兩種色法接觸或相會時，彼此都會受到影響或破壞。如果用某一種物質擊打另一種物質，兩者都會因爲這種接觸而多少受到影響。只要會因這類接觸而受到影響或破壞的事物，便界定爲色蘊。

色蘊可分爲十一種：五塵（色、聲、香、味、觸等感官對境）、五根（眼、耳、鼻、舌、身等感官），以及一種稱爲「無表色」[191]（imperceptible form）的成分。色法爲眼根的對境，又可分爲兩種層面，也就是：白、黃等顏色（顯色）和方、圓等形狀（形色）。如果進一步分析這兩種色蘊，便共有二十種視覺上所感知的色法。

聲音爲耳根的對境。有八種不同的聲音，並可依照其來源不同而分爲兩類：來自有生物（有執受）和無生物（無執受）。來自有生物的聲音是從其身體生起的，例如：彈指聲、講話聲；來自無生物的聲音則包括：風的吹拂聲、水的瀑流聲、火的爆裂聲。這兩種來自有生物和無生物的聲音，各自可以再區分爲是否具有意義。舉例而言：彈指聲僅僅是一種聲音，它和來自無生物的聲音類似，本身沒有特定的意義；相反的，當我教導佛法時所表述的語句，就帶有特定的意義。除此之外，上述每一種聲音都能再細分爲是否令人愉悅。任何的聲音都可能是悅耳或不悅耳的，如此，我們可以說聲音總共有八種不同的層面。

191　「無表色」指的是：一種在夢中、定中或透過誓言而感知的色法現象，充其量只能屬於毘婆沙宗所界定的色蘊。

氣味則有愉悅與否和強烈與否這四種分類。

味道有以下六種：甜、酸、辣（例如：辣椒）、鹹、苦、澀（例如：稱爲 aru 的藥草）。

觸覺的對境有十一種。首先，依照我們所經驗的四大種來區分觸覺的對境是：與地大種相關的觸覺對境爲堅硬、與火大種相關的觸覺對境爲暖熱、與水大種相關的觸覺對境爲濕潤、與風大種相關的觸覺對境爲搖動。此外，我們還能感受到柔軟、粗糙、輕和重。最後，身體的寒冷（也就是不熱）感覺、體內的飢餓和口渴，也都屬於觸覺的對境。以上爲十一種經由身體接觸所感知的對境。

〔色蘊除了五種感官對境之外，還包括五根，也就是五種感官之內（或以觸覺而言則是遍滿全身）的細微物質，能讓我們感受到各類對境所輸入的訊息。〕[192]

第十一種色法稱爲「無表色」，它與五根所經驗的事物無關，而是與所做的行爲或業有關，其中包括律儀、不律儀（惡戒），以及非律儀非不律儀（中戒）[193]。之所以稱爲無表（無法感知），是因爲這些色法是他人所無法知曉或看見的。以上講完了色蘊的概述。

2. 受蘊

第二種爲受蘊，也就是感覺或感受的聚合。它指的是：行爲結果出現所生起的感受，分別是：苦、樂、捨（不苦不樂）。這些又可細分爲以下五類：苦受、樂受、憂受、喜受、捨受。前兩者和身體有關，含愉悅和不愉悅的身體感受；後兩者與心意有關，包括心中各種快樂和不快樂的感受；這些屬於可輕易指出的粗大感受。最後是不苦不樂的中性感受，稱爲捨受。

3. 想蘊

第三種爲想蘊，也就是感知或辨別的聚合。世上的每一種現象各自有其顯著的特徵，因此從某方面來說都是獨有的。這些特徵稱爲該對境的相狀或性相。能對此相狀加以執受的，稱爲感知。打個比方，火的相狀爲暖熱。我們可以根據暖熱的出現而知曉「這是火」。就此情況而言，這個感知則是基於執受暖熱而想到「火」的念頭。其他的感知例子，包括：「這是男的」、「這是女的」、「這是爸爸」等等的想法。

想蘊根據六種心識而有六種，包括從基於眼識的想蘊，到基於意識的想蘊。

192 此處關於五根的段落，為英譯者所加。

193 譯註：非律儀非不律儀，意思是：「非善非惡的中性行為」（參見《瑜伽師地論》五十六卷）。本章的用詞，主要參考玄奘法師所譯的《阿毘達磨俱舍論》，以及索達吉堪布的《俱舍論講記》。

4. 行蘊

第四種爲行蘊，也就是形成因素的聚合[194]。一般來說，有兩種行蘊：一種是由心所生或與心相關而生起的（稱爲「心所」）；一種則不是由心所生的。[195]

與心一起作用的心所，具有把心轉向對境的力量。它們的功能好比僕人或助理，負責把主管帶到另一個地區。同樣的道理，心所也會把心導向某個對境，讓它執受那個對境。它們之所以稱爲「形成的因素」，是因爲它們讓心和對境「形成」關聯。《俱舍論》列出了四十六種不同的心所。[196]在那四十六種之中，四十四種都專屬於行蘊；想蘊和受蘊則各自另爲一種。[197]

5. 識蘊

第五個爲識蘊，也就是心識的聚合。其定義爲：「能了知對境者」。舉例：眼識爲能了知色法者。根據小乘傳規的看法，識蘊相應於六根（眼、耳、鼻、舌、身、意）而有六類。

（二）十八界與十二處

各種現象的另一種分類方式則爲十八界或十八種感知要素。這些包括：色、聲、香、味、觸、法（心的對境）這六塵，眼、耳、鼻、舌、身、意這六根，以及當六根與相應六塵交互作用時，也就是眼根與色法相會時所生起的眼識，和耳識、鼻識、舌識、身識、意識這六種心識。

另外也有稱爲十二處或十二入的感官基礎。這些其實和十八界有重複的地方，只是扣除了六種心識。換句話說，十二處指的是：六塵和六根。

十八界和十二處主要是五蘊的細分。唯一涵括在十八界和十二處中卻不屬於五蘊的現象，乃是三種無爲法（虛空無爲、擇滅無爲、非擇滅無爲）[198]。除了這三種之外，在描述包含一切有爲法的五蘊時，都已經教導過了。

194 梵文的 samskāra 有多種的翻譯，包括：造作、傾向、制約、組成因素。

195 行蘊中的心不相應行法，例如：時、生、滅、續、命根等，於此不作探討。上述的自性與狀態在不同學者中尚有辯論。

196 這四十六種心所，可依照以下的差異而分為六類：是否呈現於剎那心識中（遍行），與感知的對境如何連結（別境），是否為完善（善）、不完善（煩惱、隨煩惱）、無記（不定）。這六類包括：五種遍行心所、十種善心所、六種根本煩惱、兩種不善心所、十種隨煩惱、八種不定心所。無著菩薩在《大乘阿毘達磨集論》中則列舉了與此不同的五十一種心所。

197 佛陀之所以將想蘊（感知）和受蘊（感受）分別列舉，是因為這兩種對我們經驗世界的方式來說特別重要。想蘊和受蘊與我們的苦樂經驗息息相關，所以分開處理。

198 兩種滅無為是：擇滅無為（analytical cessation）和非擇滅無為（non-analytical cessation），前者的例子，包括：由於勝觀而滅苦；後者的例子，包括：單單由於因緣不具足，所以沒有出現某種現象。

以上是對《論藏》的簡略概述。當有人首度到達一個從未逛過的市集時，一開始會四處走走，看看能找到什麼。同樣地，這份簡介便如對《論藏》的書頁稍做瀏覽，以便大致了解其內容。

五、問答

問：可否請您解釋「因」的概念，以及它和緣起的關係？

答：《論藏》中提到六種因。第一個稱爲能作因。以看見的能作因爲例，是眼睛裡具有能讓眼睛產生作用之力的細微物質，也就是眼根；而並非是有形的眼睛或眼球。眼根，才是這裡的能作因。六因之中，能作因屬於第一個，也是最主要的一個（總因）；其他的都是輔助因（別因）。第二個稱爲俱有因，也就是與果同時生起的因。[199]第三個稱爲同類因，也就是與果的狀態相同的因，以信心爲例，當你生起信心的時候，那個信心是基於前一剎那的信心。意思是：前一剎那的信心爲因，而當下剎那的信心爲果，而兩者的狀態相同。第四個稱爲相應因，這類因與心、心所和心識的相續有關。它指的是：基於前一剎那的心而使後一剎那的心得以生起。第五個稱爲遍行因，是一種具有驅動力的因。它與煩惱和煩惱的增生方式有關。打個比方，前一剎那的貪欲只會導致下一剎那的貪欲，意思是：由於貪欲、瞋恚等任何煩惱的特定剎那，而使更多的同類煩惱於後生起。第六個稱爲異熟因，指的是：往昔生生世世所造作的善行與惡行，將帶來這輩子所感受的快樂與痛苦。至於這六因和十二緣起之間，則沒有特定的關聯。不過，十二緣起可作爲世間事物如何生起的示範，上述的每一種因如何造成特定的果。就此意義來說，我們可以在十二緣起中找到這六因，而它們之間並沒有直接的關聯。

問：可以請您說明身心感受的差別之處嗎？

答：從一般的觀點來說，發生在我們身體上的事情，例如：被石頭打到，或某一根手指頭被割到，我們會感受到身體上的疼痛。另一方面，如果有人對我們說出惡毒的話，我們的心會變得不快樂，我們也會感受到心中的不高興。從心識的觀點來說，在六識之中，若有任何與前五種心識相關的事情發生，也就是眼識、耳識、鼻識、舌識、身識，都會被解讀爲身體的感受，而有愉悅和疼痛。若有任何與第六種心識相關的事情發生，也就是意識，則會帶來心中的快樂與痛苦。我們可以用是否與前五種心識或單純第六識相關，而區分快樂與痛苦的種類。

問：關於了解《論藏》能有助於日常修持，可否請您慈悲給予我們一些例子？這樣我們才不會覺得《論藏》只是某種既抽象又深奧的教導，而與我們每天的經驗毫無關聯。

199　俱有因的例子，包括：某對境（果）的相關組合要素。它們與其所形成的對境是同時生起的。

答：以世俗生活的角度來說，舉例來說：如果你想要獲得較好的工作，那就沒必要學習《論藏》。但是，如果你想要獲得解脫，那麼研讀《論藏》便不可或缺！理由是：當我們想到自己，總是會認為有某個「我」、「自己」、「靈魂」存在。然而，當我們分析五蘊、十八界和十二處時，將能清晰分辨我們所標示為「我」的這些身心現象各個層面。而當我們描述它們各自的樣子時，將會發現其中找不到所謂的「我」。我們所能找到的，就只是五蘊、十二處，以及十八界，卻找不到「我」。《論藏》的目的，全都是為了讓我們了解：自己所執持的「我」並不存在。如此，便能讓我們從輪迴中解脫。就世間的觀點而言，學習《論藏》或許有機會讓我們在大學裡教授佛教哲學。除此之外，真的沒有研讀的必要。一般來說，《論藏》是佛陀教導的基礎。它有如能讓我們通達佛陀完整教義的根源。在佛陀教義的經、律、論三藏中，《論藏》也被視為「祖母」或「根源」（藏文：ma mo），因為它的作用便是這一切的基礎。如果我們的學習只限於佛法的某些部分，便無法全盤了解佛陀的教導。這就好像只從一扇窗戶往屋外觀看，只能見到外面世界的部分視野；但是，如果能爬上屋頂，就能看到外在世界周遭三百六十度的全貌。同樣的道理，若能學習《論藏》，將能對佛陀其他的教導有完善的了解。

第十章

見地精要——以西藏中觀宗為主而探討佛教的四部宗義

今天要談的是佛教思想的四部宗義或四個學派。薩千・貢噶・寧波（Sachen Kunga Nyinpo）[200]曾說：「佛法有如大海，既浩瀚且深邃」；因此，絕不會有可以說自己已研讀了佛陀所有教授的那一天。我們的學習，唯有在自己成佛之時方能圓滿。據說：就連已登三地（發光地）的菩薩，爲了領受佛法中的僅僅幾句頌，隨時都願意將自身放在能燒毀地球表面的猛烈大火中，以便供養光明。這就表示：即使那些已然了悟的聖者，在他們尚未成爲正覺佛陀之前，仍會繼續學習佛法和領受教導而從不停頓。

這四種佛教思想學派的見地，對講者和聽者來說都屬於艱澀的主題。然而一般來說，透過這類教導而領受佛法，有著極大的利益。仁達瓦大師（Master Rendawa）[201]表示：「與其進行其他的修道，還不如教導佛法、聽聞佛法，就算沒有完全了解，依然能種下解脫的種子。」

在釋迦牟尼佛圓寂後，印度出現了四種與佛教相關的思想學派或宗義體系。其中兩者屬於聲聞部派（梵文：śrāvakas）的小乘傳規，一者爲毘婆沙宗（梵文 Vaibhāṣika 音譯，字義爲「隨理行：論釋的追隨者」）；一者爲經量宗（梵文：Sautrāntika，字義爲「隨經行：經教的追隨者」）[202]；另外兩者屬於大乘傳規，包括：中觀宗（梵文：Madhyamaka）和唯識宗（梵文：Cittamātra）。

在這個語境中，有個重要的觀念就是：我們所稱的「見地」爲何？「見地」的意思是什麼？一般來說，《論藏》中提到有八種見地，又可分爲完善的見地和不完善的見地。在四部宗義體系中所談的見地，屬於無上的見地，也就是超越世間的見地。整體而言，所有的現象都有兩個層面：一個是它們顯現的狀態或受到感知的狀態；一個是它們眞實的狀態。這兩種又稱爲世俗諦（世俗上的眞相）和勝義諦（勝義上的實相）。此處所說的見地，指的是：了悟勝義諦或事物眞實狀態的智慧。

爲何要探討見地呢？離於一切過患且具足所有殊勝功德者，稱爲「佛陀」。有哪個方便法門可以讓我們根除過患呢？正是見地本身。一切過患都來自不了知、不了解事物的眞實狀態。這種無明是所有心意煩惱和輪迴苦痛的根源。既然無明的直接反面即是正見，因此正見便是唯一能讓我們清除過患的方便法門。

200 薩千．貢噶．寧波（一〇九二—一一五八）是薩迦五祖的第一位。

201 仁達瓦．旬努．羅卓（Rendawa Shönnu Lodrö，一三四九—一四一二）為一位重要的薩迦派大師，尤以中觀義理方面的撰文著稱。也是格魯派創教者宗喀巴尊者（Jé Tsongkhapa）的主要上師之一。

202 譯註：於說一切有部（簡稱「有部」）中，依止《大毘婆沙論》（梵文：*Mahāvibhāṣa*）或說《阿毘達磨大毘婆沙論》（梵文：*Abhidharmamahāvibhāṣa*）者，稱為毘婆沙宗；以經為正量而反對《大毘婆沙論》者，稱為經量部，或簡稱「經部」。

一、聲聞部派

當我們提到聲聞乘的時候，所指的可以是一種哲學見地的宗義體系，也可以是歷史上的相關部派。關於後者，過去在印度曾有四大聲聞部派，又可分爲十八支派。

在這十八支派中，至今只有兩個部派尚存，即是：說一切有部（梵文：Sarvāstivāda）和上座部（梵文：Sthaviravāda）。而四個聲聞部派對於行止的看法，一直有著些微的差異。基於他們對《律藏》的不同解讀，關於法袍的穿著方式、戒律的違犯標準等等，便有不同的見地。

他們對於教導也有不同的見地。例如：至今依然活躍的上座部（巴利文：Theravāda），其追隨者主張佛陀並非是以梵文教導；說一切有部的倡導者則宣稱佛陀主要是以梵文教導。另一個差異，則在於獲致正等正覺佛果的時間需要多久。根據上座部的看法，需時九大阿僧祇劫；說一切有部則認爲只要三大阿僧祇劫。因此，史上的聲聞部派，於見地上便有些微的差異。

（一）毘婆沙宗

接著來談談這兩個聲聞部派的宗義體系，並從說一切有部開始講起。一般來說，有「人我」

（補特伽羅之本體）和「法我」（現象之本體）這兩種分類。所謂的「人」（個體），指的是：「我」、「你」、「人類」、「動物」、「有情眾生」等等。

外道教派的倡議者斷言，個體是眞實存在或實有的。但根據聲聞部派最高學派毘婆沙宗的看法，個體並不是一種實有的本體，而只是基於物質身體和心意事件的組合所做的指稱。這就像是把有著門、牆壁、窗戶、屋頂等等的結合稱爲「房屋」那般。在這些組成元素之外，並沒有分別存在的「房屋」可言。同樣地，毘婆沙宗主張沒有分別存在的個體，而只有「蘊」（梵文：skandhas）[203]。如果個體爲實有，便無法消除我執；如果不能消除我執，便無法捨棄煩惱；如果無法捨棄煩惱，則意謂著不可能解脫。

根據聲聞部派，通常會將世間存有分爲對境（物）和有境（心）兩類。在五蘊中，色蘊便是由馬匹、樹木等等外在的物體所組成的，也就是那些我們能用感官看見和經驗的東西。此外，在我們物質身體的相續中，則有著能了知、憶念、覺知的層面，而我們稱之爲心。

---

203 構成所有經驗要素的現象種類或稱「蘊」有五種，其中只有色蘊屬於物質的性質；其他的受、想、行、識，這四種蘊都屬於心意的性質。

如果我們檢視自己所經歷的對境或外在現象，大至山岳和房屋等物體、小至穀物和芥子等東西，會發現它們能被一再分解直至個別的構成部分。因此這些現象被稱爲元素組成的粗分存有，而根據聲聞部派，這稱爲世俗諦。然而，這些世俗諦中的現象，並不眞實存在。它們本身並不單獨存在，而是有賴於各自的構成部分才能存在。依照聲聞部派的見地，勝義諦包含：那些無可再分解爲更小構成部分的細微現象，換句話說，勝義諦所涵蓋的是那些構成世俗諦和合現象之微小、無可再分的成分（無方分微塵）。

這些無方分微塵如何組成更大的現象呢？根據這個體系，它們是透過和彼此之間的細小空間結合而成爲聚集體。不過，微塵之間的這種細小空間無法從外得知，因此我們所看見的便是一個單一完整的聚集體。這好比從遠處觀察某人的頭髮，會覺得那是單一完整的東西，而不會看到個別的髮絲；又好比我們會看到一片草坪，而不是構成草坪的個別葉片。

至於心，又是怎麼一回事呢？心和外在現象一樣，是以相續的方式存在。舉例來說：一間房屋約可維持到二十年，一個人約可活到四十歲，心便是以相續的方式存在。又比如：我們會說信心可以維持長時，指的是個別信心刹那的相續。然而這個相續，只是一種世俗諦，本身並不單獨存在。

心於刹那中生起，生起後又隨即消失；而不駐留。換句話說：心只會持續一段短暫的片刻。這種時間上的衡量方式稱刹那性或刹那有，而這就是唯一眞實存在的。根據聲聞部派，實際上並沒有心的相續或長久存在，與此同時，心的刹那有（無時分刹那）則被視爲勝義諦。

如此，便有兩種無可再分的現象。一種是無可再分的細小微塵，不能再分解爲東南西北四面，因此沒有其他在空間上的構成部分。另一種則是無可再分的刹那之心。這種刹那之心無法再分解爲過去或未來等其他的短暫片刻。毘婆沙宗認爲：無方分微塵和無時分刹那這兩者，乃是眞實存在的勝義諦。

（二）經量宗

聲聞部派的第二個學派經量宗，其見地大致上與前述提要的毘婆沙宗見地相同。不過，這兩個部派在宗義上還是有著區別，例如：對於虛空的自性各自解讀不同。類似諸位坐在這裡而彼此之間有著空隙的這種虛空，一般來說，屬於非和合的現象（無爲法，藏文：dus ma byas，梵文：asaṃskṛta）[204]。而根據毘婆沙宗，虛空也被認爲是：一種眞實或具有作用的現象（藏文：dngos po，梵文：bhāva，或稱：有自體、有自相）；但經量宗則將之視爲：非有（藏文：dngos med，梵文：abhāva，或稱：無體、無性；譯註：不具作用的現象）。

於此之上，毘婆沙宗也承許另一種和合的現象；但經量宗則不承許。毘婆沙宗認爲：有一種既不屬於色蘊、也不屬於心的一類和合現象，其中包括「生命」、「生起」、「持續存在」、「分崩離析」，以及「名稱」、「文字」、「音節」等等。毘婆沙宗將這些視爲在色與心之外的分別和合現象，並主張它們是眞實存在的。[205]經量宗則駁斥這種見地。

另一個分歧處，則在於兩宗對粗分存有現象如何由物質構成的觀點。毘婆沙宗認爲：在個別細小微塵之間有著虛空，聚集起來便能形成我們感官可知的粗大現象。經量宗對於這個見地有所駁斥，表示：如果這些微塵之間有著虛空，那麼打個比方，拿來裝水的容器便無法把水留在裡面，因爲水將透過微塵之間的這些虛空而滲漏出來。

故而，這兩個聲聞部派的見地，有著上述和其他方面的特定差異。

二、唯識宗

接下來讓我們探討大乘的宗義見地，從唯識宗開始說起。整體而言，所有的佛教學派都承許無我或沒有自性的見地。各派不同的地方則在於如此的見地發展到什麼程度。根據唯識宗，不僅個體不存在，就連無方分微塵也沒有眞實的存在。倡議這種宗義的人主張：「心外無法」（沒有不屬於心的現象），即使是無方分微塵這種最細微的現象亦然。若是微塵存在，則必然會有構成那個微塵的部分（以便它能和其他微塵聚集而形成較大的物體）。而既然無方分微塵根本不存在，就不會有任何實有的微塵。[206]

204 毘婆沙宗承許以下三種的無為法（uncompounded phenomena）：虛空無為、擇滅無為（例如：因為對於無常的勝觀而使貪愛滅止）、非擇滅無為（例如：只是因為沒有貪愛的對象而使貪愛滅止）。

205 根據毘婆沙宗的體系，這些現象屬於五蘊中的心不相應行。

206 此處的邏輯是：任何一粒微塵必然有（前後等）空間的向度，如此才能與其他微塵連接並組合成較大的現象。如果最小的單位沒有這些邊側，它們就無法與其他微塵連接而在空間上增大並顯現為眼睛可以見到的現象。因此，既然就連最微小的粒子都必然有不同的邊側，它們就能被無休止地進一步切割，因而不是無可分的。藉此，所謂無方分微塵乃實有的想法便受到駁斥。故而，就任何一種外在現象來說，便沒有究竟的實相。

那麼，到底有什麼事物是存在的？唯識宗的見地是：唯有心是存在的。如果心的本身不存在，便沒有讓輪迴錯亂顯相生起的基礎。如果有人把一堆石頭誤認為人，儘管那並非真的是人，但肯定有個讓此錯解生起的基礎，也就是那堆石頭。

同樣地輪迴必然有真實的基礎，而唯識宗主張那個真實的基礎就是心。若沒有心，輪迴和涅槃便沒有基礎，則根本不會有任何東西。唯識宗見地的倡議者雖然承許小乘各派在色和心方面的分類，但在他們的見地中，只有心是真實的。[207]

唯識宗有兩個支派，一個是真相唯識宗（梵文：**Sākāravādin**，藏文：**rnam bden pa**，字義是：「認為顯相真實者」，又稱：有相唯識宗）；另一個是假相唯識宗（梵文：**Alīkākāravādin**，藏文：**rnam brdzun pa**，字義是：「認為顯相虛妄者」，又稱：無相唯識宗）。兩個支派名稱中的梵文 **ākāra** 或藏文 **rnam pa**，意思是：「層面」或「顯相」，指的是：我們實際所感知到的顯現。根據前者，這些顯相是真實的；根據後者，則為虛妄的。

對於真相唯識宗來說，根本的迷妄包括我們將所見到的房屋或樹木等當前顯相感知為心外之法。堅稱所取境是與「內在」能取心分開而存在於「外面」的事物，乃為錯謬，因為這些顯相無異於心的本身；它們就是心意的顯相。好比將一顆蛋切爲兩半，一顆心也分爲兩半，一個是能取對境的心；一個是所取的對境。然而兩者都爲心。心雖實有，顯相則無異於心，或說是心意的顯相。換句話說：於心之外，從未有眞實存在的對境──它屬於心的自性。這是唯識宗第一個分支學派所持有的見地。

至於另一個學派假相唯識宗則認爲：這些顯相既非於心之外眞實存在，也不是實有心的眞實顯相。然而，儘管這些顯相並非實有，它們確實能因爲心的迷亂而顯現。好比一種讓人隨時都會看見毛髮的眼疾（飛蚊症），但那些毛髮實際上並不在那兒。[208]

唯識宗的思想過去曾於印度廣傳，其後成爲漢地佛教思想中最盛行的學派。不過，在藏地，唯識宗卻從來不被視爲獨立的學派。時至今日，看來所謂獨立的唯識宗哲理學派，大致上可說已不復存在。

207 換句話說：唯識宗的體系，於世俗諦上承許有微塵存在；但在勝義諦上，則只承許有心的存在。

208 由於患有類似飛蚊症（timira）的眼疾，病人會在視覺中見到彷彿毛髮的「漂浮物」。

三、中觀宗

接著來談第四部宗義，也就是稱爲中觀或中道的學派。

在印度，中觀宗曾有許多不同的分支。札巴堅贊尊者表示：印度這些不同的中觀支派對勝義諦有著相同的承許，我們仍可以根據他們對世俗諦的不同了解而分爲五類。

在藏地，所有的佛法追隨者都聲稱自己是倡議中觀宗見地的人。不過其中確實有著重大的差異，就連他們對勝義諦的見地也是如此。

那些崛起於藏地而至今尚存，且甚至流傳到西方的中觀體系，主要可分爲三個。一個是他空派（藏文：shentong / gzhan stong，字義爲：「空於他」）的見地；另一個是由格魯派所弘揚的見地；再來是由薩迦派和其他教派所持有的見地。

（一）中觀他空派

他空派根源於薩迦派。最初於藏地弘揚的佛法傳承，後來形成了寧瑪派。接下來的幾個世紀中，藏地出現了噶當、薩迦和噶舉這三個教派。其後，噶當派逐漸失傳，由格魯派取而代之。於是，寧瑪、薩迦、噶舉和格魯成爲藏地的四個主要佛法教派。[209]此外，還有覺囊（Jonang）、波東（Bodong）和布頓（Butön）等次要的教派興起。這三個從薩迦派分出的廣傳教派，對於實相的見地各自稍有差異。而其中，第一個闡述他空見地的則是覺囊派。

因此，他空見地的倡議者最早是來自薩迦派，有些也來自寧瑪派。如今，倡議這種見地的人主要可見於噶舉派的各分支，尤其是噶瑪噶舉派。

根據他空的見地，有兩種空性：自空與他空。其中，與其他教派相同的是，承許有世俗和勝義兩種實相。世俗的眞相包括房屋等等的外境，以及心。這些世俗的眞相都無有體性，而稱爲「自空」。另一方面，勝義的實相並非空無自體；而唯有空去自身以外的東西。也就是空去世俗的眞相，故而稱爲「他空」或「空於他者」。

試想以下的譬喻：當我們在日常生活中說起「房屋是空的」時，意思不是房屋本身並不存在，而是房屋裡面沒有人。這和勝義的實相之所以被說爲空的道理一樣。譬喻中的房屋指的是：勝義實

209 譯註：「寧瑪」為藏文 Nyingma 的音譯，字義為「舊的」；噶舉、薩迦和格魯等教派，藏文合稱 Sarma，音譯為「薩瑪」（請注意不是「薩滿」），字義為「新的」。

相。勝義的實相並非不存在；它確實存在，只不過像是無人的空屋那樣，空去世俗的眞相罷了。於是，就此意義所說的「空」，而將這個見地描述爲「空於他者」。勝義的實相並非空去自身，而只是空去「他者」——也就是世俗的眞相。故而所謂的勝義，指的是：實有且恆常者。

更進一步來說，勝義實相和智慧之心，後者或可說是佛的證悟覺性，且被視爲相同且一者。[210]以此緣故，由於勝義實相是恆在的，即使我們目前仍爲平凡的有情眾生，此時此刻，佛陀的證悟覺性也還是存於我們內在。

（二）格魯派的中觀見

格魯派學者所建構的見地，可以摘要如下。當佛陀教導一切現象爲空的時候，並非意謂著房屋、桌子、人們等等的事物都根本不存在。那句話的意思不過是指：現象皆爲空（於自相存在）的。

我們並不以空性來理解現象的本身。如果現象並不存在，就不會有世俗的眞相。如此就意謂著：沒有因、緣、果的業力法則。這樣的見地將導致嚴重的後果！

那麼，「萬法皆爲空性」這句話的意思究竟是什麼？它指的是：所有事物都非以我等凡夫所設想的那種實有方式而存在。設想以下的譬喻。對於患有黃疸的人來說，白色的海螺看起來就是黃的，即使海螺實際上並非黃色，而是白色。同樣地，我們所感知的事物，也不是以凡夫所感知的那種狀態而存在。根據這個見地，雖有車子、房屋等等的物體，但它們並非實有。然而同時，我們也不能說它們根本不存在或者空無。

因此，一個瓶子並不空於自身，而是空於眞實存在。而所謂「眞實存在」，意思是什麼？實際上，在我們執持這些現象（爲實有）的概念之外，它們並不存在。然而，我們認爲它們於自心所加諸其上的存在之外，它們也實際存在。如果事物實際存在，便會稱爲「眞實存在」。格魯派見地的倡議者表示：並沒有這類的眞實存在。不過，他們並未主張事物都不存在。

再次說明，此處講到事物爲空於「眞實存在」或空於「能被成立爲實有」，但不是空於其自身。這裡所徹底駁斥的，並非事物的存在；而只是事物的「眞實存在」。而就此意義而言，它們是

210 換句話說：藉由了悟世俗諦究竟非有，從而使世俗諦的究竟空盡（emptying the ultimate of the conventional），因此獲得勝義諦的見地。

空的。舉例來說：當我們見到一棵樹，我們不會認爲那棵樹是個妄念。我們會抱持著那棵樹爲實有的想法。這種加諸於樹木的實有性，乃是一種錯亂。[211]

格魯派進一步主張：其他教派所持有的見地，也就是那些主張事物（於究竟上）既非爲空亦非不空；既非有亦非無有者，在邏輯上是會互相抵觸的。根據格魯派的中觀體系，我們無法以這種方式來正確認識事物的實相。如果某個事物並非「存在的」（有），它就必須是「不存在的」（無有）。如果某個事物並非「空的」，它就必須是「不空的」。因此，我們無法全然否定事物。[212]依照其他非格魯派的觀點，當我們禪修空性的時候，任何形式的分別執取（包括執取事物爲「空的」）都是不宜的。根據上述的教派，在實際培養空性慧觀的過程中，根本不會有起心動念。

格魯派見地的倡議者則認爲這種方向並不正確。禪修空性時不能有任何的起心動念，這是在第八世紀來到藏地的那位漢地和尚大師（Chinese Master Hoshang）[213]的觀點。依照格魯派的體系，在禪修空性的時候，必須要有思惟「此乃空性」的空性想法。至於可以用來成立「事物自性爲空性」之理的推論方式，則有許多種。我們基於其中任何一種而獲得「此乃空性」的結論，並於心中帶著這樣的思惟而進行禪修。[214]

（三）薩迦派的中觀見

1. 駁斥實有之邊

我們（薩迦派）與其他教派一致，運用中觀的理路，首先針對一切現象皆不存在的道理建立正確的見地。如同上述所言，有各式各樣的理路可用來達到這個目的，而主要有以下五大因。其中，

---

211 換句話說：依照這個見地，要否定的對象不是樹木本身，而是樹木的實有（真實存在）。

212 意思是：儘管在格魯之外的學派，於勝義諦上駁斥所有的四種邊見（有、無、有無二俱和非有非無）；格魯派則主張在這一點上，唯有其中的「有」邊受到駁斥。他們主張「無」邊屬於勝義諦的範疇，而在世俗諦的範疇中則受到駁斥。

213 漢地禪宗的和尚大師摩訶衍（The Chinese Chan Master Hoshang Mohoyen）於第八世紀受邀於赤松德贊王（King Trisong Detsen）而到西藏與印度大師蓮花戒大師（Kamalaśīla）辯論，地點在著名的桑耶寺（Samyé）庭院。舉辦這一場辯論，是為了在漢傳佛教和印度佛教之間，決定哪個派別應該成為西藏的國教。以下依照藏人的紀錄而極為簡略地描述這個事件：當時，和尚大師所辯護的是「頓悟」法門，而依此法門的方式，無分別禪修能令充滿各種分別概念活動的輪迴之根受到壞損，所以是獲致解脫的直接方法。此外，對於善惡行為的概念區別會障礙解脫，故而應當加以捨棄。為「漸悟」法門辯護的蓮花戒大師則認為：上述的方式過於極端，使得修行者無法累積完成法道所需的福德（法道應為福德與智慧雙運，以便獲得成佛的色身和法身）。最後，印度佛教成為西藏的國教。

214 中觀宗於探究事物自性時所運用的一種辯證法為：「破四邊生因」（catuṣkoṭi, four-fold negation）。龍樹菩薩在《中觀根本慧論》便採用這個工具而名聞遐邇（第一品第三偈頌），而其中探討的便是：任何事物自性的所有可能本體狀態——此事物為有、無、有無二俱，抑或非有非無？儘管薩迦等學派主張：這四種狀態唯有在勝義諦中要受到否定；但格魯派的論師卻認為：這些和二諦都有關，也就是該事物於勝義諦中非有，且於世俗諦中非無。

用來探究任何現象起因的方式，稱爲：「金剛屑因」（vajra slivers，藏文：rdo rje gzegs ma）。我們於此分析：事物是從自身、他者、兩者（自身和他者）或無因而生起。當我們發現這四種可能的生起方式皆非時，便說究竟上根本沒有生起這件事。[215]

另一種理路（稱爲「破有無生因」，字義爲：駁斥實有和非實有之事物的生起，藏文：yod med skye 'gog）探究的是：「果」。若是果在因的時候就（眞實）存在，那麼果就不是後來全新生起，便沒有生起這件事。若是果在因的時候就（眞實）不存在，那麼果也不是生起的。比方有種子（因）和苗芽（果）。在種子的時候，是否已經有了苗芽？如果苗芽在種子的時候就存在，則表示並沒有苗芽的生起。如果苗芽在種子的時候並不存在，便也不會有苗芽的生起。[216]

第三種理路（稱爲「破四邊生因」，字義爲：駁斥其他四種方式的生起，藏文：mu bzhi skye 'gog）[217]分析的是「因和果」：是單一的因生起單一的果嗎？還是單一的因生起多數的果？或者多數的因生起多數的果？又或多數的因生起單一的果？當我們分析這四種可能性時，會發現根本沒有生起這件事，因而成立的萬法的空性。透過仔細檢視這四種可知的現象生起方式，我們將了解到（無論是究竟上或實際上），沒有任何一個可能發生，也就是說，不可能由一因生起一果或多數的果，亦不可能由多因生起一果或多數的果。

第四種理路（稱爲「離一多因」，字義爲：非一非多，藏文：gcig du dral）探究的是事物的本質：萬法是單一的本體或由多個成分組成的？我們藉由這個分析，可以獲得以下的結論：沒有所謂單一的本體，因此也不可能有多數的存在。[218]

第五種分析爲「大緣起因」（字義爲：關於相依緣起的推論，藏文：rten 'brel gyi gtan tshigs），同時分析因、果和自相存在。所有的現象都是基於因緣和合而生起，因此爲空（於自相存在）的。

---

215 這種理路可見於龍樹菩薩《中觀根本慧論》第一〈觀因緣品〉第三偈頌：「諸法不自生，亦不從他生，不共不無因，是故知無生」（鳩摩羅什法師譯）。若加以簡短衍伸，印度外道數論派（Sāmkhya）的論師聲明：「從根本上來說果和因是一者且相同，在因中已經有果，只不過尚未顯現。」而此想法可透過以下邏輯來駁斥：若有真實的現象從它自己生起，但它本來就存在的話，就沒有必要有新的生起。此外，也沒有必要有因，反正果可以毫無止盡地自己生出自己。第二種主張：因和果本來就不同或為「他」的論點，駁斥的方式如下：兩種本來就沒有關係的事物不可能作用為因和果，因為它們的自性根本不同。如果某個事物自性存在（標示為「果」），它就無法仰賴別的東西（標示為「因」）來讓它生起。因此，我們無法說有哪個事物是從其他事物生起的。第三個論點：會導致從自身和他者生起的兩種過患。第四種：無因而生的論點則毫無意義可言。

216 我們必須謹記於心的是：此處所駁斥的是某種真實現象的生起——某種現象是自性存在、且因自性而真實存在或真實不存在。如果甲這個事物於乙在的時候就已經真實存在，我們就完全不能說甲這個事物有任何的生起。如果有乙的時候，甲就真實不存在，它怎麼可能會生起呢？

217 譯註：資深藏漢譯者法護老師表示，這個詞一般翻譯為「破四句生」，經考據原始梵文而修正為「破四邊生」。

218 關於這個爭論，背後的邏輯是：現象都是由其組合成分所構成的，例如：「花」是由根、莖、葉、瓣、蕊等所構成的。這裡的每個部分，又可分解為其各自的組合成分，以此類推。就連構成最細微部分的細小粒子，都可於空間上再分為：上、下等部分。如此的分析，可以無限延伸。

當我們說萬法皆爲空性，並不意味著事物不能顯現，以致我們看不見任何事物。這裡的重點是要探究顯現事物的自性：是否爲眞實存在。透過這類的分析，我們便能總結說：事物並非眞實成立，因此爲空（於自相存在）的。換句話說：我們並非在否定我們對於眼前顯相的經驗。我們運用上述所說的理路，爲的是審視顯現的事物，質問其是否存有的眞實狀態。對於錯亂的心來說，這些顯相看似存在，一點都不是空的。我們藉由這些理路而了解，它們實際上並不存在或不具本有自性的道理。

2. 駁斥空性之邊

現在，如同上面所解釋的，由於沒有非空的現象，那麼所謂「空的」現象也一樣不是眞實存在。「空」和「非空」，如同「長」和「短」的看法一樣，是互相觀待的。「長」之所以爲長，只有在和「短」的東西相比時才有意義；反之亦然。唯有兩者都在，才能將一個標示爲「短」、一個標示爲「長」。沒有「短」，就不會有「長」。同樣的道理，唯有當某個東西是「非空的」，才有某個東西是「空的」；沒有「非爲空性」，就不會有「空性」。

最初，我們主張萬法皆爲空性。而今，我們檢視空性這個想法，並斷定連空性也不眞實存在。

既然沒有什麼東西是非空的，便也不可能有東西是「空的」。「空」和「非空」這兩種看法是互相觀待的：沒有其一，便不可能成立其二。以此緣故，我們說空性並非勝義的實相或最終的安住理趣。[219]

3. 駁斥其他二邊

在個別駁斥上述的想法後，也必須要駁斥兩者皆然的想法——即是：認爲事物在究竟上既空又非空。由於這兩種想法互相矛盾，兩者皆然的想法也同樣不可能爲事物的自性。最終，既然「空且非空」的組合不是勝義的實相；其反面，也就是「既非空亦非非空」，同樣肯定不能承許。我們以此方式，而達到一種對勝義之離於所有四邊或分別戲論的見地。

219 以第一階段的分析，透過中觀宗的理路方法而成立事物乃缺乏自性存在，因此駁斥了所謂事物實有的想法。如此所得到的結論就是：現象乃「空無自性存在」，由於此時可能會對「空性乃勝義諦」的想法有概念上的執著，因此，就連事物為「空」的理解也必須要被駁斥。這正是第二階段分析的目的所在。此處的爭論是：「空」的想法和「非空」的想法兩者乃相依互存，缺此則無彼。既然已知沒有所謂「非空」的現象，那麼對於「空的現象」的理解便不再有意義。換句話說：「空性」只在為了證明「實有」的想法有誤之時才有意義。如果不具「實有」的想法，則「空性」的概念也就瓦解了。

接著運用相同的原則來處理「離於諸邊」和其反面「不離於諸邊」。究竟而言，勝義諦無可言說。札巴堅贊尊者曾說：「以此觀點來看，沒有所謂事物的『究竟自性』或『實相』。」眞正的觀點，既不「離於諸邊」，也不「離於戲論」，且非「不離戲論」。當我們在培養見地時，首先要了解離於一切分別戲論和各種邊見的見地。基於此正確的了解，我們讓心休息，並串習在這種沒有任何執取的狀態中。

根據第八世紀來到藏地的漢地大師摩訶衍和尚（Hoshang Mohoyen）指出：在培養勝觀的過程中，不應該生起任何分別念頭。在修持中，所有的念頭全部一樣，都被視爲一種過患。因此，他的教導是：修持中若有任何念頭出現都是不對的。偉大的印度學者蓮花戒（Kamalaśīla）針對這個觀點而與之辯論，並擊敗了這位漢地大師。接著，後者的傳承則由國王頒布命令而正式於藏地受到禁止。

對於格魯派來說，「離於戲論」所描述的見地，與那位和尚的見地相似。但這並不正確。和尚的方法中，對於勝義連一點概念上的理解都沒有；問題只在於要整個阻擋我們的念頭。那並非一種見地。

在我們的傳承中，我們首先透過概念上的理解來建立正確的見地，接著讓自心在離於分別戲論的狀態中休息。換句話說，分別念頭是基於對見地的正確了解而不再出現。這和整個阻擋念頭是截然不同的。

薩迦班智達自己就曾表示：「如果我們不先研讀見地，而只是安住在沒有起心動念的狀態下，我們的見地就會與那位和尚一樣。」

希望諸位能夠如理如法地禪修見地，透過方便與智慧的雙運而迅速證得佛果。

克里斯汀・伯納特英譯

迴向

所有因構想、撰寫、翻譯、發行和傳布這些正法文字所得的福德，普皆迴向：我們最尊貴的導師堪千阿貝仁波切的善願得以圓滿。此外，也希望堪千阿貝仁波切的這些話語能啓發無數眾生，令他們因此領會到學習佛法的重要性，並具有如此研讀的條件。祈願：他們透過思惟而獲得深入的了解，因而得以於禪修中培養慧觀，以期爲了利益一切眾生而證得無上正等正覺。

附錄一

堪千阿貝仁波切的藏文出版著作

二〇〇六年

- 《學習佛法的重要性》（包括英譯）（藏文：*Dam pa'i chos nyan par bskul ba*）。加德滿都：國際佛學院發行。

二〇〇八年

- 《關於〈道果〉教導的大合集》（四十三函）（彙編者）（藏文：*Gsung ngag lam 'bras slob bshad chen mo*）。加德滿都：薩千國際組織（Sachen International, Rgyal yongs sa chen）發行。

二〇一〇年

- 《金剛乘研讀目錄》（藏文：*Rje btsun sa kya pa'i bka' srol ltar rgyud 'chad nyan byed pa la nye bar mkho ba'i gsung rab rnams*）。加德滿都：薩千國際組織發行。

二〇一一年

- 《關於修心七要的口訣》（藏文：*Blo sbyong don bdun ma'i bka' khrid*）。由堪布蔣揚・貢噶（Khenpo Jamyang Kunga）印製，免費與大眾結緣。

二〇一二年

- 《利益眾生甘露流：依據大乘〈遠離四種執著〉教導所講的禪修教誡》（*A Shower of Nectar that Benefits All: Meditation Instructions based on the Mahayana Teaching of Parting from the Four Attachments*；藏文：*Theg pa chen po zhen pa bzhi bral gyi sgom khrid: kun phan bdud rtsi'i char rgyun*）。加德滿都：國際佛學院發行。

二〇一三年

- 《關於〈普賢行願品〉的教導選集》（藏文：*Bzang spyod smon lam gyi 'grel ba phyogs sbrigs*）。德拉敦：薩迦學院發行。
- 《關於〈牟尼密意顯明論〉的口授註釋》（二函）（藏文：*Thub pa dgongs gsal gyi bka' 'grel* ）。德拉敦：薩迦學院發行。

二〇一四年

- 《堪千阿貝仁波切著作合集》（四函）（藏文：*Mkhan chen a pad rin po che mchog gi gsung 'bum*）。蘭州：甘肅文化出版社（Lanzhou: Kan su'u rig gnas dpe skrun khang）發行。[221]

第一函

- 《對於傑尊札巴堅贊〈喜金剛續注疏〉的批注》（三百六十三頁，包括該注疏的內容）。[222]
- 《對於〈道果〉傳承與發願文的增補》（三頁）
- 《關於喜金剛中軌成就法〈七支莊嚴〉（The Beautiful Ornament to the Seven Limbs）的批注》（四十二頁，包括成就法的內容）
- 《關於喜金剛身壇城的批注》（二十七頁，從身壇城開始，但接著講成就法的內容）
- 《依據〈入中論〉（Madhyamakāvatāra）所講的修持教誡》（二十八頁）**
- 《關於〈入菩薩行論〉（Bodhicaryāvatāra）的兩則教導》（一百一十八頁 combined）**
- 《無著賢菩薩的教誡》（二十六頁）*

第二函[223]

- 《關於淨盡惡趣威光王如來（Sarvavid Vairocana）儀軌的批注》（七十二頁）
- 《關於淨盡惡趣威光王如來成就法的批注》（十五頁）
- 《關於淨盡惡趣威光王如來灌頂儀軌的批注》（十七頁）
- 《關於依照下三續三分食子供養儀軌的批注》（七頁）
- 《關於金剛瑜伽母（Vajrayoginī）修持的筆記》（四十六頁）***
- 《關於修心七要的注疏》（三十五頁）*以及***
- 《依據〈遠離四種執著〉所講的修持教誡》（一百四十四頁）[224]**

---

221 那些標示有星號的法教譯本，一顆星的（*）收錄在這本書中；兩顆星的（**）會放在未來的合輯中；三顆星的（***）則已翻譯完畢，並可用不同形式取得。

222 這些批注都包括：所批注的文本和仁波切的筆記。

223 收錄於本書，但不在此列表中的，包括：一篇由堪布索南嘉措撰寫的〈堪千阿貝仁波切簡傳〉，以及由第四十一任薩迦赤千法王所寫的〈堪千阿貝仁波切迅速轉世祈願文〉。

224 該教導的另一個版本，由國際佛學院在二〇一二年發行，參見上述。

- 《學習佛法的重要性》（二十二頁）*以及***
- 《薩迦傳承續部研讀目錄》（四十九頁）
- 《關於出版〈莫千四壇城儀軌[225]〉的發願文》（一頁）
- 《關於轉心四思惟和其他修持》（十五頁）*
- 《證悟者的入滅》（十八頁）*
- 《七支供養的修持》（二十五頁）*
- 《佛陀的功德》（四十六頁）**
- 《關於〈普賢行願品〉的注疏》（七十二頁）**
- 《關於〈普賢行願品〉的批注》（十八頁）**

第三函

- 《關於薩迦班智達〈牟尼密意顯明論〉的教導》[226]（三百二十一頁）

第四函

- 《關於薩迦班智達〈牟尼密意顯明論〉的詳盡教導》[227]（六百七十五頁）

二〇一七年

- 《關於薩迦班智達〈牟尼密意顯明論〉的注疏》（藏文：*Mkhan chen 'jam dpal dgyis pa'i bshes gnyen tshangs sras bzhad pa'i blo gros mchog*）。收錄於薩班系列（Thub pa dgongs gsal gyi rnam bshad, Sapan Series）第九函。曼督瓦拉：薩班翻譯與研究基金會（Sapan Translation and Research Foundation）發行。

---

225 譯註：此為莫千・拿旺・貢噶・倫珠（Morchen Ngawang Kunga Lhundrub，一六五四—一七二八）的簡稱，他是薩迦派金剛瑜伽母成就法的傳承上師之一，也是西藏利美（不分教派）運動的大師之一。

226 此為註腳7所言，於一九八六年，在新加坡的教導。見本書第二十一頁。

227 收錄於第三函與第四函的教導，也由薩迦學院學生聯合會於二〇一三年發行。第四函的教導，近期由堪布索南嘉措編輯成冊，書名為：《關於薩迦班智達〈牟尼密意顯明論〉的注疏》（藏文：*Mkhan chen'jam dpal dgyis pa'i bshes gnyen tshangs sras bzhad pa'i blo gros mchog*）。收錄於薩班系列（Thub pa dgongs gsal gyi rnam bshad, Sapan Series）第九函。曼督瓦拉：薩班翻譯與研究基金會（Sapan Translation and Research Foundation）二〇一七年發行。

附錄二

堪千阿貝仁波切迅速轉世祈請文・大悲勸請鼓聲

悲憫我之根傳上師尊，
靜忿本尊諸佛佛子眾，
浩瀚皈境眞諦加持力，
祈請所願義利皆成就。

語言自在文殊上師尊，
三密功德藏中最權威，
所調賢善事業幻化者，
眾生憶念祈請殊勝師。

依怙尊您恆長堅固力，
尊勝教法總別極要之，
講修事業重任極高舉，
何故示現收攝妙色身？

導師尊證等士已不住，
值此衰退黑暗遮蔽時，
若您入於寂靜界安住，
我等眾生依靠誰皈護？

故藉如日光明之發心，
具敬清淨信心湖海内，
解脫美麗之瓣莊嚴圓，
再化蓮花童子速顯現。

稀有三學法輪之芳香，
一切有緣弟子如蜂聚，
善說妙蜜生起歡喜宴，
願如宿昔護持佛方便。

殊勝三寶無欺加持力，
因果緣起無欺誑威力，
我等清淨意樂祈願力，
所願如祈義利皆成就。

我等殊勝導師、無比恩德、全體之善知識——大堪布阿貝仁波切
心意趣入法界逝去，悲而難忍，
薩迦法王．拿旺貢噶（語自在慶喜）一心祈請，願如所祈而成就。

第四十一任薩迦赤千法王撰

＊

二〇一二年七月九日，大堪布阿貝仁波切之最末弟子——第三世巴麥欽哲仁波切（黃英傑），於第四十一任薩迦法王在台北《道果．會眾釋》上師相應法灌頂時，見會場所發之大堪布阿貝仁波切轉世祈願文唯有藏音，遂自藏譯漢，供養予大恩上師薩迦法王，一切過謬祈請見諒。

詞彙解釋

（依中文第一字筆劃順序排列）

二到五劃

· **十二緣起**（twelve links of dependent arising）：請見「緣起」（dependent arising）。

· **二諦**（two realities，梵文：satyadvaya，藏文：bden pa gnyis）：依據佛陀的教法，二諦分別為世俗諦（梵文：saṃvṛti，藏文：kun rdzob）與勝義諦（梵文：paramārtha，藏文：don dam）。世俗諦為萬物的顯現，凡夫感知為真，但聖者視之為幻。對後者而言，只有勝義諦——萬物的真實自性，才為真。不同的思想宗派對二諦的定義有所差異。以說一切有部（Vaibhāṣikas）為例，不論是透過實體或思惟上的分析，只要可拆解成更微細的部分皆屬世俗諦；無法再進一步拆解的，則為勝義諦。以此類推，「我個人」（individual person）與「外境」（outer phenomena）（如：山、桌子、咖哩等）皆為世俗諦；反之，組成實體現象的個別微塵、心的個別剎那皆為究竟真實。據薩迦派所闡述的中觀見地，若不分析探究其究竟實相，於心所現的顯相即為世俗諦。勝義諦是直接而非概念性的了悟，離於一切分別邊見（有、無、亦有亦無、非有非無）的實相真實自性。

· **小乘**（梵文：Hinayana，藏文：theg dman）：奠基於初轉法輪所說教法（四聖諦）的佛法基本理論與修持體系；也定義為：「別解脫道」，著重出離心，並由根器較次而主要希求自身從痛苦解脫者所修持。故此修道，可從所循的哲學體系（即基於《阿毘達磨大毘婆沙論》*Mahāvibhāsa*

Abhidharma 所揭示的教義而爲「毘婆沙宗」Vaibhāṣika；或是基於經典所揭示的教義而爲「經量宗」Sautrāntika）作基礎，或行者的動機（此處不應和「上座部佛教」混爲一談，有些上座部行者是爲了一切眾生而求佛果）作基礎來界定。

- **大乘**（梵文：Mahayana，藏文：theg pa chen po）：以佛陀二轉與三轉法輪（也就是關於空性的甚深教法，以及了義與不了義教法的區別）之義理與修持爲基礎的體系。「大乘」亦名爲「菩薩道」，乃出於大悲爲利益一切眾生而希求證得正等正覺者的所持之道。
- **三乘**（vehicles, three，梵文：yāna，藏文：theg pa）：根據追隨者不同根器所教授的三種解脫之道。「聲聞乘」是授予希求自身解脫的佛弟子；「辟支佛乘」或「獨覺乘」是在無佛說法之時的個別解脫之道；「摩訶衍那」或「大乘道」則是對希求爲利眾生而願成佛的菩薩所傳。大乘含括了共的「波羅蜜多乘」與不共的「金剛乘」。若將續部金剛乘獨立成一乘時，三乘則爲小乘、大乘與金剛乘。
- **三摩地**（梵文：samadhi，藏文：ting nge ’dzin）：禪定，泛指深度禪定的一般用語。三摩地（定）爲佛道修持的三大砥柱之一，餘二爲「持戒」（戒）與「智慧」（慧）。

・**三學、三增上學**（higher trainings, three），佛道之精要，包括：戒（梵文：śīla，藏文：tshul khrims）、定（梵文：samādhi，藏文：ting nge 'dzin）、慧（梵文：prajñā，藏文：shes rab）。

・**三寶**（Three Jewels，梵文：triratna，藏文：dkon mchog gsum）：佛教徒所皈依的三個對境：佛寶、法寶、僧寶。

・**三藏**（梵文：Tripiṭaka，藏文：sde snod gsum）：三籃。佛陀教法的三大集結：律藏（Vinaya 毘那耶：出家戒律）、經藏（Sūtra 修多羅：一般宣講）與論藏（Abhidharma 阿毘達磨：較勝之法）。

・**上師**（梵文：lama，藏文：guru）：精神導師或師長。

・**口訣**（pith instructions）：請見「經藏」（sutra）。

・**巴楚仁波切**（Patrul Rinpoche, Dza，一八〇八—一八八七，又稱：巴珠法王、華智上師）：來自藏地東部的寧瑪傳承大師，儘管學識淵博且成就高深，卻情願過著流浪的生活，而不附屬於任何體制。巴楚仁波切被視為印度大師寂天菩薩的轉世，以傳講該大師的《入菩薩行論》聞名，並著有《普賢上師言教》（藏文：*Kun bzang bla ma'i zhal lung*，英文：*The Words of my Perfect Teacher*）。

・**化身**（梵文：nirmāṇakāya）：請見「身」（kāya）。

・**中觀、中道**（梵文：Madhyamaka，藏文：dbu ma）：印度大師龍樹尊者以佛陀二轉法輪之經教爲基所創的大乘思想與修持宗門。此宗門依於緣起教義而強調現象不具任何實質的自性。之所以名爲「中道」，是因爲此修持能讓心離於「有」與「無」的分別邊見。在藏傳佛教中，普遍視此宗門爲殊勝見地的代表。

・**中觀他空派**（梵文：Shentong Madhyamaka，藏文：gzhan stong）：根植於薩迦傳承的中觀學派分支。然而，因其對二諦顚覆且爭議性的闡釋，他空派的見解從未被主流薩迦傳承採納，故而在其他不同派別發展。根據此系統之見，世俗諦被視爲「自空」（藏文：rang stong），勝義諦則爲「他空」（藏文：gzhan stong）。即世俗諦爲空，非其自身爲空。意味著在勝義諦上，某些特質在究竟實相中仍眞實存在，此教義與佛性的教義緊密相連。隨後，寧瑪與噶舉的一些上師也採納了此見解。

・**五蘊**（five aggregates）：請見「蘊」（skandha）。

・**五濁**（five degenerations）：五項表明我們處在佛法衰微之惡世的徵兆。五濁如下：（一）劫濁——外境衰敗，以及戰爭、飢饉、天災增多；（二）眾生濁——眾生身心異常狀態的增多；（三）命濁——眾生的生命力衰敗；（四）煩惱濁——眾生的內心煩惱更加熾盛；（五）見濁——邪見蔓延。

・**切喀瓦．耶喜多杰**（Chekawa Yeshé Dorjé，一一〇一—一一七五）：彙編《修心七要》的西藏噶當派大師。師承夏拉瓦格西（Geshe Sharawa），是在藏地倡導修心教法的重要人物。

・**世俗諦**（conventional reality）：請見「二諦」（two realities）。

・**世俗菩提心**（relative bodhicitta）：請見「菩提心」（bodhicitta）。

・**四無量**（four immeasurables）：慈、悲、喜、捨的四種利他態度。之所以無量，在於發心的對象爲無以計數的有情眾生，使得培養此四種態度的心也因而變得無可計量。由於依此修持將可投生於天道梵界，故而亦稱爲「梵住（brahmavihāras 梵天居所）」。

・**四身**（four kayas）：請見「身」（kāya）。

六到十劃

· **地**（梵文：bhūmi，藏文：sa）：大地、土地。在成佛道上，菩薩循序漸進所經的了證次第。初地，亦稱：「歡喜地」，因初次洞察勝義諦（究竟實相）而證得。此洞察隨著接續的證悟次第而深化至十地，即是菩薩地的頂位「法雲地」。其最終結果則是：獲證圓滿佛果，稱第十一地。

· **死時禪定**（thugdam，藏文：thugs dam，音譯：圖當）：意指熟練的行者於死時進入的禪定狀態。更廣義來說，則尊稱續法行者與上師及修持之間的神聖連結與三昧耶誓言。（譯註：達賴喇嘛尊者的中譯蔣揚仁欽將此名相翻譯為：「住持心法」，但由於其所包含的意義廣大，故而仍以「死時禪定」作為略譯。）

· **自性身、體性身**（梵文：svabhāvikakāya）：請見「身」（kāya）。

· **朵瑪**（torma，藏文：gtor ma）：外型可繁可簡的一種食用供品，有時稱為食子（ritual cake）。朵瑪通常以烘過的青稞麵糰製作，用途眾多，可當獻予證悟者的供養或世俗神祇食用。

· **宗喀巴大師**（Tsongkhapa，一三五七—一四一九）：被視為創建格魯派之西藏大師，其大量著作因涵攝了全方面的佛學思想與修持而廣為人知。

・**阿毘達磨、論藏**（梵文：Abhidharma，藏文：chos mngon pa），又稱：較勝之法。以學術與系統化方式陳述佛陀所教各類主題的相關經典與教導集結。屬於佛陀教法的三藏之一。請見「三藏」（Tripitaka）。

・**阿賴耶**（梵文：ālaya，藏文：kun gzhi）：普基。心的微細認知或光明層面（明分），爲輪迴與涅槃一切顯相之基礎。有時將阿賴耶視爲等同阿賴耶識或普基識，後者爲貯存身、語、意諸行所形成之潛伏的微細心相續，故而作爲：感得身、語、意業果的基礎。

・**阿賴耶識**（梵文：ālayavijñāna，藏文：kun gzhi rnam shes）：普基識，請見「阿賴耶」（ālaya）。

・**阿羅漢**（梵文：arhat，藏文：dgra bcom pa）：已達到解脫輪迴之修道目標者。梵文的字面意思爲：「應供」，藏文則爲：「殺賊」。

・**阿底峽尊者**（Atiśa，藏文：Jowo Jé Palden，全名：覺沃・傑・巴登・阿底峽），又名：「燃燈吉祥智」（九八二—一〇五四）。係來自孟加拉的印度佛教大師，爲第十一世紀朗達瑪國王迫害佛法後，復興西藏佛教的樞紐人物。阿底峽尊者在西藏以教導菩提道次第及修心法而聞名。

・**金洲大師**（藏文：Serlingpa，梵文：Suvarṇadvīpa）：「來自金洲者」，其眞名爲「法稱」

（Dharmakīrti）。活躍於第十世紀，來自蘇門答臘（今印尼）的佛教大師，阿底峽尊者在其門下十二載，主要學習修心教法。勿將其與另一位以因明學和認識論方面之著作而盛名遠傳的印度「法稱論師」混淆。

・**金剛乘**（梵文：Vajrayāna，藏文：rdo rje theg pa）：「金剛車乘」，亦稱為「密咒乘」，以續部經典的威信為基，並運用廣大多元的善巧方便以促使行者更為迅速地成就佛果。係大乘兩種法乘中的第二乘；第一乘為「波羅蜜多乘」。

・**佛陀**（梵文：buddha，藏文：sangs rgyas）：覺者、證得佛果（即眞實、圓滿正覺）——全然離於一切遮障，並具利他之圓滿智、悲、力者。為三寶之一，佛教徒皈依的對境之一。

・**佛果**（buddhahood）：大乘希求的目標，透過淨化煩惱障及所知障此二障，所達到的眞實圓滿證悟狀態。

・**佛身**（梵文：kāyas，藏文：sku）：「圓滿證悟之身」。佛的證悟有三種層次的化現，稱為三身（three kāyas），分別為：（一）法身（梵文：dharmakāya，藏文：chos sku，英文dharma-body），乃佛陀對勝義諦的圓滿了悟，他人無法感知；（二）報身或受用身（梵文：saṃbhogakāya，藏文：longs sku，英文：body of enjoyment），為此等了悟的清淨顯現，乃具最高證量之菩薩所能感知的色相；（三）化身或應化身（梵文：nirmāṇakāya，藏文：sprul sku，英文：emanation body），乃爲凡夫所能感知的證悟顯現。有時會加上第四身：自性身或體性身（梵文：svabhāvikakāya，藏文：ngo bo nyid kyi sku，英文：essence body），所指爲三身的無別。

- **法**（梵文：Dharma，藏文：chos）：字首大寫 Dharma 時，意指佛陀的教法，以及基於此教法的修持與覺受之道，爲三寶之一，或佛教徒皈依的對境之一；然而，一般來說，字首小寫 dharma 時，則有十種以上的涵義，包括：「現象」與「宗教傳規」。
- **法身**（梵文：dharmakāya）：請見「身（佛）」（kāya）。
- **法稱論師**（梵文：Dharmakīrti）：活躍於第七世紀，師承陳那尊者（Dignāga）的印度佛教大師，以關於因明與內明的七大著作聞名。其代表論述爲：《釋量論》（*Commentary on the Means of Valid Cognition*，梵文：*Pramāṇavārttika*）。
- **法性**（梵文：dharmatā，藏文：chos nyid）：事物的眞實自性，與勝義諦同義。
- **空性**（emptiness，梵文：śūnyatā，藏文：stong pa nyid）：勝義諦的一個名稱。既然現象依於因緣而生起，故其自身並無本具眞實的自性，此即空性所指的事實。對此實相的洞察，將成爲離於分別戲論的解脫大門，而分別戲論乃爲業與煩惱之根源。

・**果讓巴・索南森給**（Gorampa, Sönam Senge，一四二九－一四九〇）：來自東藏的薩迦派大師，特別是他的哲學著作，已成爲後世學者的必讀經典。

・**波羅蜜多**（梵文：pāramitā，藏文：pha rol tu phyin pa）：圓滿、度。菩薩爲了證得圓滿佛果所行的修持。波羅蜜多分別爲：布施、持戒、安忍、精進、禪定與般若。有時於此六波羅蜜多之外，還會加上方便、願、力、智等四度（而稱爲「十度」）。

・**波羅蜜多乘**（Pāramitā Vehicle，梵文：pāramitāyāna，藏文：phar phyin theg pa）：圓滿度之乘。依循大乘教法，有兩種途徑能使人臻得圓滿證悟或佛果，即：波羅蜜乘多與密咒乘（金剛乘）。在波羅蜜多乘中，行者以修持波羅蜜多爲主，密咒乘的行者善用續部所教導的善巧方便。

・**咒乘**（Mantra vehicle）：請見「密咒乘」（Secret Mantra Vehicle）。

・**卓彌譯師**（Drogmi Lotsawa，九九二－一〇五〇）：佛法在藏地二度廣弘期間（後弘時期）的西藏譯師，亦爲薩迦派道果教法（Lamdré）傳承舉足輕重的大師。

・**律藏**（梵文：Vinaya，藏文：'dul ba）：主要著重僧伽戒律之行儀準則與其背後歷史的典籍集結。佛陀教法的三大集結之一，請見「三藏」（Tripitaka）。

・**毘婆舍那**（梵文：vipaśyanā）：請見「勝觀」（special insight）。

・**界**（梵文：dhātus，藏文：khams）：感知元素。十八種感知的元素，分別爲：十二處（梵文：āyatanas）與六識；其中，十二處由六根及六塵組成；六識則爲眼識、耳識、鼻識、舌識、身識、意識。若要形成感知，必須要有相應於感知的基礎與識同時運作，例如：眼根、根所緣的色法對境與眼識共同運作而產生對於所緣（客體）的視覺感知。

・**涅槃**（梵文：nirvana，藏文：mya ngan las ’das pa）：超越悲苦的狀態。修持佛道所獲得的最終結果，即自輪迴、痛苦、所求不滿中完全解脫。普遍來說，涅槃分爲兩種：一爲小乘涅槃，指的是「寂滅」——即個人因滅除煩惱及其因而從輪迴、業、投生當中解脫；大乘涅槃則是一種超越凡俗輪迴存有和小乘寂滅兩者的境界，故而稱爲「不住涅槃」。

・**般涅槃**（梵文：parinirvāṇa，藏文：yongs su myang ’das）：圓滿涅槃，證悟者在色身亡滅之後所達到的最終涅槃。

・**眞如、法爾如是**（suchness，梵文：tathatā，藏文：de bzhin nyid）：現象的究竟自性，與「空性」和「勝義諦」同義。

・**修心**（Mind Training，藏文：Lojong）：普遍來說，泛指在藏傳佛教各個宗派中，關於修心的大乘法門。經常用來表示以印度大師阿底峽尊者（活躍於十一世紀）教法爲基礎的一套特定修持。這些教法奠基於菩提心的證悟心態，並著重於菩薩「自他交換」的利他修持。

・**格魯派**（Gelug School）：「善律之道」——藏傳佛教四大傳承中最後在藏地設立的教派，亦稱甘丹派（Ganden School）。格魯派遵循宗喀巴大師（一三五七—一四一九）之教法，尤以著重僧伽訓練及學院教育而聞名。

・**格西**（藏文：Geshe）：字源爲梵文「善知識」（kalyāṇamitra），爲噶當派大師之稱號，後來成爲格魯派與薩迦派中，授予完成僧伽學院課程之僧眾的頭銜。如今只有格魯傳規繼續沿用。

十一至十五劃

・**密咒乘**（Secret Mantra Vehicle，藏文：gsang sngags kyi theg pa）：大乘佛教的續部之道，亦稱爲「金剛乘」，奠基於一類稱作「續」（tantra）的特殊經典，特色在於具有眾多能使人獲得證悟的善巧方便。這個稱呼所強調的是其對咒語的使用與修道方面的秘密性質——僅對領受過如理如法的灌頂與後續開許之人揭示內涵。

- **寂止、奢摩他**（calm abiding，梵文：śamatha，藏文：zhi gnas）：寂止的禪修，旨在培養心的穩定與明性。禪修時若同時具有勝觀（special insight），則可成爲根除無明的利器，因無明正是所有痛苦的根源。
- **唯識宗**（梵文：Cittamātra，藏文：sems tsam pa），字義：唯心。唯識（Vijñānavāda）或唯了別（Vijñaptimātra），係大乘學派之一。唯識宗與印度大師無著及世親所創之瑜伽行派（Yogācāra）相關，並以佛陀三轉法輪的經典及彌勒菩薩的教法爲基礎。此宗派之獨特方式在於顯示世間一切事物皆由心所造而無他。換言之，我們所參照的外境只不過是心意的表現，而沒有外在獨立的實存。離於這種虛妄的主客二元之心，便可從一切苦根的無明中解脫。
- **寂天菩薩**（Śāntideva：活躍於第八世紀）：倡議中觀且任教於那爛陀大學的印度佛教大師，著有馳名的《入菩薩行論》（*Bodhicaryāvatāra*）。
- **處、入**（梵文：āyatanas，藏文：skye mched）：十二種感知的基礎。十二處，含：六外處與六內處。六外處即六塵：色、聲、香、味、觸、法；六內處即六根：眼、耳、鼻、舌、身、意。
- **善巧方便**（skillful means，梵文：upāya，藏文：thabs）：爲了獲致證悟而用於道上的諸多方法。大乘道的精髓在於方便與智慧的雙運，方便是指：如六波羅蜜多之前五度等方法；智慧則是：對實相自性的洞察，也就是第六度。善巧方便亦指：自釋迦牟尼佛以來的證悟上師爲指引弟子行於道上所用的方法。

· **善趣**（higher realms，藏文：mtho ris）：輪迴中的三種存有形態，其特色是受苦的類型比惡趣來得不那麼顯而易見，且具有獲得解脫的機會。三善道爲：人道、阿修羅（非天）道及天道。

· **勝觀**（special insight，梵文：vipaśyanā，藏文：lhag mthong）：爲了滅除煩惱及其所生之苦，所培養對實相眞實自性的洞見。此爲佛教禪修的兩大分支之一，行者的心必須以另一分支的寂止修持爲基礎，方能使勝觀的修持成爲能令解脫的方法。

· **勝義菩提心**（ultimate bodhicitta）：請見「菩提心」（bodhicitta）。

· **勝義諦、究竟實相**（ultimate reality）：請見「二諦」（two realities）。

· **智慧**（wisdom）：請見「智」（jñāna）與「慧」（prajñā）。

· **堪千、大堪布**（藏文：Khenchen）：「卓越的學者」——擁有極高學術成就之僧眾所獲頒的榮譽頭銜。

- **解脫**（liberation，梵文：mokṣa，藏文：thar pa）：離於苦及苦因——業與煩惱的自由狀態。
- **無著賢尊者托美桑波**（Thogmé Sangpo，一二九七—一三七一）：噶當巴大師，以菩提心修持及與菩提心相關的著作而聞名。代表作有：《佛子行三十七頌》（*Thirty-Seven Practices of the Bodhisattvas*）及《入菩薩行論》之注疏《入行論釋・善說海》。
- **無明**（ignorance，梵文：avidyā，藏文：ma rig pa），分爲兩種：一種屬於心的三毒（貪、瞋、痴）之一；另一種則爲十二因緣之首。以三毒之無明（愚痴）來說：是由於誤解業因果法則而導致苦因的積累；以十二因緣之無明來說：則是誤解實相，認爲補特伽羅和現象具有「我」或固有本體是一切痛苦之根源。後者爲無明最根本的型態，導致各種其他層面的錯亂。
- **傑尊・朵林巴**（Jetsün Doringpa）（一四四九—一五二四）：薩迦傳承的大師，尤爲「道果教法」傳承的重要核心人物，亦是薩迦傳承中「察巴支派」（Tsarpa sub-school）創始者察千・洛色・嘉措（Tsarchen Losal Gyatso，一五〇二—一五六六）之上師。
- **智**（梵文：jñāna，藏文：ye shes）：覺醒的覺性。聖者對於勝義諦的現觀。
- **報身**（梵文：sambhogakāya）：請見「身」（kāya）。

・**菩提心**（梵文：bodhicitta，藏文：byang chub kyi sems）：覺醒心、證悟心。菩提心有兩種，分別是：世俗菩提心與勝義菩提心。世俗菩提心（藏文：kun rdzob byang sems），指的是：爲了一切眾生福祉而策勵成佛的決心，以及由此發心所激勵的修持；勝義菩提心（藏文：don dam pa'i byang sems），指的是：對於空性或勝義諦的了悟。

・**菩薩**（梵文：bodhisattva，藏文：byang chub sems dpa'），字面的意義爲：「具有覺醒心的勇士」，用來稱呼爲了一切眾生而發起成就圓滿佛果之願心，並經歷菩薩十地的行者。

・**菩薩戒**（bodhisattva vows）：發願爲了一切眾生而成佛者，所做之殷重承諾。涉及到爲確保行者在修道上穩步前進而需持守的一些戒條。

・**業、行爲**（梵文：karma，藏文：las）：行爲與果報的自然法則。根據佛陀的教導，決定業爲善、惡或無記的主因是：行爲背後的動機。

・**道果**（藏文：Lamdré）：「道與果」。薩迦派獨特的一系列教法。「道果教法」以《喜金剛本續》（*Hevajratantra*）爲基礎，並承自印度大成就者毘瓦巴大師。「道果」包含了從經藏到續部的整體佛陀教法。

- **經量部**（梵文：Sautrāntika，藏文：mdo sde pa）：「遵循佛經者」（隨經行）。小乘的兩種支派之一，經量部有別於「說一切有部」，因奉行經藏所記載之佛語並拒斥論藏之權威而得名。
- **經、佛經、經藏**（梵文：sutra，藏文：mdo）：據信佛經內含佛陀親自宣說之言，揭示佛陀爲普羅大眾所做的共通教導。對於佛經的註釋，可見於論（śāstras）；佛經中關於修持的精要則摘錄於口訣（upadeśas）。佛經亦爲佛陀的三藏教法之一，請見「三藏」（Tripiṭaka）。
- **經乘**（梵文：Sutrayana）：經乘——摩訶衍那或大乘的傳承，所依循的是經藏中所宣說的教法，而非續部中所宣說的教法，請見「經」（sutra）及「續」（tantra）。
- **煩惱**（afflictions）（梵文：kleśa，藏文：nyon mongs pa）：導致不安且阻礙行者了證究竟實相（勝義諦）的心理狀態。六種根本煩惱爲：愚痴、貪欲、瞋恚、憍慢、懷疑及邪見。阿毘達磨的教導中則將煩惱又細分爲：二十隨煩惱。
- **聖者**（梵文：ārya，藏文：'phags pa）：於佛道上，因現觀勝義諦而達到高階了悟的行者。
- **僧伽**（梵文：Sangha，藏文：dge 'dun）：修持佛陀法道的團體。在大乘中，特別是指了證的菩薩。係三寶中的第三皈依境。

・**惡趣、下三道**（lower realms，藏文：ngan song）：輪迴中的三種存有形態，特徵爲具有巨大的痛苦，分別爲：旁生道、餓鬼道與地獄道。

・**說一切有部**（梵文：Vaibhāṣika，藏文：bye brag smra ba）：「追隨釋論者」。小乘的一個分支，以《大毘婆沙論》爲基礎，此論爲阿毘達磨七論的集結，當中所述的見地由世親菩薩於《阿毘達磨俱舍論》（*Treasury of Abhidharma*）中總結歸納。基於其對世俗諦和勝義諦的獨特定義，此宗派之提倡者主張某種眞實論，認爲在勝義諦的層次上仍有無方分微塵與無時分剎那心識的存在。

・**寧瑪派**（Nyingma School）：「前弘期之宗派」。藏傳佛教的第一個教派，由亦稱爲咕嚕仁波切（Guru Rinpoche）的印度續法大師蓮花生大士（活躍於第八世紀）、印度住持兼學者寂護大師（活躍於第八世紀）及赤松德贊王（七四二－七九七）所共同創設。寧瑪派的特色包含：由後代大師於應機之時，重現蓮師所埋藏之伏藏（藏文：gter ma）的教法傳續方式，以及關於心性和各種揭顯心性的大圓滿教導。

・**蓮花戒論師**（Kamalaśīla）：活躍於第八世紀，在藏地倡議「漸悟」而聞名的印度大師，與漢地禪師摩訶衍進行了著名的「桑耶論諍」（西元七九二或七八〇年），並成功地辯護此法門，且於後編纂三冊著名的《修習次第》（梵文：*Bhāvanākrama*，藏文：*sgom rim*）。

- **輪迴**（梵文：samsara，藏文：'khor ba）：無始無滅且不由自主的反覆生死循環，只要眾生尚未證悟，便仍受制其中。這個永無休止的世間存有循環，特徵為從不饜足與缺乏真正的自由。
- **慧、般若**（梵文：prajñā，藏文：shes rab）：能正確辨別並確立感知對境之心所（mental factor）。慧的開展有三段歷程：聞、思、修。除了作為三增上學之一，亦為能將所有其他善德轉為圓滿的無上波羅蜜多，為佛道的必要面向。
- **緣覺、獨覺、辟支佛**（梵文：pratyekabuddha，藏文：rang sangs rgyas）：獨自了證者，在小乘別解脫道上，無師自悟的行者。
- **緣起**（dependent arising，梵文：pratītyasamutpāda，藏文：rten cing 'brel bar 'byung ba）：導致投生與痛苦之依緣而有的過程。十二因緣為：無明、行、識、名色、六處、觸、受、愛、取、有、生及老死。

十六至二十劃

- **龍樹尊者**（Nāgārjuna）：活躍於第一世紀，創立中觀宗門的南印度佛教大師，因畢生的哲理論述和祈願著作而聞名，前者以《中觀根本慧論頌》（*Mūlamadhyamakakārikā*）為代表巨作。

・**噶當派**（Kadampa School）：「遵循佛語與教言之宗派」。藏傳佛教最早期的宗派之一，始於後弘時期。此傳承是由師承阿底峽尊者之仲敦巴（Dromtönpa，一〇〇五—一〇六四）的弟子所創。噶當傳承著重「修心」（藏文：blo sbyong）的訓練與續部修持的保密。儘管噶當派早已不再自成一派（譯註：宗喀巴大師後將噶當派與格魯派融合），但其教法在所有藏傳佛教中都受到保存及珍視。

・**噶舉派**（Kagyü School）：「口語傳承之宗派」。創於後弘時期，藏傳佛教主要的宗派之一，也稱爲：「實修傳承」（藏文：grub brgyud）。噶舉派的教法可以回溯至大譯師馬爾巴（Marpa，一〇一二—一〇九七）、其最盛名遠揚的首座弟子密勒日巴瑜伽士（Milarepa，一〇四〇—一一二三）以及後者的弟子岡波巴（Gampopa，一〇七九—一一七三）。噶舉派著名的是：關於心性之大手印（大印）教法與「那若六法」的瑜伽修行。

・**薄伽梵**（梵文：Bhagavān，藏文：bcom ldan 'das）：世尊——佛陀的稱號。

・**聲聞**（梵文：śrāvaka，藏文：nyan thos）：聽聞——修持小乘教法之佛陀弟子。梵文「śrāvaka」一詞由 śruta（聽聞）與 vāk（宣講）兩字所組成，意思是：他們在聽聞之後會對他人宣講所聽聞的內容。

・**薩迦派**（藏文：Sakya）：「灰土教派」——藏傳佛教的主要派別之一，於藏地後弘期所創立，因一〇七三年在藏地南部建造主寺之地而得名；以其大量的哲理訓練及持有源自印度毘瓦巴大師之「道果」教法系列而著名。薩迦五祖爲：初祖薩千・貢噶・寧波（Sachen Kunga Nyingpo，一〇九二—一一五八）、二祖索南・孜摩（Sönam Tsemo，一一四二—一一八二）、三祖札巴・堅贊（Dragpa Gyaltsen，一一四七—一二一六）、四祖薩迦班智達（Sakya Pandita，一一八二—一二五一）、五祖八思巴（Chögyal Phagpa，一二三五—一二八〇）。

・**薩迦班智達貢噶・堅贊**（Sakya Pandita, Kunga Gyaltsen，一一八二—一二五一）：薩迦派開宗祖師之一，因嚴格遵循印度佛教傳統、對古典印度各種知識領域都學識廣博，尤以其在認識論方面的著作而聞名，曾至漢地，擔任元朝皇帝之首席國師。

・**覺智**（awakened awareness）：請見「智」（梵文：jñāna）。

・**蘊、聚**（aggregates）：請見「蘊」（skandha）。

・**蘊**（梵文：skandha，藏文：phung po）：有情眾生之身心組成。所謂五蘊，或五類構成人類體驗的現象，包括：一類物質現象（色）與四類心理現象（受、想、行與識）。「我」的概念便是從五蘊爲基礎而生起的。

二十一至二十五劃

・**護法**（梵文：Dharma protectors，藏文：chos skyong）：統稱一類受到託付而保護佛陀教法免於衰敗或惡意損害的眾生。護法基本上可分爲兩類：已證悟的護法與世間的鬼神。

・**續、續部、續法**（梵文：tantra，藏文：gyü）：含攝佛陀對具格弟子所揭示之秘密教言的經典。此一名相也用來代表以這類經典爲基礎的整個修持體系。（譯註：資深藏漢譯者法護老師表示：「續」字有其甚深意義，若隨俗而稱爲「密續」則有降格、淺釋之虞，故僅稱「續」即可。）

・**魔羅**（梵文：māras，藏文：bdud）：魔祟、做障者。在佛教的脈絡中，魔羅意指：證悟道上的內在障礙。傳統上說，魔羅有四種：蘊魔、煩惱魔、死主魔、天子魔。

・**灌頂**（empowerment，梵文：abhiśeka，藏文：dbang bskur）：使與會者趨入密咒乘或金剛乘之道的儀式。

引用書目

・聖天菩薩（Āryadeva），《聖天菩薩〈四百論〉：菩薩如何培養福德與智慧》（*Āryadeva's Catuḥśataka: On the Bodhisattva's Cultivation of Merit and Knowledge*），凱倫・朗（Karen Lang）英譯。哥本哈根：學術論壇出版社（Akademisk Forlag），一九八六年發行。

・無著菩薩（Asa.nga），《阿毘達磨集論》（*Abhidharmasamuccaya: The Compendium of the Higher Teaching(Philosophy)*），沃波爾・拉胡爾（Walpola Rahula）譯成法文，莎拉・偉伯・波因（Sara Boin-Webb）由法文英譯。弗里蒙特：亞洲人文出版社（Asian Humanities），二〇〇一年發行。

・月稱菩薩（Chandrakīrti），《中觀導讀：月稱菩薩〈入中論〉與蔣貢米龐的論釋》（*Introduction to the Middle Way: Chandrakirti's Madhyamakavatara with commentary by Jamgön Mipham*），蓮師翻譯小組（Padmakara Translation Group）英譯。波士頓：香巴拉出版社（Shambhala），二〇〇二年發行。

・究給企千仁波切（Chogye Trichen Rinpoche），《遠離四種執著：傑尊札巴堅贊對於修心和見地的道歌》（*Parting from the Four Attachments: Jetsun Drakpa Gyaltsen`s Song of Experience on Mind Training and the View*），紐約州伊薩卡：雪獅出版社（Snow Lion Publications），二〇〇三年發行。〔譯註：中譯本《遠離四種執著》，台北：橡樹林出版社，二〇〇九年發行。〕

・達賴喇嘛（Dalai Lama），《禪修地圖》（*Stages of Meditation*），紐約州伊薩卡：雪獅出版社，二〇〇三年發行。〔譯註：中譯本《禪修地圖》，台北：橡樹林出版社，二〇〇三年發行。〕

・噶・冉江巴（Ga Rabjampa），《遣除世間苦惱：菩薩耳語法教》（*To Dispel the Misery of the World: Whispered Teachings of the Bodhisattvas*），本覺翻譯小組（Rigpa Translations）英譯。薩默維爾：智慧出版社（Wisdom Publications），二〇一二年發行。

・果讓巴・索南森給（Gorampa Sönam Senge），《辨別見地：啓明勝乘關鍵要點之月光》（*Distinguishing the Views: Moon Rays Illuminating the Crucial Points of the Excellent Vehicle*），堪布蔣揚丹增（Jamyang Tenzin）與寶琳・威斯伍德（Pauline Westwood）合譯。加德滿都：金剛出版社（Vajra Publications），二〇一四年發行。

・圖登津巴（Jinpa, Thubten），《修心鉅集》（*Mind Training: The Great Collection*），收錄於《西藏經典藏書》（*The Library of Tibetan Classics*），薩默維爾：智慧出版社，二〇〇六年發行。

・堪千阿貝仁波切，《關於薩迦班智達〈牟尼密意顯明論〉的教導》（*Teachings on Sakya Pandita's Clarifying the Sage's Intent*），加德滿都：金剛出版社，二〇〇八年發行。〔譯註：中譯本《無礙智・無量光—牟尼密意顯明論：從0到100的圓滿成佛智慧書》，台北：班智達文化出版社，二〇一七年發行。〕

- 堪千阿貝仁波切，《培養智慧心：修心七要口訣》（*Cultivating a Heart of Wisdom: Oral Instructions on the Mind Training in Seven Points*），加德滿都：金剛書籍（Vajra Books），二〇一四年發行。
- 彌勒菩薩（Maitreya），《佛性：究竟一乘寶性論，蔣貢工珠羅卓泰耶釋論與堪布竹慶嘉措仁波切解說》（*Buddha Nature: The Mahayana Uttaratantra Shastra with commentary by Jamgön Kongtrül Lodrö Thayé and explanations by Khenpo Tsultrim Gyamtso Rinpoche*），紐約州伊薩卡：雪獅出版社，二〇〇〇年發行。
- 彌勒菩薩，《大乘莊嚴經論》（*The Universal Vehicle Discourse Literature*，梵文：*Mahā-yāna sūtrālam-kāra*）。由蔣巴、克拉克、威爾森、歲林、斯維特、圖爾曼（L. Jamspal, R. Clark, J. Wilson, L. Zwilling, M. Sweet, and R. Thurman）合譯。紐約：美國佛教研究學院（American Institute of Buddhist Studies），二〇〇四年發行。
- 彌勒菩薩，《彼岸：〈般若波羅蜜多經〉、〈現觀莊嚴論〉及藏傳噶舉傳規的相關釋論》（*Gone Beyond: The Prajñāpāramitā Sūtras, The Ornament of Clear Realization, and Its Commentaries in the Tibetan Kagyü Tradition*）。兩卷。卡爾．本霍爾茲（Karl Brunnhölzl）英譯和引言。紐約州伊薩卡：雪獅出版社，二〇一〇—二〇一一年發行。

・彌勒菩薩，《無基之道：〈般若波羅蜜多經〉、〈現觀莊嚴論〉及藏傳噶舉傳規的相關釋論》（*Groundless Paths: The Prajñāpāramitā Sūtras, The Ornament of Clear Realization, and Its Commentaries in the Tibetan Kagyü Tradition*）。兩卷。卡爾・本霍爾茲（Karl Brunnhölzl）英譯和引言。紐約州伊薩卡：雪獅出版社，二〇一二年發行。

・彌勒菩薩，《大乘莊嚴經論：彌勒菩薩〈大乘莊嚴經論〉及堪布賢嘎與局米龐的相關論釋》（*Ornament of the Great Vehicle Sūtras: Maitreya's Mahāyāna- sūtrālam kāra with Commentaries by Khenpo Shenga and Ju Mipham*），法輪翻譯小組（Dharmachakra Translation Committee）英譯。波士頓：雪獅出版社，二〇一四年發行。

・龍樹菩薩（Nagarjuna），《龍樹菩薩〈親友書〉與甘珠爾仁波切的相關論釋》（*Nagarjuna's Letter to a Friend with Commentary by Kangyur Rinpoche*），蓮師翻譯小組英譯。紐約州伊薩卡：雪獅出版社，二〇〇五年發行。〔譯註：《親友書》於漢傳大藏經稱爲《勸誡王頌》，大唐三藏法師義淨譯。〕

・龍樹菩薩，《龍樹菩薩〈寶鬘論〉》（*Nāgārjuna's Precious Garland*），傑弗瑞・霍普金斯（*Jeffrey Hopkins*）英譯。紐約州伊薩卡：雪獅出版社，二〇〇七年發行。〔譯註：《中觀寶鬘論》於漢傳大藏經稱爲《寶行王正論》，陳天竺三藏眞諦譯。〕

・龍樹菩薩，《龍樹菩薩〈中論〉：中觀根本慧論》（*Nāgārjuna's Middle Way: Mūlamadhyamakakārikā*），馬克・賽德茲（Mark Siderits）與修瑞・祖拉（Shōryū Katsura）英譯與批注。薩默維爾：智慧出版社，二〇一三年發行。

・巴珠仁波切（Patrul Rinpoche），《普賢上師言教》（*The Words of My Perfect Teacher*），蓮師翻譯小組（Padmakara Translation Group）英譯第二版。波士頓：香巴拉出版社，一九九八年發行。〔譯註：中譯本《普賢上師言教：大圓滿龍欽心髓前行指引》，台北：橡實文化出版社，二〇一〇年發行。〕

・薩迦班智達・貢噶堅贊（Sakya Pandita Kunga Gyaltsen），《牟尼密意顯明論：薩迦班智達對於菩薩道的闡明》（*Clarifying the Sage's Intent: Sakya Paṇḍita's Explanation of the Bodhisattva Path*），大衛・P・傑可森（David P. Jackson）英譯，收錄於西藏經典研究院（Institute of Tibetan Classics）西藏經典圖書館（Library of Tibetan Classics）第十冊《佛陀教導之次第：三部關鍵文本》（*Stages of the Buddha's Teachings: Three Key Texts*），薩默維爾：智慧出版社，二〇一五年發行。〔譯註：澤仁札西堪布藏漢譯本《入菩提道次第：顯明佛陀密意》，中華民國密宗薩迦佛學會，二〇一八年發行。〕

- 寂天菩薩（Shāntideva / Śāntideva），《菩薩之道：〈入菩薩行論〉譯本》（*The Way of the Bodhisattva: A Translation of the Bodhicharyāvatāra*），蓮師翻譯小組英譯再版。波士頓：香巴拉出版社，二〇〇六年發行。
- 寂天菩薩，《入菩薩行論》（*A Guide to the Bodhisattva Way of Life*，梵文：Bodhicaryāvatāra），維司那・A・華勒斯（Vesna A. Wallace）與 B・艾倫・華勒斯（B. Alan Wallace）合譯。紐約州伊薩卡：雪獅出版社，一九九七年發行。
- 寂天菩薩，《〈入菩薩行論〉：如何持守菩薩行與薩桑・馬迪・班禪的相關論釋》（*Bodhisattvacharyavatara: Engaging in the Conduct of the Bodhisattvas with a Commentary by Sazang Mati Panchen*），喇嘛卡桑・堅贊（Lama Kalsang Gyaltsen）與阿尼貢噶・確准（Ani Kunga Chodron）合譯。共兩冊。紐約華登：澤曲袞恰林（Tsechen Kunchab Ling），二〇〇六年發行。
- 寂天菩薩，《寂天菩薩學處選集：〈大乘集菩薩學論〉譯本》（*The Training Anthology of Śāntideva: A Translation of the Śikṣāsamuccaya*），查爾斯顧德曼（Charles Goodman）英譯。紐約：牛津大學出版社（New York: Oxford University Press），二〇一六年發行。

・世親菩薩（Vasubandhu），《世親菩薩〈阿毘達磨俱舍論〉：阿毘達磨藏與其（自）論釋》（*Abhidharmakośa-Bhāśya of Vasubandhu: The Treasury of the Abhidharma and its (Auto) commentary*），路易斯・德・拉・瓦利・普桑（Louis de La Vallée Poussin）譯成法文，羅卓・桑波法師（Gelong Lodrö Sangpo）由法文英譯，共四冊。印度德里：末提拉・班納斯達出版社（Motilal Banarsidass），二〇一二年發行。

聖者溫潤法語
轉化自心的竅訣

作　　者：堪千阿貝仁波切（Khenchen Appey Rinpoche）
英　　譯：白法螺翻譯小組
中　　譯：普賢法譯小組
總 策 劃：釋顯月
主　　編：郭玉文
助理編輯：徐欣梅、曾苹耘
封面設計：蔡明娟
發 行 人：周美琴
出版發行：財團法人靈鷲山般若文教基金會附設出版社
地　　址：23444新北市永和區保生路2號21樓
電　　話：(02)2232-1008
傳　　真：(02)2232-1010
網　　址：www.093books.com.tw
讀者信箱：books@ljm.org.tw
總 經 銷：聯合發行股份有限公司
法律顧問：永然聯合法律事務所
印　　刷：國宣印刷企業股份有限公司
劃撥帳戶：財團法人靈鷲山般若文教基金會附設出版社
劃撥帳號：18887793
初版一刷：二〇二四年三月
定　　價：新台幣500元
ISBN：978-626-96103-8-9

國家圖書館出版品預行編目(CIP)資料

聖者溫潤法語：轉化自心的竅訣/堪千阿貝仁波切(Khenchen Appey Rinpoche)著；普賢法譯小組中譯. -- 初版. --
新北市：財團法人靈鷲山般若文教基金會附設出版社, 2024.03
面；公分
譯自：Words of a gentle sage : collected teachings of Khenchen Appey Rinpoche. vol.1
ISBN 978-626-96103-8-9(平裝)

1.CST: 藏傳佛教 2.CST: 佛教修持

226.965　　112022323

靈鷲山般若書坊